老子新論新解

穆强 著譯

有物混成，先天地生。寂兮寥兮，独立而不改，周行而不殆，可以为天地母。吾不知其名，强字之曰『道』，强为之名曰『大』。大曰逝，逝曰远，远曰反。故道大，天大，地大，人亦大。域中有四大，而人居其一焉。人法地，地法天，天法道，道法自然。

天津社会科学院出版社

图书在版编目（CIP）数据

老子新论新解 / 穆强著译. -- 天津 ： 天津社会科
学院出版社，2025. 5. -- ISBN 978-7-5563-1079-1

Ⅰ. B223.15

中国国家版本馆 CIP 数据核字第 2025J277V4 号

老子新论新解

LAOZI XINLUN XINJIE

选题策划：韩　鹏
责任编辑：李思文
装帧设计：高馨月
出版发行：天津社会科学院出版社
地　　址：天津市南开区迎水道 7 号
邮　　编：300191
电　　话：（022）23360165
印　　刷：北京盛通印刷股份有限公司
开　　本：710×1000　　1/16
印　　张：17
字　　数：245 千字
版　　次：2025 年 5 月第 1 版　　2025 年 5 月第 1 次印刷
定　　价：68.00 元

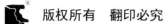

序　言

穆强兄与我是老同学，学生时期在南开大学中文系共读四年本科、三年研究生，所以有同窗七年之谊。当时大家都忙于读书，虽然没有很深的交往，但是对这位身材高大、敦厚朴实的天津同学，都留有较深的印象。

在研究生阶段，穆强兄跟随著名的文艺理论家张圣康先生攻读文艺学硕士研究生，其学业重心在于研读西方文艺理论，因此与我这钻故纸堆的人相比较，我始终属于饾饤之学，而穆兄则长于理论思辨，此种学术训练的特点，在穆强兄撰写的《老子新论新解》里充分展现出来了。

1991年研究生毕业之后，穆兄到天津市政府机关部门工作，由于其人性格踏实，行事稳健，他升迁到政府部门地方领导的位子。我们属同庚，都是1964年生人，年前他从岗位上退下来了。想想安然度过一甲子的人生，在当今纷繁紧张、复杂多变的公务员生涯中平稳"着陆"，可以享受退休之后的悠闲时光，我真为老同学感到高兴！

毕竟是具有学术修养的公务员，穆强兄在承受很重的工作压力之余，竟还不忘学术，依然勤于著述。我想象他手不释卷的样子，更感觉他与时下一般干部之趣味可谓大相径庭。在中国，经商者有儒商之称，而官员有文化，则是华夏古国悠久的传统，所谓"仕而优则学，学而优则仕"，反之亦然，穆兄与圣人古训完全吻合。

《道德经》五千言是中国文化的瑰宝，穆兄对此经典情有独钟，盖良有以也！《道德经》既是政治哲学，也对古人的人生观、价值观、生死观、审美观等产生过深刻的启迪。作为一名长期勤恳为民工作的干部，在工作和生活中，穆兄遇见过许多人和事，在进退取舍之间，我想他需要寻找思想和理论资源，用于解决现实中的困惑和难题，然则亲近圣贤之书，既是心灵慰藉之需，也颇具释疑解惑之裨益，所以穆兄之读《道德经》，一定读出无数会心之处。

按《汉书·艺文志》，道家计有：

《伊尹》五十一篇。汤相。

《太公》二百三十七篇。吕望为周师尚父，本有道者。或有近世又以为太公术者所增加也。《谋》八十一篇，《言》七十一篇，《兵》八十五篇。

《辛甲》二十九篇。纣臣，七十五谏而去，周封之。

《鬻子》二十二篇。名熊，为周师，自文王以下问焉，周封为楚祖。

《筦子》八十六篇。名夷吾，相齐桓公，九合诸侯，不以兵车也，有《列传》。

《老子邻氏经传》四篇。姓李，名耳，邻氏传其学。

《老子傅氏经说》三十七篇。述老子学

《老子徐氏经说》六篇。字少季，临淮人，传《老子》。

刘向《说老子》四篇。

《文子》九篇。老子弟子，与孔子并时，而称周平王问，似依托者也。

《蜎子》十三篇。名渊，楚人，老子弟子。

《关尹子》九篇。名喜，为关吏，老子过关，喜去吏而从之。

《庄子》五十二篇。名周，宋人。

《列子》八篇。名圄寇，先庄子，庄子称之。

《老成子》十八篇。

《长卢子》九篇。楚人。

《王狄子》一篇。

《公子牟》四篇。魏之公子也。先庄子，庄子称之。

《田子》二十五篇。名骈，齐人，游稷下，号天口骈。

《老莱子》十六篇。楚人，与孔子同时。

《黔娄子》四篇。齐隐士，守道不诎，威王下之。

《宫孙子》二篇。

《鹖冠子》一篇。楚人，居深山，以鹖为冠。

《周训》十四篇。

《黄帝四经》四篇。

《黄帝铭》六篇。

《黄帝君臣》十篇。起六国时，与老子相似也。

《杂黄帝》五十八篇。六国时贤者所作。

《力牧》二十二篇。六国时所作，托之力牧。力牧，黄帝相。

《孙子》十六篇。六国时。

《捷子》二篇。齐人，武帝时说。

《曹羽》二篇。齐人，武帝时说于齐王。

《郎中婴齐》十二篇。武帝时。

《臣君子》二篇。蜀人。

《郑长者》一篇。六国时，先韩子，韩子称之。

《楚子》三篇。

《道家言》二篇。近世，不知作者。

右道三十七家，九百九十三篇。

此反映上承先秦以至汉代有关道家的概念和范畴，若以《道德经》为中轴，则在汉初形成主流的黄老和非主流的庄老（《列子》与之相近）之集合，一并构成道家之学派，前者黄老刑名道德之术的语言表述显得理性和冷峻，此派盖接近齐学，齐稷下学者对此贡献殊多，它以表达政治（君王南面之术）理念为主旨。《筦子》（《管子》）庶几可视作此派学术之集大成者，大致体现齐法家（或称道法家）之特性（法家在《汉志》诸子略中别是一家）。关于此点，可以根据1973年马王堆汉墓发掘所得帛书《老子》乙本卷前古佚书即《汉志》所载录《黄帝四经》以作为印证。而后者庄老的语言形式却包含着类比修辞等诗性艺术表现特点，它偏近楚地之学，对政治与人生表达深刻独到的见解，黄老和庄老二者相映成趣，且各自在汉初及魏晋时期大放异彩，其旨趣和作用固然大有不同。

千百年来，注解《道德经》之书可谓汗牛充栋，仅观台湾严灵峰先生编著

《无求备斋老庄列集成》就可以稍知梗概。尤其最近五十多年来，地下发掘出多种简帛本，再加上海外汉学对此长久的关注，因而老学可谓方兴未艾。读杨树达先生《老子古义》，深知这一经典活在历代士人之心中，它一直发挥着现实之效用，深刻地铸入民族精神血肉之间，与每一代人的生活保持着密切的交集，它真正体现了经典的魅力。

因而，对于穆兄要在前人基础上，再结撰一部老学著作，我想从穆兄丰富的人生经验且有感而发之角度来理解其写作初衷，其志不在小也。老子曾为周守藏室之史，经眼历史之沧桑变迁，所以才能写出不朽之作。今人揣摩《道德经》，若能拥有来自书本阅读和生活实践相结合的广博阅历，这其实大有助益，我想穆兄"阅世走人间"，已具备常人所难得的历练，此为他研读《道德经》提供了得天独厚的条件。另外一旦要进入著述领域，自然对于作者有很高的要求，按照《文心雕龙·体性》篇所标举的"才、气、学、习"四字，那是铁门槛，作者必须经得住四字的检验，缺一不可。我奉读穆兄微信给我的书稿，可谓士别三十载须当刮目相看，有眼前一亮之惊喜。

首先，穆兄著作是把《道德经》置于宇宙之辽阔无际的维度中来体察，深谙老学之全息覆盖性特点，此反映穆兄胸襟视野之宽博，他已看到老子思想上不封顶的哲学高度和学术价值，若起老子于地下，其当赞许穆兄为千载之下之知音！

其次，穆兄著作绝非率尔操觚之作，他遍稽群籍，浸淫既深，故能为学界奉献其深思熟虑之见解，其著颇能新人耳目，启人哲思。譬如五千言又名《道德经》，所以关于其中最重要的"道"如何理解，这是一个不可回避的问题。王弼注《道德经》第二十一章"道之为物，惟恍惟惚。惚兮恍兮，其中有象；恍兮惚兮，其中有物。"曰："恍惚，无形不系之叹。以无形始物，不系成物，万物以始以成，而不知其所以然，故曰'恍兮惚兮，其中有物'；'惚兮恍兮，其中有象'也。"若覆按王弼《老子指略》云："若温也则不能凉矣，宫也则不能商矣。形必有所分，声必有所属。故象而形者，非大象也；音而声者，非大音也。然则，四象不形，则大象无以畅；五音不声，则大音无以至。四象形而物无所主焉，则大象畅矣；五音声而心无所适焉，则大音至矣。"指道为彼，则不是此，道确实不可言说，一指称为何物就不是道了。穆兄意识到老子既不能不谈道，道属于本体、造物主，又是客观规律，然而，"道生一"之下呢？"一生二，二生三，三生万物"，《道德经》所关注的还是万物所构成的世界或人间，佛教讲色，色为教义名称，梵文"Rupa"的意译，相当于物质的概念，但并非全指物质现象。若高悬一个"道"，却眼睛紧盯着物或色，会造成道与物与色之间的联系被割裂，因此作为"强为之名""强为之容"的《道德经》，便叙述了上述"道之为物"云云，意在弥合或许会产生之坎陷，犹如堕进佛教所谓的顽空断灭。

王国维《书辜氏汤生英译〈中庸〉后》云："夫老氏道德政治之原理，可以二语蔽之曰，虚与静是已。今执《老子》而问以人，何以当虚当静？则彼将应之曰：天道如是，故人道不可不如是"。可见设置天道，其意义还是要用来指导人道的，即使天道也不脱人主观的性质，总之与孔子所谓"人能弘道，非道弘人"意思相去并不远，穆兄参悟到此一点，在其著作中分析"道"之涵义、明确表示"道"具有物质性特征，就更凸显了《道德经》并无消极出世之意，此种观点，作为其一家之言，回应了上述所言及的"其中有象""其中有物""其中有精"和"其中有信"，其结论有较强的说服力。穆兄方方面面的透彻解说，均自出机杼，新见迭现。

穆著最后还给《道德经》全文进行了注译，将自己对于老子与《道德经》宏观、微观之理解，全部融入其注译，可谓珠玉纷披，其胜义卓识令读者目不暇接。清人周济在《宋四家词选》中评价秦观《满庭芳》："将身世之感，打并入艳情，又是一法。"我觉得穆兄是将其职业生涯之经验融入《道德经》诠释之中，真是当今干部之雅事也！韵事也！譬如注译今本《老子》第五章："多言数穷，不如守中。"王弼注曰："愈为之则愈失之矣。"在如何看待和处理市场经济诸多问题时，王弼的注释振聋发聩，然而穆兄则有更深刻的理解，前汉申公对武帝曰："为治者不在多言，顾力行何如耳。"只有做对的事情，才能令当事者在当下与将来免于尴尬，所以哪些该说，哪些不该说，哪些该做，哪些不该做，治国理政，如何做到更加理性睿智，为官一方者，真应颇费思量！

老同学新著就将付梓，在此怡人的季节，怀着美好的阅读感受，陆续写下上述读后之感想，谨为颂为贺，祝愿老同学著作发挥出巨大的社会影响力！

香港岭南大学

汪春泓

引 言

老子的《道德经》是一部以人类的大智慧观照宇宙、解析自然、体悟天地万物，进而洞悉社会、倡导善治、教谕人生的道家哲学开山之作。这部被誉为"万经之祖"的传世经书，虽只有短短五千余言，但却以其开阔的视野、深邃的思想、独到的见解和鲜明的观点，在中国春秋战国时期的百家争鸣、百花齐放中独放异彩，流传至今两千五百余年，仍历久不衰。特别是老子纵观宇宙、析理自然进而寻求社会、人生"大道"的独特视角和研究方法，至今得到中外许多学者、大家的肯定。

现代国学大师张岱年（1909—2004）先生认为："老子是中国宇宙论之创始者。以天为最高主宰的观念打破后，宇宙哲学乃正式成立。"[①]

享誉国际的道家文化学者陈鼓应（1935—　）先生曾评价"中国哲学一向是较关注人生和政治问题的。这些问题的讨论，又常常落到伦理道德的圈子里，这样一来，思想范围常常被框在某些格式上。老子哲学的特异处，就在于扩大了这一个局限，把人类思考的范围，由人生扩展到整个宇宙。他看人生种种问题，乃从宏观出发，而又能微观地作多面的审视"[②]。

特别是习近平总书记高度评价中国优秀传统文化："中华民族有着5000多年的悠久历史和灿烂文化，而且中华文明从远古一直延续发展到今天。为什么中华民族能够在几千年的历史长河中顽强生存和不断发展呢？很重要的一个原

[①] 张岱年：《中国哲学大纲》，中国社会科学出版社，1982年，第4—5页。

[②] 陈鼓应：《老子今注今译》（参照简帛本最新修订版，以下简称《老子今注今译》），商务印书馆，2016年，第22页。

因，是我们民族有一脉相承的精神追求、精神特质、精神脉络。今天我们使用的汉字同甲骨文没有根本区别，老子、孔子、孟子、庄子等先哲归纳的一些观念也一直延续到现在。这种几千年连贯发展至今的文明，在世界各民族中是不多见的。"① 并多次在重要讲话、座谈、演讲中直接引用老子哲学观点来阐释治国理念、生态文明思想、外交思想，教育青少年刻苦学习、爱岗敬业等②。

正因如此，在当今时代，站在辩证唯物主义和历史唯物主义的高度，结合现代人文和科技的发展，来进一步辨识、探究和还原老子哲学的历史蕴含，梳理、挖掘和阐释其哲学观点的深刻内涵、思想价值和丰富寓意，予以"创造性转化和创新性发展"③，为我们新时代中国特色社会主义的现代化建设所借鉴、所继承、所发扬，就显得尤为重要了。

---

① 习近平：《习近平谈治国理政》，外文出版社，2014年，第88—89页。

② "治国理念"的引用如2013年3月19日习近平在接受金砖国家媒体联合采访时说过"这样一个大国，这样多的人民，这么复杂的国情，领导者要深入了解国情，了解人民所思所盼，要有'如履薄冰，如临深渊'的自觉，要有'治大国若烹小鲜'（《道德经》第六十章）的态度，丝毫不敢懈怠，丝毫不敢马虎，必须夙夜在公、勤勉工作。""生态文明思想"的引用见后文。"外交思想"的引用如2013年10月3日在印度尼西亚国会演讲时说："坚持心心相印。'合抱之木，生于毫末；九层之台，起于累土。'（《道德经》第六十四章）保持中国——东盟友谊之树常青，必须夯实双方关系的社会土壤。""教育青少年成长"的引用如2014年5月4日在北京大学师生座谈会上讲话时说："有人说：'圣人是肯做工夫的庸人，庸人是不肯做工夫的圣人。'青年有着大好机遇，关键是要迈稳步子、夯实根基、久久为功。心浮气躁，朝三暮四，学一门丢一门，干一行弃一行，无论为学还是创业，都是最忌讳的。'天下难事，必作于易；天下大事，必作于细。'（《道德经》第六十三章）成功的背后，永远是艰辛努力。青年要把艰苦环境作为磨炼自己的机遇，把小事当作大事干，一步一个脚印往前走。滴水可以穿石。只要坚韧不拔、百折不挠，成功就一定在前方等你。"

③ "创造性转化和创新性发展"，即习近平文化思想中的"两创"观点，于2023年10月7—8日全国宣传思想文化工作会议上正式提出。

目 录

上 篇

下 篇

老子新论新解

上

篇

老子新论
——基于宇宙眼光的老子哲学

据《史记·老子韩非列传》记载："老子者，楚苦县厉乡曲仁里人也，姓李氏，名耳，字聃，周守藏室之史也。""老子修道德，其学以自隐无名为务。居周久之，见周之衰，乃遂去。至关（注：即函谷关），关令尹喜曰：'子将隐矣，强为我著书。'于是老子乃著书上下篇，言道德之意五千余言而去，莫知其所终"。同时，《史记》中对老子的记载，还有"一细两略"，即较为细致地记载了"孔子问礼老子"事情的经过；较为简略地介绍了老莱子和太史儋的事，怀疑这两个人可能是老子，但由于时间上相隔较久，不敢确定，或言老子修道长寿，也不敢确定，所以结论是"老子，隐君子也"[①]。

关于老子的家乡和生卒年，因确切的记载很少，根据一些相关史料也只限于推测。在《史记》示明老子年长于孔子的基础上，不少学者推测老子生于公元前 570 年（约周灵王初年）前后，胡适先生推测老子"至多不过活了九十多岁"[②]。所以不少人推测老子卒年公元前 470 年前后（约周元王初期）；老子的家乡，有说"苦县厉乡曲仁里"不在楚国，是在陈国，有考证说这个地方是今河南鹿邑县，又有考证说是老子生在今安徽涡阳县的，莫衷一是。这些内容，与我们本书旨意关系不大，在此不再叙说。

---

① 陈伶编译:《史记全译》，三秦出版社，2007 年，第 203—204 页。
② 胡适:《中国哲学史大纲》，中国城市出版社，2013 年，第 36 页。

老子哲学思想的大厦，是建立在对宇宙、天地万物宏观观察、微观体悟、全面感应基础上的开放型系统。在《道德经》中，他运用这一眼光和视野，以春秋战国时代睿智深厚的洞察力和超凡的思想境界，来探究客观存在的外在世界的状态和本源，分析和把握其内在运动的规律和趋向，并进而对宇宙、天地、社会及人生的关系作出诠释，对人类社会的发展、社会治理的体系和人生修养的真谛予以揭示和修正。

唯其如此，老子的思想观念，才能引起古今中外诸多专家、学者甚至政治家、科技精英乃至普罗大众的兴趣和关注，并随着时代的发展、科技的兴隆和文明的进步，其思想中的智慧性、深奥性、超前性、包容性，也越来越获得各国各界有识之士的认可和推崇。

胡适（1891—1962）先生认为："老子观察政治社会的状态，从根本上着想，要求一个根本的解决，遂为中国哲学的始祖。"[1]

日本物理学家汤川秀树（1907—1981，诺贝尔物理学奖获得者）在他的《创造力与直觉：一个物理学家对于东西方的考察》一书中曾坦承，他从少年时代起就对老庄思想很感兴趣，在该书第二编《关于思维方式》中，他对老子"道可道，非常道""天地不仁"等思想作了独特的阐释，并承认他在研究基本粒子时受到了《庄子·内篇·应帝王》中关于"浑沌"寓言的启发："活在大约二千三百年前的庄子，几乎肯定不知道有关原子的任何东西。即使这样，他竟然有一些想法在一定意义上和今天像我这样的人的想法很相似，这也是有趣和出人意外的。"[2]

德国著名哲学家马丁·海德格尔（Martin Heidegger, 1889—1976）在他的名著《在通向语言的途中》一书中说，老子的："'道'或许就是为一切开辟道路的道路，由之而来，我们才能去思理性、精神、意义、逻各斯等根本上也即它们的本质所要道说的东西……这个词中隐藏着运思之道说的一切神秘的神秘…… 一

---

① 胡适：《中国哲学史大纲》，中国城市出版社，2013 年，第 40 页。

② （日）汤川秀树著，周林东译：《创造力与直觉：一个物理学家对于东西方的考察》，河北科学技术出版社，2000 年，第 64—65 页。

切皆道路"①。

据美国汉学家、南开大学哲学院副教授邰谧侠（Misha Tadd, 1980—　）统计，在中国哲学对外传播中，《道德经》译本最多，至今留下了至少"97种语言的2502个译本"②。

在此，先对《道德经》版本问题作一简要说明。由于该书诞生年代久远，主观上历代封建统治阶级避讳君王之名需要和为其统治服务的删改（如唐玄宗、宋徽宗、明太祖、清世祖等都曾研读、释解过《道德经》）③。客观上，两千五百多年汉语言文字的嬗变和历代老学专家、学者不同的解读及对许多章节、文字的畸重畸轻释理，再加上近年考古中汉帛本、竹简本等新版本的发现，致使其流行版本众多，各种注校释众说纷纭。如目前较为流行的河上公（西汉初年人）版本（见《老子章句》）、王弼（227—249）版本（见《老子道德经注》）与1973年马王堆汉墓出土的《道德经》帛书甲、乙本，就存在很大差异，不仅字数上不同，还在一些关键片段、关键语句、词义上差别很大。1993年湖北荆门郭店出土的楚简本，因原简文残缺，内容不齐，虽仅余两千余字，又与前几版本有许多相异之处；至于对同一版本或不同版本八十一章（注：就连这个"八十一章"分章顺序上，历代，特别是汉代以后也多有争论。帛书版甲、乙本都是"德经"在前，"道经"在后等）的注校释，就更是浩如烟海。据有关学者调查，流传至今的释老、校老、译老版本不少于一千余种，容易给后学者造成一定困扰。

所以在本书中，我们无暇专门对老学版本及其注校释译作专题研究。在版本的取舍上，以尊重对中华传统文化影响较大的王弼本、河上公本为主，以汉帛本、楚简本为辅，几个版本之间的矛盾之处，也在参照历代老学名家解释、校理的基础上，特别注重老子哲学自身的逻辑性、论理性、上下贯通性的特点，再予以科学公正的采纳扬弃和切合实际的释理解说，以求更好地析理老子哲学的内在寓意和思想精髓。其中不妥之处、错漏之处在所难免，还请有识之士和方家学者指正赐教！

---

① （德）海德格尔著，孙周兴译：《在通向语言的途中》，商务印书馆，1997年，第191—192页。

② （美）邰谧侠：《〈老子〉译本总目：全球老学要览》，南开大学出版社，2022年，第1页。

③ 刘韶军：《唐玄宗·宋徽宗·明太祖·清世祖〈老子〉御批点评》，湖南人民出版社，1997年。

第一章
论"道"之内涵及构成

【第一节】
"道"之含义辨析

在老子的宇宙观中，经过"致虚极，守静笃。万物并作，吾以观复"（第十六章）和"挫其锐，解其纷；和其光，同其尘"（第四章）等方法，反复观察、感悟、认知到的宇宙关键密码是什么呢？这就是"道"。

"道"，《说文解字》解为："所行道也……一达谓之道，徒皓切"[1]。《辞海·语词分册》解为：①道路。如：道不拾遗；②古代唯物主义者用以指事物的普遍规律。亦指物质性的气的变化过程；③古代唯心主义者所谓的宇宙的精神的本原（此处举老子哲学之"道"用以为证，与本书见解完全相左）；④一定的政治主张或思想体系；⑤方法。《左传·定公五年》："吾未知吴道"；⑥治理。《论语·学而》："道千乘之国"；⑦说、讲。如一语道破；⑧犹言"得""到"。如：知道、怪道（即怪不得）；⑨道教的简称等[2]。

可见"道"之原意为"道路"，后随着人类智慧的发展、文明的进步，以其道路"通达"之意衍生出道理、规律等名词和说道、治理、知道等动词之意，而《道

---

[1]（汉）许慎：《说文解字》（附检字），中华书局，1963年，第42页。

[2]《辞海·语词分册》，上海辞书出版社，1977年，第1123—1124页。

德经》中之"道"意，既涵盖上述内容，其所指向和内涵，又远大于此。

战国时代道家的主要代表庄子（庄周）（约公元前 369—前 286），其在《庄子》"天地"和"养生主"中，对"道"较早做出了解释："通于天地者德也；行于万物者道也；上治人者事也；能有所艺者技也"，"……所好者道也，进乎技矣"。①他把"道"定义为"行于万物"之间的内在规律，而把握了事物的规律，就可以近乎于技，掌握"庖丁解牛""津人操舟"那般精湛技艺。

战国时代的法家代表人物韩非（约前 280—前 233），他在《韩非子·解老篇》中认为："道者，万物之所然也，万理之所稽也。理者，成物之文也；道者，万物之所以成也。故曰：道，理之者也。"②把"道"解读为蕴藏在"理"的表象下的万物之"本源规律"，这个理解与庄子的理解有所类同，但在于庄子是讲究顺"道"而求自然"逍遥游"，在韩非则在于在"道"而用乎"理"，用理求乎"治"。

春秋时期的法家代表管仲（？—约前 645）在《管子》的"幼官"与"心术上"篇中把"道"理解为："始乎无端，道也。卒乎无穷，德也。道不可量，德不可数"；"道在天地之间也，其大无外，其小无内，故曰：不远而难极也……故杀僇禁诛以一之也，故事督乎法，法出乎权，权出乎道。"③可见，管子是把"道"理解为难以穷极、无以数量的"终极法则"，是"权法"的来源和标准。

作为儒家经典"四书五经"之一的《易传》则提出"一阴一阳之谓道"；"形而上者谓之道，形而下者谓之器"④，可以说是开辟了"道"是"实在有形"的东西还是"抽象无形"东西之争的先河。

此后，强调"天命之谓性，率性之谓道，修道之谓教"⑤的儒家，从汉代董仲舒到宋明的程朱理学等，一直把"道"作为形而上的载体，赋予了"天人感应""性命之学"的诸多内容，独独忘记了老子之"道"的来源非仅人间的"帝

----

①（清）王夫之：《庄子解》，中华书局，1964 年，第 101 页、第 31 页。

②（战国）韩非著，张觉译注：《韩非子全译》，贵州人民出版社，1992 年，第 307 页。

③（唐）房玄龄注，（明）刘绩补注，刘晓艺校点：《管子》，上海古籍出版社，2015 年，第 51 页、第 266—267 页。

④（汉）郑玄撰，林忠军导读：《周易郑注导读》，华龄出版社，2019 年，第 116 页、第 122 页。

⑤（宋）朱熹：《四书集注》，岳麓书社，1985 年，第 29 页。

王之道"，而是"宇宙大道"的根本。

与程朱理学同时代的思想家张载（1020—1077），在《正蒙》中提出"道"即"气化"说，"由太虚，有天之名；由气化，有道之名"，认为"道"是物质的产物，而非唯心的"玄虚"论①。

今世诸多名家、学者，如胡适、冯友兰、任继愈、张岱年、陈鼓应等，也就"道"有许多分歧之见。

如胡适先生从科学实证主义的观点出发，一方面认为老子哲学的核心就是自然主义的天道观念，另一方面又认为"'道'是'有'和'无'之间的一种情境"，具有唯心主义的色彩，同时反对老子"纯任自然"的治理思想，认为老子的"天道"就是西洋哲学的自然法，"凡深信自然法绝对有效的人，往往容易走到极端的放任主义"②。

冯友兰先生本在其《中国哲学史》中认为是"至老子乃予道以形而上学的意义"，同时又认为"道"中的"无"不是"虚无"："谓道即是无。不过此'无'乃对于具体事物之'有'而言，非即是零。道乃天地万物所以生之总原理，岂可谓为等于零之'无'"；之所以称"道"为"无"，是因为"道乃天地万物所以生之总原理，非具体的事物；故难以指具体的事物，或形容具体事物之名，指之或形容之"③。这是在"道"的物质性和非物质性之间摇摆的表现。

张岱年先生是在早年的《中国哲学大纲》"道论"中把"道"定义为客观唯心主义的"最高的理"。后在1957年的再版《新序》中，又吸收了张载的观点，把"道"改为"唯物主义"的"气"："老子所谓'道'，应该理解为原始的混然不分的物质存在的总体即混然一气。所以老子的宇宙观应该是唯物主义的。"④

任继愈（1916—2009，哲学家、历史学家）先生始终认为老子哲学是先秦时期唯物主义的代表，认为："老子的唯物主义思想和朴素的辩证法思想是春秋末

---

① （宋）张载撰，（清）王夫之注，邵逝夫导读：《正蒙》，黄山书社，2021年，第80页。

② 胡适：《中国哲学史大纲》，中国城市出版社，2013年，第43页—47页。

③ 冯友兰：《中国哲学史》，华东师范大学出版社，2000年，第135页、136页。

④ 张岱年：《中国哲学大纲·新序》，中国社会科学出版社，1982年，第8页。

期中国社会特定历史条件之下的产物";"但是无形无象的'道'在老子看来并不是空无所有的'虚无',它是最真实的存在,它是一切具体事物所以产生的最后根源。"①

陈鼓应先生在《老子今注今译》中,则在肯定"道"是"真实存在的东西"的基础上,揭示了作为"符号型式"的"道"在《道德经》不同章句中的三种不同含义,即"实存意义的'道'"(体现在第十四章、第二十一章、第二十五章);"规律性的'道'";"生活准则的'道'"②等等。

由上可见,"道"的含义争论了不下两千年,而且最后甚至演变为哲学唯物、唯心的本体论之争,在一定意义上也说明了"道"在中国哲学史上地位之重要。这个概念,不仅是对一个字义理解不同那么简单,而且涉及了老学在中国古典哲学体系中的定位之要,也在一定程度上关系着老学在国际上至今仍有重要影响力的动因之解。

那么在古今众多学者、专家都承认老子哲学之独创性,特别是它是一本关于宇宙、天地、社会、人生的观望、感悟、洞察、升华的著作的前提下,我们说"道"来源于宇宙万物、芸芸众生的物质的世界,大概没有人会反对吧?

这就决定了无论我们把"道"说成是宇宙本源、万物规律,还是"技理"之遵循、"权法"之依据,或是儒家之谓"形而上",我们得承认这个"道"是由物而生、物中所得,并最终作用于物质世界这个根本,而不是由虚中得、由神所创、"无(虚无)"中而来(老子的"无中生有"后有解)与物质世界无关吧?

那么,这个"道",它就具有一定的物质性,它与物质世界完全脱不开干系。在老子看来它很大,它是"有物混成"的,大到宇宙万物、天地万象、人类社会中一切可见不可见、可感不可感、可把握不可把握事物及其之间内在联系、外在运动发展规律的总和,这是其生化宇宙、关涉万物的特点;它很原始、它很活跃、它往复变化,它是"先天地生"的,"独立而不改,周行而不殆",不断在

---

① 任继愈主编:《中国哲学史》第一册,人民出版社,1963年,第41页、第45页。
② 陈鼓应:《老子今注今译》,商务印书馆,2016年,第23—35页。

老子新论新解

"逝""远""返"中变幻，这是其原生恒常、变化不息的特性；它又涵盖宏观、微观，难以辨识、稍纵即逝，大到看不全、小到看不清的，它全管，冲虚飘忽，"搏之不得"，这是其深奥难识的特质；它又说不明、表不尽，一语难道之、千言难概之，乃是"道"了就"非常道"的东西，这是其一言难尽、"名"难表述的特征；它的作用却是不容否认、不可忽视的，"用之或不盈""用之不足既"的，这是其确实存在、作用不可置疑的本来面目的特色；特别是"自然之道"或者说"天之道"（注意，这里不是"人之道"，后有解）又是渺小的人或人类所无法抗衡和左右的，它是"不论人之好恶""天下莫能臣"的永恒存在，这是其个性鲜明的、不以人的意志为转移的终极特长。

对照任继愈先生在《中国哲学史》中对"道"的五个特点的概括，我们的概括与其既有相同的特点。具体来说，他的第一个特点（即"道是浑沌未分的原始物质"）、第二个特点（即"道是最原始的、永恒运动着的物质实体"），与我们的第二个特点相近；他的第三个特点（即"道，不同于任何具体事物那样的性质，因而老子也叫它作'无名'"），同于我们的第四个特点；他的第四个特点（即"道不是肉眼或身体直接所能感触得到的"），同于我们的第三个特点；他的第五个特点（即"道是物质，又是物质运动的规律"），隐含在我们的第一个特点之中。不同点在于，他没有指出"道"的"不以人的意志为转移"的特质和没有承认"道"的生化宇宙、关涉万物的特点，因为他认为老子是"把'道'和具体事物割裂开来"[①]。我们认为这有点自相矛盾的嫌疑，既然承认了"道是物质，又是物质运动的规律"，又承认了"道是最原始的、永恒运动着的物质实体"，这个"物质"与所谓"具体事物"又有多大区分？难道由"道"所生的"天地人"就不算具体事物吗？只不过因为"道"的一言难尽、"名"难表述性，导致其难以拿具体某一事物表述准确而已。

老子尽管强调了"道"有些高深莫测，但他又指出了"道"还有"小"和"朴"的特点，而且"道"中还含有"精"和"信"因素存在，人间之"孔德"的

---

① 任继愈主编：《中国哲学史》第一册，人民出版社，1963年，第48—49页。

"惟道是从"也是有迹可循的，所以他提出了"四法"之说，指明了由"人法地"开始最终通向"道"和"自然"的途径，何况同时老子又列出了"物壮则老""求生之厚""益生曰祥""不欲盈"等众多"不道"的内容可供人们参考呢？

所以我们认为老子的"道"实际离古代的甚至今天的我们的社会及人生并不远，老子也不是用"道""忽悠"当时那个时代来求虚名的，他是希求用"自然之道"来改变那个时代、寻求"善治"和国泰民安的。因此，我们不妨大胆地承认这一事实，赋予"道"以更准确的内涵。

在此需要说明的是，老子在《道德经》中，把"道"分为了"天之道"和"人之道"两种类型，这两者之间，既有密切的联系，又有截然的区别。老子文中的"道"一般都是指"天之道"[包括文中老子已经明示了的五次，所以下文非必要（如与"人之道"对举时）不再注明]，前面自古及今学者、专家所论之"道"，除其中所论及的"帝王之道"外，也均是"天之道"；对于"人之道"的指称，老子有的已明示（如第七十七章），有的没有明示（如"道法自然"的"道"，作者认为应为"人之道"，后面都结合实际作了标识），千万不可混同。

人类蒙智以来，特别是人类由"茹毛饮血""刀耕火种"的原始社会转变到奴隶社会后期的春秋末期以来，由于周王朝的"礼崩乐坏"、诸侯的肆意征战、人心的不古、百姓生活的水深火热，老子认为以此变化为标志，他所在的"当世"之"道"即"人之道"，已经不再等同于之前的本真的"道"即"天之道"（此部分专论二者区别，故予以明示）。

"天之道"本来是与"自然"一体而生的，潜移默化地影响着、左右着，甚至决定着宇宙万物的一切发展变化。这也就是老子所言的"执古之道，以御今之有"（第十四章）中的"古之道"，但被世道之"智诈"所迷乱，被王侯之"求生之厚"所侵蚀，被民心的"不朴"所影响，"不道"和"失道"现象频发，违逆"自然"之举盛行，草菅人命的战争更是连绵不断，秉承"自然"的"天之道"已经失去了其本真的要义，丧失了其在社会、在人生之指导、引导乃至左右世间万物的"大道直行"作用。

所以，老子痛批"损不足以奉有余"的"人之道"，呼唤"返璞归真"，呼吁

"道（人之道）法自然"，企盼"天长地久"，力推"早服"善治的"天之道"。这也是老子在《道德经》中早早说出了那句万古名言"道可道，非常道；名可名，非常名"的原因，这不仅是中国哲学史上的"名实之辩"（实际上老子认为一经人的理解加工和言说乃至误传，已经不是其本来面目了，何况还有被人篡改、利用之嫌，这个"天之道"实质上看，已经被"人之道"所蒙蔽了），更是老子一种无可奈何的遗憾。所以老子在《道德经》全书中，都是在参照一去不返的"天之道"，来对照、警示、批评乃至批判春秋末期的时势、以周天子、诸侯王为代表的贵族阶级等"失道（天之道）"的人心和当时的"人之道"（更确切地说是被人们曲解、滥用的不再本然的"天之道"），在领悟《道德经》之意义时，要注意两者的区分。

我们正是站在这个基点（或起点）上来介入老子哲学，分析"道"之含义，解析本真"自然"之要旨，阐释其哲学价值。所以上面所论之"道"之六个特点，乃是"天之道"之内涵，而非"人之道"之表现。而后面我们所解析之"道"之构成，已经不完全是"天之道"之结构，而是老子对"人之道"之要求，或者说是通过"人之道"引导人类达到返璞归真"道法自然"之途径、之要义。

对于老子来说，单单沉溺于"天之道"已经没有意义，只有引导"人之道"归于"天之道"，尽早达到"天人合一"的境界，才是造福人类社会之"善举"；于我们来讲，只有还原《道德经》之宗旨，理解老子循循善诱之苦心，认清返璞归真之真谛并为后世所借鉴、所吸收，才算对得起这部中华文化之瑰宝，对得起古代先贤的寄托和希望而不辱使命。

关于"自然"与"道"之间的变化、师法及回归的关系，我们在第二章还有详论，此处不再多说。

涵盖以上内容来看，这个"道"无论"天之道"还是"人之道"，确实是与我们的宇宙、天地，特别是人类社会"不可须臾离也，可离非道也"①的东西。从其来源到其表现，从其产生作用的过程到其发生作用的效果等，我们没有看到老

---

① （宋）朱熹：《四书集注》，岳麓书社，1985 年，第 30 页。

子一点"心造"和"虚无"决定物质世界的东西。

所以，这个"道"绝不是一个"古代唯心主义者所谓的宇宙的精神的本原"或"形而上"所能概括的。老子都说"道"是"物"的产物了，我们非要冠以一个"精神的本原"，那么这个"精神"赋给谁？用现代科学（宇宙学）和哲学的眼光看，"道"有"本原"的含义，但绝不是"精神本原"；"道"中含有所谓"玄"的说法，但这个"玄"不是"玄学"（笔者不认同"王弼本"及"杜光庭本"等相关版本类似于"玄学"的解释）^①的代称；"道"有规律性的特征，但这个"规律"绝不是精神的，而是物质世界运动和发展的规律。

在此，笔者倒是同意陈鼓应先生的理解，就是"道"在不同的语境，可以有不同的含义，它可以当作一种规律来理解和表述，也可以是我们生活中要遵守的一些原则性的东西^②，但是是由宇宙中生成了"道"的概念，而不是相反。

---

① （魏）王弼著，楼宇烈校释：《老子道德经注校释》，中华书局，2016年；（汉）河上公，（唐）杜光庭，等注：《道德经集释》，中国书店，2015年。

② 陈鼓应：《老子今注今译》，商务印书馆，2016年，第23页。

【第二节】
"道"的物质性特征

既然上文我们描述出"道"的诸多特性，那么不言而喻，"道"不是唯心主义的东西，它具有鲜明的唯物主义特征。正因如此，我们认为老子哲学是建立在朴素的唯物论基础之上，而不是以唯心主义的虚无论或"神造论"为起点。这可能与许多古今专家、学者的认识相悖。但深入析理《道德经》的文本及其所蕴含的寓意，我们觉得在习近平文化思想鼓励对中华优秀传统文化进行"两创"研究发扬的大背景下，积极挖掘老子哲学思想的深刻内涵，还原烙印在中华民族灵魂深处的老学精髓，仍具有非常重要的历史意义和廓清迷雾的现实意义，也能在一定程度上避免老学研究人云亦云的不良倾向。

1. "道"的物质性特征在《道德经》文本中的体现

在第二十五章关于"道"的产生过程中，老子有言在先："有物混成，先天地生。寂兮寥兮，独立而不改，周行而不殆，可以为天地母。吾不知其名，强字之曰道，强为之名曰大。"这里尽管是强为之名字为"大""道"，而且其"先天地生"，但命名的东西不是由虚无构成的，而是由"物"所"混成"的，只不过这个"物"早于天地而成，而且恰恰由其生成了天地。我们认为这个"物"是实有的物质，而非虚无的理念。

但实际上，在老学研究中不少人主要基于以下三个理由认定"道"是玄虚的东西，与实物没有关系："有物混成"的"物"是虚指的代词，其实际内容还是"空无"与"虚无"；"天地"已经代表了现存物质的一切，除了"天地"，其他都是非物质的东西，所以"道"是虚无的东西；"天下万物生于有，有生于无"，这个"无"就是"道",就是"虚无"和"空无"的意思。由此认定老子哲学是建立在唯心主义的基础之上,不是由实际对宇宙、万物、社会、人生的观察研究产生了道家思想,而是由"心念""理念"中生出的万物,再以"道"冠之于名,所以"道"才是恍恍惚惚、玄之又玄的(这也是《辞海·语词分册》将"道"定义为唯心主义产物的原因)。笔者以为此说法很值得商榷!

一是既言"物"必有所指,必有依托,肯定不是"虚无"。

"物"字,许慎《说文解字》解为"万物也,牛为大物,天地之数,起于牵牛,故从牛,勿声"①。在《新华字典》中,则解为:①东西:~价/事~、万~。②'我'以外的人或环境,多指众人:~我两忘/待人接~。"并将由"物"引申出的"物质"一词解为:"独立于人的意识之外,能为人的意识所反映的客观实在。②可见,"物"字的本意,是指客观存在的事物,而并非虚空、虚无。老子"有物混成"的"物"尽管有人认为并非我们常说的物,但也是有所指代的,并不与"虚无"相关。笔者以为,此处"道"所代表的"物"参照众多古今学者的观点和现代宇宙学研究的成果看,更近于"天地"及宇宙生成前的"混沌"和世界科技翘楚、英国理论物理学家斯蒂芬·威廉·霍金(Stephen William Hawking,1942—2018)于1970年所提出的"奇点定理"(Singularity Theorem)中的"奇点"③。

二是此"天地"非彼天地。

古代中国传统文化中,不少人认为"天、地"乃是造就世间一切的根本。如儒家的董仲舒在《春秋繁露·立元神》中即言:"何谓本?曰:天地人,万物之本也,天生之,地养之,人成之;天生之以孝悌,地养之以衣食,人成之以礼乐,三者相为手足,合以成体,不可一无也……"④墨家以为:上天"以磨为日月星辰,以昭道之;制为四时春秋冬夏,以纪纲之;雷降雪霜雨露,以长遂五谷麻

①(汉)许慎:《说文解字》(附检字),中华书局,1963年,第30页。

②《新华字典》,商务印书馆,2012年,第526页。

③(英)史蒂芬·威廉·霍金著,许明贤、吴忠超译:《时间简史——从大爆炸到黑洞》,湖南科学技术出版社,2002年,第46—47页。

④(汉)董仲舒著,周琼编:《春秋繁露》,远方出版社,2007年,第43页。

丝，使民得而财利之；列为山川溪谷，播赋百事……"①等等，到了封建时代，这个"天"为根本、"天"主导人间一切的误解甚至深入人心。

但此见解，在老子哲学中则完全不同，老子的"天地"既不代表物质世界的一切根本来源，也不是我们习惯上所指称的我们"人"以外的所有。在老子的视野中，"天地"并不是世界万物的本源，因为"天地"不是自己产生的（即"有物混成，先天地生"），它是由"道"生成的。因而这个"天地"并非宇宙的一切，在其之外还有"道"的存在。正如张岱年先生所言，"认天为一切之最高主宰的观念，为老子所打破。老子时代本先于孟子，但孟子仍承受传统观念而修正发挥之，老子却做了一次彻底的思想革命。老子以为天并不是最根本的，尚有为天之根本者"，"最根本的乃是道，道先天地而有，乃在上帝之先。道更非谁之子，而是一切之究竟原始。道才是最先的"②。

在老子的观念中，宇宙的生成有四大因素，即他所言的"域中有四大"，"道大，天大，地大，人亦大"，他是把"道"与天、地、人并列于一个物质体系中，而不是把"道"归于非物质体系之外。只不过"道"早于天地而生，天地又早于人而生，在它们生成的过程中，又有早生的物质影响着、孕育着晚生的物质之特性，所以他才断言"人法地，地法天，天法道，道法自然"。"道"的生成与天、地、人的生成一样，都是聚宇宙之灵气、吸自然之精华，自然而然而生的，不是人为左右生成的。如果"道"只是虚无缥缈的"无"，他就不会把它并列到天地人的"物"的体系中，更不会让"没有实体"的"道"去"法"什么自然，作为闻名于世的大智之人，老子自不会犯自身逻辑体系混乱的错误。

三是此"无"非彼"无"。

尽管老子《道德经》中多所涉及的"无"中，有的"无"具有"空无"（如第十一章中"有之以为利，无之以为用"的"无"）、"无有"、"无空隙"（如第四十三章"无有入无间"中的"无间"）、"无形"（如第四十一章"大象无形"）等意思，

---

① 孙治让：《墨子间诂》，《诸子集成·4》，上海书店，1986年，第122页。
② 张岱年：《中国哲学大纲》，中国社会科学出版社，1982年，第4页。

但其第三十七章中的"有生于无"，应是"有限"（形，这个"有形"包含微观粒子、宇宙射线、电磁波等现代科学中有迹可查的事物[1]）生于"无限"（形，这个"无形"是指宇宙生成前的"混沌"状态和目前人类还难寻其迹象的无限事物如"大象无形"，包括理论物理学提出的"暗物质"[2]、"暗能量"[3]等）之意，即天下万物生于"有限"的天地人中，"有限"的天地人生于"无限"的"混沌"和宇宙中，这个"无"不代表"虚无""空无"之意，而代表天地生成前的"混沌"（无限、无形、无时）和"无限"状态。

任继愈先生在此与我们持相近的观点，"老子认为'道'从一个方面看是'无'。老子所说的'无'是指'无名'（'道常无名'、'道隐无名'）、'无形'，而不是一无所有的'零'、空无。老子看来，凡是有固定形象的东西就是有限性的。具体的、有名的东西，只能生出具体的、有名的东西……老子认为构成世界的'无'，是无形无名的混沌状态的精气，而不是与'有'相对待的空虚部分，它是无限的混沌状态的原始物质……"，"'道'不能是有限的东西，只能是无限，老子叫作'无极'。'道'虽不具有具体事物的形象，但它是构成一切有形有象的东西的基础，因此他原来就包含着形成各种各样的有形有象的东西的可能性，所以在它中间本来就是'有象'、'有物'、'有精'的。就这方面说，老子的'道'又是'有'"[4]。

尽管"精气论"现在看值得商榷，但这一观点对"有"和"无"的理解、对"有限"事物和"无限"事物的概念的引入，都给予我们很大的启发。

这一部分内容在后面"道"的构成部分还要具体论述，在此不多赘言。

四是老子的哲学起点不是宗教的神造说，不是儒墨的"人格神"，而是"道

---

①（英）史蒂芬·威廉·霍金著，许明贤、吴忠超译：《时间简史——从大爆炸到黑洞》，湖南科学技术出版社，2002年，第179—184页。

②（英）史蒂芬·威廉·霍金著，许明贤、吴忠超译：《时间简史——从大爆炸到黑洞》，湖南科学技术出版社，2002年，第179—184页。

③"暗能量"较早见于霍金2001年专著《果壳中的宇宙》（*The Universe in a Nutshell*）中提出，（英）史蒂芬·威廉·霍金：《霍金精品集》，人民文学出版社，2006年，第33—34页。

④任继愈主编：《中国哲学史》第一册，人民出版社，1963年，第45—46页。

法自然"的产物。

正如陈鼓应先生所言:"老子关于宇宙创生的说法,在思想史上也具有重大意义的,'道'的预设,破除了神造之说;他说'道'为'象帝之先',他不给'上帝'留下地盘;他说'天法道,道法自然',人格神的观念在他哲学的园地上销声匿迹;他说'天地不仁,以万物为刍狗',他这种自然放任的思想,把人从古代宗教迷信的桎梏下彻底地解放出来。"[1] 所以,老子也不会搬出一个什么"神",吹口气从"无"中生成万物、生成人。冯友兰先生指出:"古代所谓天,乃主宰之天。孔子因之,墨子提倡之。至孟子则所谓天,有时已为义理之天。所谓义理之天,常含有道德的唯心的意义,特非主持道德律之有人格的上帝耳。《老子》则直谓'天地不仁',不但取消天之道德的意义,且取消其唯心的意义。"[2] 这里不管"天"是孔子的"人格神"也好,还是孟子的"义理之天"也好,冯友兰先生实际上是作了否定,"天"不再是本源,"道"才是本源;"天"也不再是"道德的主宰"或"人格神"的象征,"道"才是一切的来源和主宰。

五是老子在《道德经》其他处所描述的"道",也时时体现出"物"的性质。

①第一章中"常无欲以观其妙",无论这句话怎么断句,"常无欲,以观其妙"(据王弼本)或是"常无,欲以观其妙"(据鼓应本)也好,"观"这个字没有变。

据许慎《说文解字》解释:"观,谛视也。从见,雚声。"[3]《新华字典》解释为:"'观',有三层意思:看,即观看;看到的景象,如奇观、壮观;对事物的认识、看法等。"[4] 可见,无论古人、今人,都将"观"主要意思解释为"看东西",如果"道"是"无"(空无、虚无)不是物,那"道"何从看起,又何从"观"到其中的"妙"处。如果"道"是虚无、空无的,老子为什么不用"悟""思""参"等可对应虚无、空无的词句,而非要用对应实物或景象的"观"呢?

---

① 陈鼓应注译:《老子今注今译》,商务印书馆,2016年,第63页。

② 冯友兰:《中国哲学史》上册,华东师范大学出版社,2000年,第135页。

③(汉)许慎:《说文解字》(附检字),中华书局,1963年,第169页。

④《新华字典》,商务印书馆,2012年,第169页。

②第二章中，如果"无"是空虚、空无，老子为什么把"有无相生"，与"难易相成"等其他五句表现"物"的形态或顺序的"物＋物"的对词，并列在一起。"无"如果代表了虚无的话，"有无相生"显然是"物＋非物"的对词，放在一起，于文理不通，也显失逻辑。另外，"相生"这个词放在这里，也让人困惑。"相"在其他五对关系中，都有"相互"的意思，是互相作用、互为因果的关系，比如"难易相成，长短相形，高下相倾"等，是说"难易""长短""高下"的事物之间，在一定条件下可以互相转化、互动互促、互为因果。而反观老子在《道德经》全文中，只明确提出了"有生于无"，未见提出"无生于有"这个概念，而且"有生于无"是"原生"的意思，即"道"生了天地万物，为"天地之母"，不可能实有的"子"反过来又生出虚无的"母"。正如宋代文学家苏辙所言"盖天下之物，闻有以母制子，而未闻有以子制母也"①。只有从"有"是"有限（形）"的事物、"无"是"无限（形）"的事物的角度理解，那么"有限（形）""无限（形）"事物之间，才可能存在互相作用、互为转化的关系，这样才于文、于理、于逻辑上都说得通了。

这重关系也不能只从字面的意义理解，诡辩为"有""无"两个字是对应的，没有"有"这个字，怎么有"无"这个字，这也是"相生"。如果这么理解"相生"的意思，那就未免望文生义，玩文字游戏，失之于浅薄了。笔者认为，老子在此是在阐释深奥的"道意"，不是拿他并不认可的"名可名，非常名"的文字游戏糊弄大家。

③在第四章，老子用一章的篇幅描述"道"的存在状态和观察"道"的方法，这里"道"的表现形态是"道冲""渊兮""湛兮"，即"道"是冲虚变幻的、渊深幽微的、隐晦不明的，但同时，他又用两个"似"、一个"或"，一个"象"来比拟道的实际作用，"用之或不盈""似万物之宗""似或存"和"象帝之先"。由此我们可以判断"道"虽然晦暗不明、难以把捉、不好言表，但其物质性仍然是可感可见的，更类似于中国传统文化中的"混沌"和现代宇宙学的"奇点"。否

---

① （汉）河上公、（唐）杜光庭，等注：《道德经集释》，中国书店，2015年，第317页。

则它怎么会"用之或不盈"而源源不断地存在并生成万物，而并不是完全虚无的，否则老子只用一句"道虚，无可比拟"交代就完了。

④第二十一章，"道之为物，惟恍惟惚。惚兮恍兮，其中有象；恍兮惚兮，其中有物。"尽管"道"是惟恍惟惚的，但"其中有物"却确证无疑。既然"道"是"有物"、有实体的，那么"无"之"虚无"又何来？

⑤第四十章"反者道之动，弱者道之用"，讲的是"道"本身既有相反对立的因素促其运动，又有循环往复运动不息的特点。往复运动体现在第十六章"归根""复命"及第二十五章中"大曰逝，逝曰远，远曰反"的表述中；对立统一相反相成、物极必反的运动观点，则体现在其第二章"有无相生"、第三十章"物壮则老"、第三十六章"微明"等诸多章节的论述中（本书第三章有详述）。这一点我们从现代天体物理学的解释来看，宇宙的产生，也正是由无限压缩的"奇点"被与其相反的"大爆炸"力量所推进，才得以形成，与老子的观点不谋而合。"弱者道之用"，则是阐释"道"发挥作用的方式不是惊天动地、高下分明、人皆可知的，而是第四章"道冲"即冲虚变幻、第十四章"视之不见，名曰夷；听之不闻，名曰希；搏之不得，名曰微"、第三十二章"道常无名"又"朴。虽小，天下莫能臣"等的存在，这种柔弱不显、幽深难识又确定不移的状态，正是"道"发挥作用的方式，这也是"道"是现实存在着的、"道"具有物质本性的最好诠释。

2. 古今老学家对"道"的物质性理解

如汉初"释老"名家河上公将"有物混成，先天地生"解为"谓道也。道无形混沌，而生万物，乃在天地之前"；将"有生于无"解为"天地神明，蜎[1]飞蠕动，皆从道生，道无形，故言生于无也"[2]。可见河上公是把"道"理解为天地生

---

①注：读"渊"音，意为蚊子的幼虫。

②（汉）河上公，（唐）杜光庭，等注：《道德经集释》，中国书店，2015 年，第 56 页。

成前的混沌状态，是无法描述的、无形的东西，所以简称为"无"，这个"无"实指"无形的混沌"，并非完全的虚无，河上公对"有物混成"的解释，与我们前面说"道"的原初的"混沌"状态完全一致。

混沌，《辞海·语词分册》解释："亦作'浑沌'。古人想象中的世界开辟前的状态。"[1] 唐代陆希声（约828—约896）讲："有生于无"释为"天下之物皆生于有形，有形之物必生于无形"[2]，其意也是"有形生于无形"，而"混沌"和"奇点"也正具有"无限无形"等特点。

宋代文学家苏辙（1039—1112）则把第十四章中描绘"道"的"是谓无状之状，无物之象，是谓惚恍"解释为"状，其著也。象，其微也。无状之状，无象之象，皆非无也。有无不可名，故谓之惚恍"[3]。可见，在苏辙的理解中，"道"尽管恍惚飘忽不好"名"，但"无状"就是有状，"无象"就是有象。

宋代陈景元（1025—1094）更是把这句话直接解释为"夫归于无物者，非空寂之谓也，谓于无形状之中，而能造一切形状，于无象之中，而能化一切物象"[4]，这又是"混沌"生成宇宙、天地的一个直接解释。

曹魏时期的才子王弼则道出了老子在写这句话时的为难之处"欲言无邪，而物由以成。欲言有邪，而不见其形"，而"惚恍"之意乃"不可得而定也"[5]。可见，王弼也没有否认"道"的物质性属性。

现代哲学家冯友兰先生、任继愈、张岱年先生等对"道"的非"无"的物质性分析，上文已有涉及，不再赘述。

从天体物理学对宇宙的解释来看，美国核物理学家、宇宙学家乔治·伽莫夫（George Gamow，1904—1968），1946年正式提出大爆炸理论[6]，认为宇宙大约于140亿年前发生的一次大爆炸形成，这一理论也通过对某些超新星做加速膨

①《辞海·语词分册》，上海辞书出版社，1977年，第1015页。

②（汉）河上公（唐）杜光庭，等注：《道德经集释》，中国书店，2015年，第139页。

③（汉）河上公（唐）杜光庭，等注：《道德经集释》，中国书店，2015年，第292—293页。

④（汉）河上公（唐）杜光庭，等注：《道德经集释》，中国书店，2015年，第421页。

⑤（魏）王弼注，楼宇烈校释：《老子道德经注校释》，中华书局，2016年，第31页。

⑥（美）乔治·伽莫夫著，丁奕心译：《物理世界奇遇记》，团结出版社，2019年，第67—78页。

胀运动的观测和"红移现象"①的发现，在一定程度上得以验证。爆炸的来源被霍金定义为一个"奇点"，这在许多中国学者来看类似于古人描述的"混沌"，这个"奇点"体积无限小，密度无限大，温度无限高，时空曲率无限大。

可见就连现代科学，都只能把宇宙的本源（奇点）归纳为多个"无限"的性质，但"无限"就不是物质的吗？它仍然是具有物质性的，只不过是人类目前的技术无法度量和难以表述的。

既如此，这难道与老子"有物混成，先天地生"（类似于"奇点"）、"大曰逝，逝曰远，远曰反"（类似于宇宙大爆炸和太阳、月球的运行规律）的描述不相一致吗？反正任继愈先生是承认这一点的，他早在六十多年前就说："关于天道（日月星辰）运行自有它的规律的思想在老子的哲学里有所反映。他形容道体的运动，说'大曰逝，逝曰远，远曰反'（二十五章），就是用描述天体运动的词句来描述道体的。因为天体无限广大，星辰运行到辽远的地方，似乎消逝了，但它们从辽远处又回到原来的地方。老子是周王朝的史官，史官必须通晓天文星象历史文化知识。"②

为什么西方学者一说宇宙形成就是物质的，我们欣然承认，说这是科学；而老子在那个两千五百多年前的科技落后时代能够观察、洞见、揭秘了宇宙之源、宇宙的恒常变化，并已经指明了这些"无限"元素是"绳绳兮不可名"的特点，把它归为"道"的范围，我们不以为荣，非要说这是唯心的、这是"杜撰"甚至"迷信"的呢，非要说"道"就是老子编出的一个"形而上"（西方古典哲学指为物理之后的非物质概念）的东西呢。况且在当今众多学者都承认老子哲学具有宇宙眼光、是宇宙哲学，并且老子哲学在西方科学界、思想界大受欢迎的情况下，我们仍然在论证怎么去圆"道"不是物质的，就是个"虚无"这个东西的"谎"，这岂不是缘木求鱼、非常可笑吗？

---

① （美）乔治·伽莫夫著，丁奕心译：《物理世界奇遇记》，团结出版社，2019 年，61—62 页。"红移"是指天文观测中发现的，由于多普勒效应，从离开我们而去的恒星发出的光线的红化现象，这一现象说明宇宙正在加速扩张。

② 任继愈主编：《中国哲学史》第一册，人民出版社，1963 年，第 40—41 页。

熊逸先生在他的《道可道——〈老子〉的要义与诘难》一书中说："对《老子》的阐释是越往后越深刻的，甚至会让人产生出这样一种奇异的感觉：与其说是《老子》精妙阐释了宇宙的至理，不如说是宇宙一直在身体力行地向《老子》学习。"[①] 这个评价应该说是比较客观公正的。

笔者认为，中国的先贤思想家、哲学家是完全有能力、有水平去发现、揭示、洞见宇宙的秘密和规律的，中华五千年文明有这个沃土、有这个底蕴，也有这个智慧。看到老子哲学"明珠暗投"，为我们某些人所误、所篡、所弃，却为外人所奉、所尊、所道，我们在遗憾的同时，更感觉心痛！

【第三节】
"道"的构成

综合以上，"天之道"应该是由"无限（形）"之物、"有限（形）"之物和体现"无限（形）""有限（形）"事物之间存在、运动、变化和发展所遵循的"自然"关系与法则的这三个因素所"组成"的。"人之道"则应该是在此基础上被老子赋予了一个新的内容，即人类社会特别是作为占有主导地位的周天子、各诸侯王等统治阶级、阶层，要"和顺"于由"无限（形）"和"有限（形）"事物所组成的宇宙、天地人等客观世界，"和顺"于"天之道"所代表的"自然法则"。这是对"人之道"特有的要求。

我们这样说，并不是标新立异，早在1963年，冯友兰先生在其《中国哲学史新编》中就老子与"道"指出："在自然观方面，他认为'道'是世界的根源，同时也是世界应取法的标准。'道'是未分化的物质，其主要性质就是混沌。万

---

① 熊逸：《道可道：〈老子〉的要义与诘难》，北京联合出版公司，2015年，第6页。据网络注：熊逸老师是学贯中西的思想隐士，著作等身的文史作家。他一直在隐瞒自己的真实身份，目前只是知道他笔名叫熊逸。

物都得到'道'的一部分，因以能有自己的存在。"①由此看我们不过是将这一认识向前推进一小步罢了。

"无限（形）"中含有"道"的最初表现形态，即"混沌"和"奇点"状态，这个状态是没有时空概念，处于"无限""无形"也"无时"之中，也含有由"混沌"生成的宇宙乃至天地人中的一切"无限（形）"的事物，包括宇宙在时空上的无限存在，我们所生活的"有限（形）"天地中"微观物理学"概念上的"无限（形）"物质及存在等。"有限（形）"事物是指人类目前所认识、了解和把握的宇宙、天地及人类社会自身的一切事物、知识、规律等。"和顺"即人类社会顺应"自然大道"本来面貌的特点、特征和规则，积极改进、调整和扭转自身"失道"和"不道"，甚至"逆道"的误解、曲解及各类行为的要求、要旨及趋向。

1."道"之"有限（形）"

"有限（形）"是指在数量、尺寸、范围上存在限制、有始有终，并且我们人类可感知、可理解、可把握的事物和规律。这部分涵盖了人类所赖以生存的世界，即老子哲学中所指的天、地、人和目前科技所能达到的部分宇宙或微观世界的物质及现象。笔者认为这些可以概括为老子所说的"有生于无"中的"有"。

曾经在古代一个很长的历史时期，人们认为包括天地人在内的、我们所可感知的一切都是有限（形）的、可丈量、可把握、可说清的。

在空间上，如《周髀算经》断言：天地万物及世界上一切事物都是有限的，容纳世界万物的空间也是有限的，故提出"盖天说"，其经过运用勾股定理测算得出"天像盖笠，地法覆槃。天离地八万里"；"……天之中央亦高四旁六万里。故日光外所照径八十一万里，周二百四十三万里"②，即确定天高八万里；而平直的方形大地，每边长八十一万里。

---

① 冯友兰：《中国哲学史新编》，人民出版社，1962年，第270页。

② 程贞一、闻人军译注：《周髀算经译注》，上海古籍出版社，2012年，第102页、第99页。

古希腊哲学家亚里士多德（Aristotle，前384—前322）认为不仅天地、甚而整个宇宙都是有空间边界的，太阳系内的星体、银河系内的所有星体，都镶嵌于距地球等远的球壳——恒星天层上，而地球就是宇宙的中心。到了公元2世纪，希腊数学家、天文学家克罗狄斯·托勒密（Claudius Ptolemaeus，约90—168）甚至根据这一思想设计了一个完整的宇宙模型（即托勒密模型）[1]。

在时间上，三国时代徐整《三五历纪》（该书已佚）中提出"盘古开天辟地"："天地浑沌如鸡子，盘古生在其中。万八千岁，天地开辟，阳清为天，阴浊为地。盘古在其中，一日九变。神于天，圣于地。天日高一丈，地日厚一丈，盘古日长一丈。如此万八千岁，天数极高，地数极深，盘古极长。后乃有三皇，数起于一，立于三，成于五，盛于七，处于九，故天去地九万里。"[2]可见中国古代神话中，把天地诞生的时间延展到了一万八千年以前。西方不少人主张神创说，如基督教早期神学家、教会博士圣·奥古斯汀，又名希波的奥古斯丁（Augustine of Hippo，354—430），"根据《创世纪》一书，接受公元前5000年作为宇宙创生的时刻"[3]。

这些古人对有限时空的判断和论证，尽管许多都是靠直观观察和推想得出的，有的甚至违反了科学常识，如今看来荒谬可笑。但在科学技术远不发达的古代，这些结论和观念还是被当时的大部分人所认可，如"盘古开天地"的说法和"上帝创世说"在东西方就都非常流行。《周髀算经》中也记载，商高的理论和用矩之道算法（含勾股定理），在该书"甲商高篇·周公问商高"中就得到了周公的肯定[4]。

老子在《道德经》中，部分地接受了世间万物"有限（形）"的说法，将天、

①（英）史蒂芬·威廉·霍金著，许明贤、吴忠超译：《时间简史——从大爆炸到黑洞》，湖南科学技术出版社，2002年，第2—3页。

②（唐）欧阳询撰，汪绍楹校：《艺文类聚》（附索引）第一册"天部上"，上海古籍出版社，1965年，第2—3页。

③（英）史蒂芬·威廉·霍金著，许明贤、吴忠超译：《时间简史——从大爆炸到黑洞》，湖南科学技术出版社，2002年，第7页。

④程贞一、闻人军译注：《周髀算经译注》，上海古籍出版社，2012年，第1—13页。

地、人归类为"有限（形）"的范围，这个范围的事物是"视之可见""听之可闻""搏之可得"的，其上也"皦"，其下也"昧"，其状也"可名"，不存在恍恍惚惚、玄之又玄的情况。其产生的过程也是遵循了先有天、后有地、再有人的顺序，由此他得出了"天下万物生于有"的结论，那就是天下万物都生于"有"，这个"有"是"有限（形）"的"有"，进而天下万物也是"有限（形）"的存在。

2."道"之"无限（形）"

"无限（形）"一词据传在中国古籍中最早见于《韩非子·解老》，"嗜欲无限，动静不节，则痤疽之爪角害之"[①]。这一词与"有限（形）"相对应，其意为在数量、尺寸、范围上没有限制，时间上没有尽头，形容数量极多、尺寸极大、时间极长，不可丈量、不可计数或难以感知、难以认定、难以把握的宏观、微观事物等。

老子摒弃了宇宙间一切都是"有限（形）"论的思想，将天、地、人之外博大浩瀚的宇宙及作为宇宙之源的"混沌（奇点）"都定义为"无限（形）"的部分，即"无中生有"中的"无"。"无"是"道"的有机组成部分，是"有限（形）"世界赖以产生的来源和根本，《道德经》第五十二章中被老子称为"天下有始，以为天下母"，这个"始"就是"道"中包含着"无限（形）"的"混沌（奇点）"和宇宙，这个"母"就是"道"本身。而这个"无限（形）"在"道"中的存在，也是造成"道"之"不可道"、"名"之"不可名"和"玄之又玄"等问题的"始作俑者"。这里有以下几点为佐证。

一是老子"混沌（奇点）"及宇宙"无限（形）"思想的产生并不是偶然的。

春秋时代管仲在《管子·宙合》中认为："宙合之意，上通于天之上，下泉于地之下，外出于四海之外，合络天地，以为一裹。散之至于无闲……是大之无外，

[①] 张觉译注：《韩非子全译》，贵州人民出版社，1992 年，第 315 页。

小之无内，故曰有橐天地。"① 其中"宙合"就指空间，其范围是"大之无外"的。几乎与老子同时代的墨子，在《墨经》中提出宇宙无限论的思想，"宇，弥异所也"，"久（宙），弥异时也"。并用数学语言对空间的无限性作了规定，"穷，或有前不容尺也"，"穷，或不容尺，有穷；莫不容尺，无穷也"。他认为"不容尺"就是"有穷"；"莫不容尺"，就是"无穷"② 可见老子的同一时代，尽管还没有"无限（形）"这个词的存在，但已经产生了对时间、空间上的无限（形）的认识。

二是科技的发展也为老子"混沌（奇点）"及宇宙"无限（形）"思想的产生提供了一定的支撑。

春秋时期，随着社会生产力的发展，科学技术有了很大进步。在天文历法方面，设有观察天象的专职人员，《春秋》对日月食记录非常详细，从公元前770至公元前476年，记录日食37次，其中正确的35次。鲁国天文学家还在公元前613年观测到一颗彗星扫过北斗，留下了世界上关于哈雷彗星的最早的观测记录。战国时代甘德和石申编著的《甘石星经》，是世界上最早的天文学著作。这一时期，历法测量的精确程度有所提高，测定了冬至和夏至。数学已采用了十进位法，人们已经能够运用数学知识进行城市建筑、土地测量和赋役征收。冶铸技术不断发展完善，铁器开始普及，农业生产力大为提升，同时由于铁制武器的使用，战场上的杀伤力也大大增强。医学技术和建筑技术进一步提高，产生了如扁鹊、公输般等行业上的专家和领军人物。科学技术的发展，特别是天文历法学的发展，开始打破了统治阶级推崇的王权乃"天道神授"的迷信思想，为老子观察宇宙、提出"道法自然"观点奠定了物质和外在的基础。

三是"守藏室之史"一职也为老子博览群书、深度观察思考提供了便利。

《史记》中记载的老子守藏室之史一职相当于现今国家图书馆、档案馆馆长，这个官职权力虽似乎不大，但有其"博见文典，又阅世变，所识甚多"③ 之便利。在春秋时期书籍和礼仪、文化、科技都掌握在国君、贵族、官员的手中，老

---

①（唐）房玄龄注，（明）刘绩补注，刘晓艺校点：《管子》，上海古籍出版社，2015年，第73页。
②《文白对照传世名著诸子类第八卷·墨子》，伊犁人民出版社，1999年，第244页、第264页。
③ 鲁迅：《中国小说史略·汉文学史纲要》，万卷出版公司，2015年，第214页。

子的职务使他很容易接触到周朝的最权威的典籍和最全面的科技、文史等方方面面的资源。老子本人又好学不倦，通过博览群书，从而对那个时代的宇宙、自然、社会发展、人生等都有了全面的了解和深入的思考。同时亲眼看见春秋末期周王室王权的失势，礼乐的崩坏，诸侯征战的混乱，民不聊生的现实，更使老子对"天子"乃"天道神权"的代表等唯心主义的说法产生了深度的质疑和反对。正因为见得多、识得广和自身睿智超前的洞察力，才使老子独树一帜地提出道家思想，并将人类探索的视野提升到无限无形无垠宇宙的新境界和新高度。

四是老子在《道德经》中也喻指了"道"之"无限（形）"意义之存在。

最典型的就是第二十八章中的"知其白，守其黑……复归于无极"。"极"字在现代汉语中，一般有顶端、极点、极端之意，用来形容事物的极点、极限、极端等。"无极"作为一个中国古代哲学术语，被解释为："《老子》：'复归于无极'。王夫之《老子衍》注：'无不极而无极'。'无极'是'无穷'之意。《庄子·逍遥游》有'犹河汉而无极也'句，'无极'仍是无穷之意。"① 也有人认为："什么是'无极'？古人认为，宇宙形成之初是从一片'混沌'开始的，它是'无'、是'道'。它无形无象、无边无际、无始无终、大而无外、小而无内、无可指名，且周而复始。它是宇宙万物之本原……世间万物都是从'无'开始的。从'无'生出'有'，又从'有'发展成万物，万物组成了天下。那种混沌初始本真顶点的状态就是'道'，是'无极'。"② 以上观点不仅指明"无极"之意，而且把"无极"与无穷、无限的"道"直接联系起来，指明"道"和"无"即是"混沌"，之所以称之为"无"，不是因为其是"虚无"，而是因为其带有"无形无象、无边无际"等"无限（形）"状态，这个"混沌"正是宇宙生成之初的"奇点"，它是物质的而非空无的。

《道德经》中"极"字的出现不止于此处，第十六章、第五十八章、第五十九章、第六十八章中先后出现五次，也都用来代指"道"，或者形容极点、极限、极

---

① 刘延勃等主编：《哲学辞典》，吉林人民出版社，1983年，第74页。

② 中道时光：《"无极"与"太极"的联系与区别》，https://baijiahao.baidu.com/s?id=1786185305107718805&wfr=spider&for=pc。

端等意。

五是作为老学思想传承人的庄子，明确提出时空"无限（形）"的概念。

在《庄子·杂篇·庚桑楚》中，庄子给宇宙定义为"有实而无乎处之宇，有长而无本剽者宙也……"，描绘出了一幅无限而动态的宇宙图景。在《庄子·外篇·秋水》中，庄子更是借北海若之口说出"夫物，量无穷，时无止，分无常，终始无故。是故大知观于远近，故小而不寡，大而不多，知量无穷；证曏今故，故遥而不闷、掇而不跂，知时无止；察乎盈虚，故得而不喜、失而不忧，知分之无常也；明乎坦途，故生而不说，死而不祸，知终始之不可故也"[①]。这里又对物质世界构成的"无限（形）"性、自然性作了一个完整的诠释。这也可以在一定程度上反证老子思想中"无限（形）"内涵的存在。

六是"无限（形）"在《道德经》中的诸多体现及科学解读。

①第一章第一句："道可道，非常道；名可名，非常名。"这是就宏观上阐释"道"的存在状态，"可道"的"道"只是"道"中"有限（形）"的部分，这个"有限"的部分是可说出来也可以命之以"名"的，这部分不是"道"的全部，甚至含有不少人的曲解和滥用；也不是"道"的根本，因为"道"中还含有"无限（形）"的部分，含有"无限（形）"与"有限（形）"之间深奥的关系与规律，而"有限（形）"生于"无限（形）"，是"无限（形）"决定了"有限（形）"的存在，"有限（形）"又处于相对弱势的地位。所以"道"的含义远远大于其中"有限（形）"的部分，恒常广博的"大道"不是"有限（形）"、可表述的"小道（人之道）"所能说得清的；"有限（形）"之物的名字，也概括表达不了、表述不尽、言说不清"无限（形）"之物和"无限（形）"、恒常的"道"的丰富内涵，此谓"名可名，非常名"。

第二句："无名，天地之始；有名，万物之母。"（此断句参照河上公版，笔者以为与此章上下文意更符），这个"无名"即是指"道"中"无限（形）"的部分，因其"无限（形）"而无法"命名"故称"无名"，这个"无限（形）"是"有限

---

①（清）王夫之著，王孝鱼点校：《庄子解》，中华书局，1964年，第199页、第139—140页。

（形）"天地形成的来源，故称"天地之始"。这个"开始"的时间，只是定位了天地生成的那一刻，但其自身向前延续上，即古人形容的"混沌（奇点）"状态上，它是没法定义时间的长短的，只能归于"无限（形）"而"无名（无法言明）"。

这里需要说明的是：从现代科学角度看，宇宙的时间，虽然在大爆炸理论有了一个说法（大约在 140 亿至 150 亿年前），但这只是一个"远曰反"的循环过程，在现代天体物理学上，"奇点"是宇宙物质通过"黑洞"等方式"塌缩"而成，只是上一个宇宙"死亡"后形成的结果，且不说"奇点"存在多少时间我们说不清，宇宙经过多少次爆炸→塌缩→爆炸的过程，我们更是说不清，从这个意义上来讲，宇宙的存在时间更趋于"无限（形）"之久之说。这在伽莫夫关于宇宙大爆炸的诗中也得到了证实："你知道，我的朋友，宇宙没有结束，亦无开始……"[1]；近年还有人提出多个"平行宇宙"同时存在的概念，这更是对我们时空"有限（形）"的概念提出了挑战。所以老子那个年代把宇宙时间定义为"无限（形）"之久是体现了"先见之明"的。

"有名"即是可以命名的"有限（形）"的"天地人"世界，在当时那个时代，量子物理学的微观世界还远没有被发现，所以那个时代的人们认为这个范围内的一切都是可见、可感、可知的、可命名的，因为"有限（形）"世界的可感知、可把握，那么一切事物都据此产生了，老子据此得出"道"中"有限（形）"的部分，是"万物之母"的结论。

第三句："故常无欲，以观其妙；常有欲，以观其徼。"（参照汉帛书版文本内容，如此断句）。这句阐述的是观照宇宙之"道"的态度和结果。"道"之因为其"无限（形）"与"有限（形）"含义之广博，自有其奇妙无穷之所在，也有其"有限（形）"可感之门道。而因为"道法自然"之原因，其不以人的意志为转移的特长，那么人只有"挫其锐、解其纷、和其光、同其尘"，放弃个人一切欲望和成见、先见，和"道"融为一体，才能发现其奥妙无穷之处，也能窥见宇宙无限之绵长悠远，感悟"无限（形）"生成"有限（形）"自然造化之伟力；如果反其

---

①（美）乔治·伽莫夫著，丁奕心译：《物理世界奇遇记》，团结出版社，2019 年，第 77 页。

道而行，带着个人功利的目的性（"常有欲"）去观照万物，那么就只能看到与欲望相关的事物的蛛丝马迹，因为被个人的欲望所蒙蔽，就再也看不到更广阔、更深奥的"无限（形）"大道的幽深奇妙之处了，再也无法感悟"自然大道"之伟大了。

这里需要补充的是，老子提出的对"道"的"有欲"和"无欲"的观察法及对研究结果的影响，在今天科技发展上看，不仅非常科学，而且令人钦佩。这个现象西方在近代才发现，被定义为"观察者效应"并得到认可则是二十世纪末期的事。

"观察者效应"（Observer Effect）或"测量难题"（Measurement Problem），是指在量子物理学研究中量子所体现出的古怪特性。这一特性为量子的叠加状态原理，即我们不观察时，或者说不干涉其时，它同时处于所有可能的状态。我们观察测量的本身，让电子的状态落入唯一状态，物质的叠加状态就坍塌了。造成电子坍塌的原因，正是观察者测量行为本身造成的[①]。

最典型的就是"双缝干涉实验"。1924 年法国理论物理学家路易·维克多·德布罗意（Louis Victor de Broglie，1892—1987）通过双缝干涉实验发现，光子本来具有"波粒二象性"，但在实验中光子通过千分之一毫米的金箔屏的两个狭缝并击中后面的探测屏时，位于双缝屏与探测屏之间的粒子探测器开启时，光子的运动坍缩成粒子状态；当关闭或移除探测装置后，光子将以波的状态，同时穿过两个狭缝。前者观察时只显现一个微粒，后者不观察时则表现为光的衍射特性[②]。

奥地利科学家埃尔温·薛定谔（Erwin Schrödinger，1887—1961）1935 年提出的猫实验（即"薛定谔的猫"），更是直观上揭示了这一现象。即在密闭容器里，放入少量可能发生衰变的镭和装有氰化物的瓶子，再放入一只猫。如果镭发生了衰变，就会触动瓶子放出毒物毒死猫，如果未发生衰变，猫就不死，不打开

---

①（美）乔治·伽莫夫著、丁奕心译：《物理世界奇遇记》，团结出版社，2019 年，第 83—111 页。
②（美）乔治·伽莫夫著、丁奕心译：《物理世界奇遇记》，团结出版社，2019 年，第 83—111 页。

老子新论新解

箱子,箱子中的猫可以是"死"和"活"两种状态,而打开箱子,我们只能看到"死"或者"活"一种状态[1]。

可见,当人类带着一定目的(即"常有欲"状态)去观察、研究事物时,确实会对物质造成时空上的物理性分割,这些分割只能体现出物质这一刻、这一部分的特性,只能观察到其"徼",而不是物质真正本性、特性之"妙"了。

再举个容易理解的例子:小白兔本是自然界的一种小动物,如果我们不带着个人的目的,能看到一只完整的、活生生的、具有一定"灵性"的,甚至是龟兔赛跑中一只懒惰的、有趣的小动物的形象,这是小兔子之妙趣所在。如果我们带着个人目的,那么猎人看到的只是一只猎物,研究怎么捕获、射杀它;画家看到的只是一个描绘对象的外在形态,研究怎么画好它;宠物爱好者则是欣喜又有了一个宠物可收养,研究怎么少花钱得到它。这些都是只看到了个人欲望驱使自己所要看到的"徼",而小兔子本身的"妙"处则既没人观察到也没人去关心了。

这就是"有欲"与"无欲"观察宇宙的区别,也是老子主张只有"挫锐、解纷、和光、同尘"不带着个人欲望,才能够发现宇宙"奥秘"的关键,没有这个"关键",老子写不出《道德经》,我们中华文化也就缺少了一个伟大先哲和一部伟大经书的诞生。

第四句:"此两者,同出而异名,同谓之玄。""有限(形)"与"无限(形)",同出自"道"中,因其各自所代表的范畴不同,所表现的形态不同,各有不同的名字,以其各自都有言说不尽的玄机["有限(形)"中也蕴含着"无限(形)"的东西,后面说明],所以都被称为"玄妙"。

第五句:"玄之又玄,众妙之门":因为"有限(形)"与"无限(形)"中都含有"玄妙的东西",同时二者之间又具有着微妙深奥的互为依存、互相矛盾的关系,放在一起来说,就是"玄妙 + 玄妙",乃是观照、体悟、探察、把握"道"之玄通深意的必经之"法门"。

---

[1](英)史蒂芬·威廉·霍金:《霍金精品集》,人民文学出版社,2007年,第314—315页。

上 篇　　　　　　　　　　　　　　　　　　　　　　　│ 033

②第四章，其文本前面已引述，不再赘言。笔者以为这一章整体描述的主要是"道"之"无限（形）"部分的表现状态，因为这部分内容的隐晦难识、变动不羁、幽深难测，就像遥远夜空中漫天星斗的闪烁不定。无数星斗中，甚至包括我们所在的银河系中，及离我们最近的绝大多数星系、恒星、行星等，都只见端倪，看不清实质，只见其微光，不见其面貌，更说不清其大小、其远近、其来历和其归宿，只能归于"无限（形）"浩瀚宇宙的一员。"大道"如此之大，宇宙如此浩渺，我不知道它是从哪里产生的，但它应该早于我们脚下这一方天地，早于我们人类的诞生，好像是比"有限（形）"世界的天帝还早啊，也即"象帝之先"，这个之先，就可以追溯到宇宙尚未形成的"混沌"或者"奇点"状态。

可见，正是因为看到了宇宙之源之神奇、宇宙无限（形）之博大浩瀚、宇宙变化运动之磅礴伟力，同时看到了地球如宇宙中一叶扁舟之渺小、之脆弱，人类在那个时代的科技发展与文明进步之弱势、之迷惑，老子才生发出"天地无好恶、自然大于人"的感悟和判断。所以他认定人类的最终归宿不是什么"神"的引领和驱使，也不是孔子"先贤"的示范和感召，而是"人之道"向"天之道"之"自然"法则之回归。即便在科技高度发达之今天，我们对宇宙、自然、人类起源、微观世界之规律等的认识、研究和把握上仍然存在众多的未知、不解和困惑，所以老子的认知和判断在某种意义上说，仍然没有过时。

但即便如此，老子也并未否定人类存在发展之意义，他仍然把"人"放在"四大"之一的地位，把人类"和顺"于"道"作为《道德经》的重要主题，因为他发现了人类社会对于"道"不是没有作用，而是具有不容忽视的、辩证的反作用。

对"象帝之先"的解释，首先在"象"字上，王弼、陈景元、沙少海等均解为"似"或"好像"[①]；也有解为"命名""称呼"的，笔者以为第一意较贴切。"帝"

---

①（魏）王弼注，楼宇烈校释：《老子道德经注校释》，中华书局，2016年，第11页；（汉）河上公、（唐）杜光庭，等注：《道德经集释》，中国书店，2015年，第404页；沙少海、徐子宏译注：《老子全译》，贵州人民出版社，1989年，第8页。

字，河上公、王弼、陈景元、陈鼓应等多数学者解为"天帝"[①]，蒋锡昌（1897—1974）在《老子校诂》中解为"上帝"[②]。两种解释实际上都是指中华上古时期开天辟地的人类先祖，如昊天大帝、东皇太一、轩辕、伏羲等，其中昊天大帝传说是主宰天地万物的神，代表天或者等同于天，并曾受到历代公祭，是最古老的天帝。

那么在老子哲学的概念中，不论哪个"天帝"，都不是真正的宇宙万物之根本，最根本的是"道"，即"天之道"中的"混沌"和"奇点"才是一切的来源，也是早于各位"天帝"的真正宇宙万物之祖先。

同时，第二十一章中对"道""惟恍惟惚"的描述，也主要展示的是其宏观的"无限（形）"难识的部分内容。但老子在此进一步肯定了这部分内容的存在，"窈兮冥兮，其中有精；其精甚真，其中有信"，这实际上是把"道"，特别是"道"之中的"无限（形）"宇宙存在的肯定，向前推进了一步。

前面第一章、第四章、第二十一章主要揭示了开始时我们概括的"道"的第二、三、四个特性，即"道"是原生恒常的，又是深奥难识、一言难尽、"名"难表述的。

③第三十四章、第四十一章，主要阐述"大道"宏观之至大"无限（形）"。"大道氾兮，其可左右"，言称"大道"无限（形），广泛存在、广泛流行，左右宇宙天地万物。那么这个无限大的"道"，大到什么地步呢？大到了"大方无隅""大象无形""大音希声"的程度。如果"大方"理解成一方空间的话，那么这个空间是大到看不到边界、角落的；如果把"大象"理解为宇宙的话，那么这个宇宙已经大到人类的视野看不到其整体形状了（这个也在现代天文学中得到了证实）；如果把超声波（频率高于20000赫兹，超越人类听觉阈值的上限的机械振动波）理解为"大音"，那么这个"大音"我们确实听不见。还有日

---

①（魏）王弼注，楼宇烈校释：《老子道德经注校释》，中华书局，2016年，第11页；（汉）河上公、（唐）杜光庭，等注：《道德经集释》，中国书店，2015年，第7页；陈鼓应注译：《老子今注今译》，商务印书馆，2016年，第91页。

②蒋锡昌编著：《老子校诂》，成都古籍书店，1988年，第33页。

常生活里蝙蝠在飞行中，是靠发射超声波探测周围障碍物情况的，我们也听不到。所以正是因为"道"的行迹有着这些"无限（形）"和难查、难识的特征，老子才说"道隐无名"。

这一章主要描述的是前面我们概括的"道"的第一、三个特性，即它是生化宇宙、关涉万物、深奥难识的。

这也让我们联想到宇宙学中提出的暗物质、暗能量的假说。暗物质（Dark Matter）最早由荷兰天文学家卡普坦（Jacobus Kapteyn, 1851—1922）提出，是一种可能存在于宇宙中的不可见的物质，它可能占到宇宙物质的总量的 85%，但又不属于构成可见天体的任何一种已知的物质。暗能量（Dark Energy）则是在驱动宇宙运动的一种能量，其在宇宙中发挥斥力作用，其能量占据宇宙总能量的约 68.3%。暗物质和暗能量两者都不会吸收、反射或者辐射光，所以人类无法直接使用现有的技术进行观测。

之所以提出这两个假设，是因为现行的天体物理学理论仍旧无法很好解释天文观测中出现的众多疑似违反牛顿万有引力的现象。如宇宙中的其他星系似乎都在向着距离人们生活的银河系越来越远的方向移动，它们移动的速度是越来越快（即"红移"，前面第二节中有解）。这与先前天体物理学家根据现有理论预测的引力会使得宇宙的膨胀速度逐渐减缓的结论恰恰相反。

所以现代宇宙学中"暗物质""暗能量"概念的提出，让我们对"道"的深奥难识、"无限（形）"宇宙的"难名"特点，又有了一次深刻的体验。

④第十四章、第三十二章阐述的是"道"在微观上的"无限（形）"特质。"道常无名，朴。虽小，天下莫能臣"，这里老子指出，"道"的"无限（形）"状态既常常难以言说、外表质朴无华，又看似小而微、难以察觉，但其作用却是非常大，天下任何人和物难以把握的。这个"小而微"的状态就是第十四章所描述的看不见的"夷"、听不见的"希"和摸不着的"微"，虽然人们因此把他"复归于无物"，但这些微观的"无限（形）"之物，又确实发挥着巨大的作用，是不可否认的以"道"的形式存在着。能够承认、理解和把握这个道理，来统御现今存在的"有限（形）"事物，才可以说是真正把握了"道纪"，即"道"的根本规律。这

里老子实际运用的是"见微知著"的办法，来强调"道"无所不在的道理，其所揭示的"道"之内涵，在于"有限（形）"世界中，仍然存在着"无限（形）"而微的东西的端倪，这些东西以"道"的形式时时刻刻都在发挥着作用。这种"有限（形）"中含有"无限（形）"的辩证思想，完全符合现代科技的发展方向，被现今最前卫的理论物理学、量子物理学所证明，这也是据传美国贝尔实验室把"无为而治"作为"座右铭"的原因所在。

前面第十四章、第三十二章主要描述的是"道"的第三、六个特性，即它既深奥难识，又不以人的意志为转移。

3. "道"之"和顺"

在"道"（人之道）的有机构成中，除了"有限（形）""无限（形）"两个部分，老子还要解决的一个问题，就是两者之间存在的关系。本来在"天之道"之中它们都是"自然"和谐相处、一体共生的，但在"人之道"中出现了不和谐、不顺应甚至完全逆反、违反"自然"的关系。所以老子在"人之道"中，加入"和顺"的内容和要素，要求"人之道"以"自然"为宗旨、以"和顺"为路径，修正"不道""失道"等行为，导引"有限（形）"与"无限（形）"事物之间，也包括人类社会的国与国之间、阶级与阶级之间、人与人之间、人与"自然"之间等遵循"大道"、和谐相处、共谋发展，修正由诸侯之乱等所造成的国家动荡、民不聊生的违逆"自然"之错误，复归被智诈之心、利欲之心所污染的人与"自然"、人与人之间等的淳朴纯良的本真。

从哲学意义上讲，"无限（形）"与"有限（形）"的事物之间，本身就存在着诸多纵横交错的复杂关系，"有限和无限既相互区别，又相互联系。整个物质世界是无限的，但世界上每个具体事物及其发展过程是有限的，无限的世界是由有限的具体事物组成的。无限存在于有限之中，并通过有限而表现出来，但不能把无限归结为有限的简单的量的组合；有限之中包含着无限，有限事物就其参加永恒运动来说又是无限的"[1]。

由上可见,"有限(形)"产生于"无限(形)","无限(形)"不是"有限(形)"简单的叠加,"无限(形)"的量度永远大于"有限(形)";同时,"有限(形)"中又蕴含着乃至生成着"无限"(形,如量子力学中"微观粒子"的发现和研究等),"有限(形)"的事物不断运动变化又衍生出"无限(形)"的寓意(如"量子纠缠"发生作用的速度超越了宏观世界光速的"极限")。所以"有限(形)"与"无限(形)"之间,既存在着矛盾对立、又存在着紧密联系的相互关系,甚至随时可能相互转化、相互生成,最终统一于广阔的宇宙、自然万物之中,这就与老子描述的"有无相生"的情况完全相符了。

那么在《道德经》中,老子将这种关系描述成什么呢?笔者认为是描述成"和顺"的境界。

"和"是汉语中一个多音多义、内涵非常丰富的词语。《说文解字》解为"相应也,从口禾声"[2];《辞海·语词分册》解释主要有以下几层意思:①温和、和缓、谦和,表示人的气质、处事的态度;②和谐、协调,表示人和事物之间恰如其分的联系、关系;③和解、讲和,表示人或事物之间由矛盾对立转向和平、协调相处的状态;④数学名词,诸数相加的结果称为这些数的"和"。⑤读音为huò时,其有混和(合成)的意思;⑥读音为huó时,其有在粉状物中加水搅拌揉弄,使有黏性,如和面的意思;⑦读音为hè时,其有唱和、和答的意思,如老子第二章中"音声相和、前后相随"即此意。老子所说的这个"和"字,至少有以上②③④⑤⑦等几层意思[3]。

"顺"字《说文解字》解为:"理也,从页从巛,食闰切"[4];《辞海·语词分册》解为:①趋向同一个方向,同"逆"相反,如顺风、顺路;②趁便、随便,如顺手牵羊;③沿、循,如顺河边走;④顺遂,如顺心、顺意;⑤依顺、顺服;⑥调和、和

---

① 刘延勃等主编:《哲学辞典》,吉林人民出版社,1983年,第236页。
② (汉)许慎撰:《说文解字》(附检字),中华书局,1963年,第32页。
③《辞海·语词分册》,上海辞书出版社,1977年,第1861—1862页。
④ (汉)许慎撰:《说文解字》(附检字),中华书局,1963年,第182页。

谐，如风调雨顺；⑦通顺，如文从字顺①。老子所说的这个"顺"字，至少有以上①③④⑤⑥等几层意思。

《中庸》有言："喜怒哀乐之未发谓之中，发而皆中节谓之和；中也者，天下之大本也；和也者，天下之达道也。致中和，天地位焉，万物育焉。"② 这里讲"中"是天地的根本，"和"是天下的通途，达到"中和"的境界，天地就会各安其位、正常运行，万物就会正常生长发育。这里描述的"和"也是天地万物和谐共生、相伴相融的一种理想状态。

《礼记·乐记》讲："是故情深而文明，气盛而化神，和顺积中而英华发外，唯乐不可以为伪。"③ 这是描述情感的一种状态，"和顺"的情感聚积在心中，就会有美好的、英姿勃发的神采展现出来。

老子在《道德经》中，直接提到"和"字的为七处，分别为第二章"音声相和"，乃"和"字解释中第⑦意，读为 hè 音，唱和、和答之意；第四章"和其光，同其尘"，乃第②意，和谐、协调、融合之意；第四十章"冲气以为和"，乃第⑤意，混合、合成之意；第五十五章"和之至也""知和曰常"，两个"和"字之意都与②相近，乃淳和、淳厚、淳朴之意；第五十六章"和其光，同其尘"，与第四章相同；第七十九章"和大怨，必有余怨"，乃第③意，和解、讲和之意。

与"和"意相近的"合"字，有两处，分别为：第三十二章"天地相合，以降甘露"，乃指天地之气相融合、汇合、混合；第五十五章"未知牝牡之合而朘作"，乃是交合之意。

"与"字有六处，分别为第二十章两处"唯之与阿""善之与恶"；第三十五章"乐与饵"；第四十四章"名与身孰亲？身与货孰多？得与亡孰病？"此六处的"与"，都与作为连词的"和"相同，不再具体解说。另外，第七章"天地所以能长且久者"中的"且"字，也有连词"和"之意。

"顺"字在《道德经》中直言的很少，只有第六十五章"'玄德'深矣，远矣，

①《辞海·语词分册》，上海辞书出版社，1977年，第1984页。
②（春秋）孔丘、（战国）孟轲，等著：《四书·五经》，北京出版社，2006年，第186页。
③（汉）戴圣辑：《礼记》，北方文艺出版社，2013年，第246页。

与物反矣，然后乃至大顺"一处，其意有前面"顺"字释义中①④⑤⑥多重意思，即顺遂、依顺、和谐之意。

作为"和顺"一词整体理解，主要有相和融洽、和睦共生、质朴淳和、顺遂自然、依顺大"道"等寓意，这个"和顺"是老子在《道德经》中所大力提倡的，正所谓老子所讲"道冲不盈""见素抱朴""不争无忧"等之意。也能很好地诠释"道生一，一生二，二生三，三生万物。万物负阴而抱阳，冲气以为和"之理，即"道"由"一"，即其"混沌"和"奇点"状态，生成包含着"有限（形，即阳）"与"无限（形，即阴）"物质两部分的宇宙（即"二"），阴阳两部分"和顺"相处、"冲气以为和"，产生了"天地人"这个"三"，由"三"中衍生了宇宙、天地间的万事万物。

尽管《道德经》正文中没有直接提到"和顺"二字，但在八十一章许多处都揭示了"和顺"于"道"及"和顺"于"自然"的道理。

如"同"字：第四章中的"和其光，同其尘"、第五十六章中的"和其光，同其尘，是谓玄同"，这三个"同"字具有"融和""顺同"之意，"玄同"更是老子推崇的彻底地融入宇宙、顺应自然、抛弃个人好恶成见的一种"忘我"状态；第二十三章中"同于道""同于德""同于失""同于道者""同于德者""同于失者"，六个"同"都带有"和同"与"顺同"之意。

如"下"字，第三十九章"高以下为基"的"下"字，含有高贵的人要以"顺下""和下"于百姓为立身之基；第六十一章中，除两个"天下"的"下"以外，其余七个"下"都带有"谦下""顺下""和下"之意；第六十六章中"以其善下之"和"必以言下之"处两个"下"，也都具有"顺下""谦下""谦和"之意；第六十八章中"善用人者，为之下"，同样具有"谦和""顺下"之意。

如"不争"一词，第八章"水善利万物而不争""夫唯不争，故无尤"，都是言水"和顺"于自然，不与万物相争，故"上善""无尤"；第二十二章"夫唯不争，故天下莫能与之争"、第六十六章"以其不争，故天下莫能与之争"、第八十一章"圣人之道，为而不争"等，都是强调人与人、人与物、物与物和而不争、顺应自然的"不争之德"。

另外散在的存有"和顺"之意的词语还有：第五章中的"多言数穷，不如守中"，其"守中"含有守持大道，顺从无为之意；第五十九章中的"夫唯啬，是谓早服"，"早服"具有和顺、服从于"道"之意；第六十章中的"夫两不相伤，故德交归焉"，其中"两不相伤"是指鬼神、圣人都与人类和谐相处，其"德"顺应于"道"而不伤于人，上德才能归惠于民等等。

综上所述，"无限（形）""有限（形）"事物和国家与国家、人与人、人与"自然"之间、之内"和顺"相处、和谐共生的联系、变化的状态和趋向，共同构成了"道"运行发展的总体内涵。这个构成形态是以宇宙、天下万物的物质性为显在基础，以其中的互动互生、变幻无穷的趋势和规律为隐在条件，以宇宙、天下万物激荡发展之规律，反观人类社会发展变化之端倪，隐喻人与万物"和顺"相处趋于自然的道德指向。

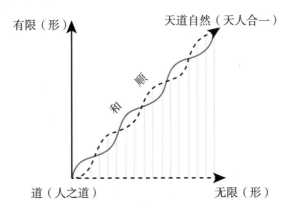

"人之道"之构成坐标示意图

在这个示意图中，虚线部分代表难以言表的"无限（形）"，虚线的坐标轴代表"无限（形）"物质的延展；空白部分代表可以认识、把握的"有限（形）"世界；实线的坐标轴代表"有限（形）"事物的发展；中间的虚实双曲线箭头线则代表"人之道"中"无限（形）"和"有限（形）"物质之间互相包容交错的"和顺"发展关系和趋向，其最终指向于"天之道"的"自然"，体现了老子哲学所倡导的"人之道"最终"道法自然""天人合一"的最高目标。

这样的构成，也能圆满解释老子作为一个在春秋时代洞悉宇宙、察乎天地的先哲，最终提出"道法自然""有无相生""无为而治""天地不仁"等诸多观点的动因。

有了这个"道（人之道）"的构成说，同时能圆满解释中国哲学史上关于"无极"与"太极"关系的争论。"太极"最早见于《易经·系辞上》："易有太极，是生两仪，两仪生四象，四象生八卦。"东汉末年儒家学者、经学家郑玄（127—200）和魏晋王弼分别把"太极"解释为"混沌"元气和"无"，尽管观点不同，但二人都将其理解为"万物"的本源[①]。而老子在《道德经》中又提出了一个"无极"，这个"无极"也是"道之本源"之意，二者何种关系？北宋周敦颐（1017—1073）提出"无极而太极""太极本无极"的观点，但同时他又将二者在图示上区分开来，设计出完全不同的两个图：一个是完全空白的圆圈，即无极图；一个是先天阴阳太极图，见后文附图[②]；南宋朱熹（1130—1200）主张二者并不完全等同，"无极者无形，太极者有理也"，是分别描述了天地万物本源的形态和效用两个方面[③]；南宋陆九渊（1139—1193）却认为"太极"之上不能再有一个"无极"，形容二者相加"正是叠床上之床"[④]。

如果"道（人之道）"具有物质性，是由"无限（形）""有限（形）"和"和顺"三部分构成，那么就不用再有郑玄和王弼的争论，因为"道（人之道）"本身就含有"无（无限）"和"气（"和顺"之气）"。也不会再有朱熹和陆九渊之辩，因为"道（人之道）"本身就既含有"无形"的"无限"，又含有太极的"有理"，即"无限（形，即阴）""有限（形，即阳）""和顺"而生万物之理。"无极"更不是周敦颐描述的空无的"圆圈"，其本身就是"太极"（见下面《先天阴阳太极图》）。由此，也就没有了陆九渊"床上之床"的烦恼。

---

① （汉）郑玄撰，林忠军导读：《周易郑注导读》，华龄出版社，2019年，第121页。

② （宋）周敦颐（宋）朱熹解，张旭辉导读：《太极图说》，黄山书社，2021年，第2页。

③ 刘述先：《朱子哲学思想的发展与完成》，中国人民大学出版社，2022年，第286页。

④ （南宋）陆九渊撰，叶航整理：《陆九渊全集》，上海古籍出版社，2023年，第26页。

先天阴阳太极图

如上图所示，黑色区域即代表"道（人之道）"中"无限（形，阴）"部分，白色区域即是"道（人之道）"中"有限（形，阳）"部分。"白中黑""黑中白"的部分说明了"无限（形）"与"有限（形）"之间可互相包容生成转化的特点。中间弧形的黑白分界线，则说明了"无限（形）""有限（形）"之间的"和顺"相处的关系。而外围的圆形，则表明了三者构成的"道（人之道）"之"无极""无限（形）"特性。这个先天阴阳太极图的产生，正是中国文化先贤洞悉宇宙、自然智慧的象征！

当然，回归奴隶社会末期，那个人类文明初起、社会动荡不断、善治答案难求、屈原尚在"问天"的春秋战国时代，我们不能苛求老子完全参透天机，通揽宇宙、天、地、人之四"域"，圆满解答科技、人类发展、社会未来等一切难题（这其中许多许多难题我们至今也尚未很好找到答案、尚未很好解决）。我们也要在包容老子哲学中在今天看来不准、不精、不确甚至一些错误的价值观念、思维方式和思想观点的基础上，在力求还原老子哲学思想精髓的前提下，运用辩证唯物主义的观点方法，条分缕析地发掘其思想体系中超前的洞见、科学的内涵、睿智的观念和启迪性的思想方法，把这些精髓精华部分总结出来、提取出来、运用出来，并植根于中华优秀传统文化的百花园中，让其在实现"创造性转化、创新性发展"的同时，更好地为中国特色社会主义现代化强国建设发光发热、更好地在世界文明中绽放出绚丽的光彩。

在老子观察、研究、体悟宇宙、自然和社会、人生的方法方式上，我们还要说一句，老子提到"致虚极，守静笃"与"和光同尘"时，有人批评他的方法过于简单、缺乏主观能动性，落入了"自然无为"的陷阱。笔者却认为这正是老子高于那个科技落后、人心浮躁时代的高明之处。都想"常有欲"急功近利地去获得某种功名与利益，谁去"常无欲"、关注宇宙的真相和本源？况且老子的观察研究也确实缺乏其他科学利器和手段，不去直观观察，难道要老子去借用"射电望远镜"吗？当老子提出"不行而知，不见而明"时，更有不少人批判他是靠直觉来判断、靠经验来认知，是典型的主观主义、唯心主义。殊不知老子的思想不能断章取义，他的"不行而知，不见而明"，是在已经"致虚极，守静笃"的观察、研究基础上的"知"和"明"，不是凭空产生的东西。况且从今天的科技发展上看，天体物理学的许多东西，包括"大爆炸"理论和"黑洞"学说等都是有别于牛顿的经典力学，不是从纯实证的起点，而是经过数学模型的计算，甚至"直觉"产生而逐渐得到一些证实的过程。其中有些可以得到证实，比如"红移""时空曲率"等，但"大爆炸"是140亿年前发生的，怎么证实？但也不能因此就说"大爆炸"理论不科学。而现在许多前沿科学理论更是和科学家的"直觉"有着千丝万缕的联系，如霍金在1992年接受美国广播公司《沙漠孤岛》节目主持人苏·洛雷采访时坦承："我很依赖直觉，我试图猜出一个结果，但是之后必须证明之。而在这一阶段，我时常发现，我想过的东西不是真的，或者出现某种从未预料到的其他情形。我就是这样发现黑洞不是完全黑的。那时我想证明一些别的东西。"[1] 如果霍金的"直觉"如此，那么老子的"直觉"就有什么不好吗？

另外，切忌在老学研究中对号入座，一厢情愿地、轻率地把老子哲学定义为某个学派、某个"百家"阵营中，这一点上，笔者非常赞同胡适先生的观点，认为老子属于"开先河者"，是始祖类型，《道德经》也无愧于"万经之首"的地位，使不少"后学"跟从于他。如孔子之"问道"于老子（这一点至少《史记》中有记载，比一些凭空揣测强），《庄子》寓说老子，而不是相反。不能轻率地认为哪个"学派"在历史上影响大、推崇者众，哪个就排在前面，关键是看其思想是否

---

① (英)史蒂芬·威廉·霍金：《霍金精品集》，人民文学出版社，2007年，第366页。

博大、其见解是否精深，其对中国乃至世界的启迪和影响是否显著、是否至今兴盛不衰，这才是判断的标准。"老学热"的内衰外兴，难道不让我们某些"抑老"的所谓学者感到汗颜吗？

第二章
论"德"之师法"自然"的道德价值观

　　老子在深入观察宇宙、参悟天道、体察社会、感受人生过程中，有了一个最大的发现，这个发现即"天之道"之"自然"，它被老子定义为左右、决定和深刻影响着"域中四大"即宇宙、天、地、人类等世间一切事物发展变化的普遍法则（即老子在第二十八章中所言的"朴散则为器，圣人用之，则为官长，故大制无割"）。它又是宇宙间凌驾于"人之道"之上的最高的存在，是掌控、主宰着"有限（形）"和"无限（形）"事物及人类治乱兴衰的根本动因与最终力量，从人开始，到天地、"人之道"等宇宙万物，都必须敬重于它、服从于它、遵循于它。否则，不顺乎"自然"而为，不遵循其强大的法则，必然走向衰落、失败和灭亡（即老子讲的"物壮则老，是谓不道，不道早已"）。

　　老子这一观念在近现代西方科学、天文学界也得到共鸣，如英国生物学家，进化论的奠基人查尔斯·罗伯特·达尔文（Charles Robert Darwin，1809—1882），经过历时五年的环球航行中的大量的观察和采集，提出了生物进化论——自然选择学说，他在名扬世界的《物种起源》中揭示："人类用按部就班而无意识的选择手段，能够产生出，而且确已产生了伟大的结果[1]，那么大自然何所不能呢？人类只能作用于外在的可见性状，而大自然并不关心外貌，除非外貌对于生物是有用的。自然能对各种内部器官、各种微细的体质差异以及整个生命机器发挥作用。人类只为自己的利益而进行选择，自然则只为她所照拂

---

　　[1] 注：指人类驯化、饲养的动物等。

的生物的利益而进行选择。各种被选择的性状，都充分地受着自然的锻炼，而生物被置于合适的生活条件之下……因而，与大自然在整个地质时代的累计结果相比较，人类所得的结果是何等贫乏啊！所以，大自然的产物远比人类的产物在性状上更'真'，更无限地适应极其复杂的生活条件，并且明显地标有更高级技巧的烙印。"① 史蒂芬·霍金在对宇宙形成的描述中提出："对于这个问题，我所能给出的回答是基于达尔文的自然选择原理。这思想是说，在任何自繁殖的群体中，存在有不同个体在遗传物质和发育上的变异。这些差异表明，某些个体比其他个体对周围的世界更能引出正确的结论，并去适应它。这些个体更可能存活、繁殖，因此它们的行为和思维的模式将越来越起主导作用。这一点在过去肯定是真的，即我们称之为智慧和科学发现的东西给我们带来了存活的好处。这种情况是否仍会如此不是很清楚：我们的科学发现也可以将我们的一切毁灭。即使不是这样，一个完整的统一理论对于我们存活的机会不会有很大影响。然而，假定宇宙已经以规则的方式演化至今，我们可以预期，自然选择赋予我们的推理能力在探索完整统一理论时仍然有效，并因此不会导致我们得到错误的结论。"②

这个"自然"作为"人之道"必须遵循的力量，它又化身为老子哲学价值体系中一种至高的存在，标示、考量着人类社会中一切价值观念的高低，并以此为参照标准蓝图，搭建起老子哲学道德价值观的主体框架，成为诸子百家多元多极的道德价值观"建筑群"中，一座标志性的大厦。

---

①（英）查尔斯·罗伯特·达尔文著，王之光译：《物种起源》，北京时代华文书局，2020年，第51页。

②（英）史蒂芬·威廉·霍金著，许明贤、吴忠超译：《时间简史——从大爆炸到黑洞》，湖南科学技术出版社，2002年，第12—13页。

【第一节】
老子哲学中"自然"之含义与辩证

1."自然"之词义与《道德经》文本中的意义

一是"自然"的词义。

"自然"这个词因为在古代被老子较早提出并运用（有说是老子始创，不得其证），在现代辞书中其意也与《道德经》中原意比较贴合，如《辞海·语词分册》将其解释为：①天然；非人为的。如自然物、自然美。②不造作，非勉强的。如态度自然、文笔自然。③犹当然。这里主要强调人或事物自由发展，不受外界、外力干预，与人为、造作、勉强、呆板等不自然现象相对立[1]。

二是"自然"在《道德经》中的意义。

上面的解释，显然只就字面、日常泛化的意思来说还过得去，但就《道德经》的定位层次看，明显差强人意，没有达到"道（人之道）法自然"的宇宙法则的高度，而这个高度的定义，才是老子哲学的根本要旨。

《道德经》中，"自然"一词直接出现了五次，分别为：第十七章"功成事遂，百姓皆谓：'我自然'"，这是说，我本来淳朴（自然、未加人为修饰）的样子；第二十三章"希言自然"，这是说，少说为妙，符合"自然大道"的本来样子；第二十五章"道法自然"，这是说，"道（人之道）"师法自然，以自然为归旨；第五十一章"夫莫之命而常自然"，这是说，尊道贵德这是本来应有、发乎自然的事情，而不是谁命令、强迫的；第六十四章"以辅万物之自然，而不敢为"，这是说，辅助、推进万物达到其本来应有的、原生自然的样子，而不敢妄为。

---

①《辞海·语词分册》，上海辞书出版社，1977年，第2056页。

与"自然"之意相近的,《道德经》中使用较多的词还有"朴"。"朴"字在全文中出现了六次,分别为:第十五章"敦兮其若朴",这里的"朴"形容没经雕琢的、自然的东西,喻指"道"之法则;第十九章"见素抱朴"、第二十八章"复归于朴"、第三十二章"道常无名,朴"、第三十七章"吾将镇之以无名之朴"四处的"朴"字与上意同;第五十七章"我无欲,而民自朴",也是讲人民自然淳朴归于大道。这里的"朴",是指事物原来应有的、天然的样子,其意也接近于"自然"。

"婴儿",这一词在《道德经》中出现了三次。分别为:第十章"专气致柔,能婴儿乎",其中"婴儿"是指,能像婴儿一样自然淳朴吗;第二十章"沌沌兮,如婴儿之未孩",其意是混混沌沌,像初生婴儿那样自然质朴而不知嬉笑;第四十九章"圣人皆孩之",是指圣人把(百姓)当作自然纯朴的婴儿一样对待。这里的"婴儿"指的是人之初生时最淳朴无华、最接近"自然"时的样貌。

2. "自然"发挥作用的情况和动因

一是"自然"发挥作用的情况。

以上是老子描述"天道自然"所表现出的面貌和其拟人化的形态。那么,这个"自然"的作用怎么样呢?或者说"人之道"怎样"师法自然"呢?老子以"天之道"运行的过程和效用,从顺从"自然"和逆"天之道"而行正反两个方面做了深刻的阐述。

正面表述:第九章"功遂身退,天之道也",这是讲功业完成要谦虚收敛,不居功自傲,这是遵守"自然"法则的表现;第七十三章"天之道,不争而善胜,不言而善应,不召而自来,绰然而善谋。天网恢恢,疏而不失",这是讲"天之道"虽然隐而微,却又强大而又无所不在、无往不胜的作用;第七十七章"天之道,损有余而补不足",这是讲"自然"的规律是公正的,它会减损有余的,用来补充不足的;第七十九章"天道无亲,常与善人",这是说"自然之道"公正无私,它常与善于"顺道而为"之人站在一起;第八十一章"天之道,利而不害;圣人之道（'和顺'于'自然'之道），为而不争"，这是说"自然"的规律，利他而无害，人顺应"自然"行事的规律，要做事而不去争名；第三十二章"侯王若能守之（指'天之道'），万物将自宾""民莫之令而自均"，这是说侯王若能守持"自然大道"而治，万物和百姓都会自我均衡、自我顺从；第三十七章又一次强调"侯王若能守之，万物将自化"，"自化"是自我顺化，自然生长；第六十二章"古之所以贵此道者何，不曰：求以得，有罪以免邪？故为天下贵"，这是说以"自然之道"为贵的原因，在于顺应了它，就可以求有所得、有罪得以免除，等等。

反面典型：第二十四章"曰：馀食赘行。物或恶之，故有道者不处"，这是指违反了自然之道急躁冒进，让人厌恶，所以有道的人不这样做；第二十九章"将欲取天下而为之，吾见其不得已"。"为者败之，执者失之"，即以强力取天下，是难以得其所愿的，这样做的结果，是以失败而告终；第三十章和第五十五章中，把"以兵强天下"和"益生""心使气"等不遵循"自然"的行为，都统称为"是谓不道（'人之道'中的'不道'行为，下不重复），不道早已"，其意是这些都是不遵从自然之道的行为，都会早早消逝的，同时，"以兵强天下"者后会"师之所处，荆棘生焉。大军之后，必有凶年"，最终结果是"其事好还"，即穷兵黩武会遭报应。第二十七章中，把不遵从"自然大道"凭着个人好恶办事的行为，认定为"虽智大迷"，就是自以为聪明，实质上很愚昧；第七十四章"代司杀者杀"，"希有不伤其手矣"，这是说违反"自然之道"而滥杀无辜，必然要遭到反噬，等等。

以上是仅举老子哲学数例，实际上《道德经》全书中这样的例子俯拾皆是，在此不多赘言。

二是师法"自然"的动因及"自然"发挥作用的机理。

老子不厌其烦地把"师法自然"放到了其哲学体系的最高位置，反复强调"自然"乃宇宙的最高境界、最佳状态、最好发展，让人们务必去遵从、去遵守，其动因是什么呢？笔者认为，动因在于他在观察、研究宇宙及"道"的运行中，不仅发现了宇宙之巨、宇宙之微、宇宙之变的力量，而且关键在于他发现了"天之道"中"自然"对人类社会产生的决定性影响。

老子溯源了宇宙，还原了"奇点"["无限（形）"的"混沌""大爆炸"]→宇宙["无限（形）"与"有限（形）"并存，进化、演化]→天地人[以下"有限（形）"为主，人类形成和不断发展]→由人的开蒙和智慧中认知、形成并命名了万事万物产生的过程。他把这个发展渐进的过程分为由"混沌"到宇宙，由宇宙"无限（形）""有限（形）"并存到"有限（形）"为主的"天地人"，由人类社会发展中认知、命名并开发、利用万事万物三个过程。

他由此看到：这个总体进化过程中，无限无形无状的"混沌（奇点）"是源头；源头生成了宇宙，宇宙生成天地人是过程；人类生存发展认识、开发利用"自然"是结果。这个过程中占了主导地位，起到关键性、决定性作用的是前两个过程，没有"无限（形）"就没有"有限（形）"，没有"有限（形）"就没有天地人，人及人类社会都是天地的冲气、阴阳的"和顺"以及甘霖的滋润等孕育出的结果。

那么在人类产生之前，一切事物存在、发展、变化、消亡的过程都是"自然"、非人力可及的过程，而且其发展变化，包括人类的产生，都是在无声无息、不知不觉中进行，正所谓杜甫所言"随风潜入夜、润物细无声"[①]；李白所言"清水出芙蓉，天然去雕饰"[②]。

所以，老子在还原宇宙产生之本源、认清"自然"在万物中的表现形态及发挥决定作用的状况基础上，对照"人类"的行为特点，结合春秋末期以前人类社会发展实际，以"反拟人化"的形式，挖掘出了"自然"发挥作用、影响万物的机理和方式。主要是：

①润物不言，不说教。体现在"希言自然""多言数穷，不如守中"；

②无私无欲（无意志、无目的），不争功名。体现为"生而不有"，"为而不恃"，"长而不宰"，"不自为大"；

①（唐）杜甫：《春夜喜雨》。

②（唐）李白：《经乱离后天恩流夜郎忆旧游书怀赠江夏韦太守良宰》。

③无好恶，自然而然，一视同仁。体现为"天道无亲"，"以万物为刍狗"，"善者吾善之，不善者吾亦善之"；

④以小搏大，以柔克刚。体现在"弱胜强、柔胜刚"，"见小曰明，守柔曰强"，水"攻坚强者莫之能胜"；

⑤朴实无华，简约有度。体现在"道常无名朴"，"治人事天，莫若啬"，"知足不辱、知止不殆"，"圣人去甚、去奢、去泰"；

⑥藏而不显、表里似反。"道隐无名"，"圣人被褐而怀玉"，"大成若缺"，"大巧若拙"，"大辩若讷"。

可见，在"自然"发生作用的过程中，既没有儒家、墨家等强调的"人格神"的意志，也没有一些宗教、神话中"神造人"的痕迹，更没有"天人感应"的迹象。而是真正的"自然"而天然、真正的"生而不有，为而不恃"，更不会有谁要求这个"自然"、这个"道"去邀功请赏，去主宰其所生，去"功成而居"，也正因"功成而弗居"，"长而不宰"，没有"神"的影响，没有"人欲的破坏"，没有"智诈者的窃夺"，才能使这个过程不可逆转、不可左右、不可阻挡，从而达到"是以不去"和长久存在而"无尤"的完美结果。

这就在还原了"天之道"历史本来面目的基础上，与老子所在当时奴隶制晚期社会的"人之道"形成了强烈的反差，不循"天之道"而动的"人之道"，对社会的发展、文明的进步、人民的生活都造成了巨大的甚至不可挽回的危害，所以必须回归本源，回归"自然"。

由此，老子才在第二十五章中提出了"四法"的判断和认定，人、地、天、道四者既有产生顺序由后向先递进生成的"师法"关系，四者又要共同"师法"自然，他们各自与"自然"不是"串联"的关系，而是"并联"的关系，都可以直接指向自然、"师法""自然"最终归于"天之道"之"自然"。（见《四大四法图解》）

四大四法图解

图中，最外圈的深色圈代表"无限（形）"的"天之道"与"自然"法则浑然一体。里面的三个浅色圈，则分别代表"有限（形）"的"人之道""和顺"于"自然"的关系；"地法天"的"不仁（天地无好恶）"关系；"天""法自然（天道无亲）"的关系。

在这个复杂的、漫长的（以亿年为单位）、完美的"自然"法则发挥作用，缔造天、地、人的过程中，我们没有发现某些学者所称的"唯心主义"元素，也没有发现那个历史时期一些巫术、占卜或迷信类的成分，而纯粹是在尊重宇宙、尊重"自然"的基础上的一种发现、认知和判定。

这个认知尽管是朴素的，甚至不乏直观的成分在内，但其是基本符合客观的现实状况的，也基本符合现代科学对宇宙万物、天地"自然"、人类社会生成和发展变化认识的大体方向和一般规律的〔天体物理学中"混沌（奇点）"→宇宙→星系→恒星→行星（地球）等的生成过程和规律；地球环境气候生成的研究；达尔文"进化论"生物由低级到高级的进化规律等〕。

基于此我们说，这个研究、观察、发现、判定的过程是睿智的、科学的、合理的，也具有一定前瞻性的，在诸子百家多以神或"人格神"为本、以功利性为用、以机辩巧智为能的风气中，属于逆风而上、独树一帜的创新，至少老子不同流俗、不为利禄、敢言真理的精神，为我们后学所敬佩，也在"文艺复兴"后的欧洲不少有识之士中引起震撼。

我们这么定论老子之见，绝没有厚此薄彼之意。中华优秀传统文化百花齐放，春秋战国时代的"百家争鸣"中的其他各家也都各有所长、各含精辟之见，于世界、于社会、于人生都有许多独到而富启迪性、科学性的见解。但在解释和解构宇宙、天地、人生之源、之本、之动力上，老子之功确不容埋没，需要今世之中外学者、专家予以认可、重视和发扬，进而还"老学"于本来面目。

三是对老子"自然"观的评价。

老子之正确的研究方法和思路，揭示了"自然"发挥作用的"秘密"，明晰了"师法自然"的重要性和必要性，导向了其哲学思想与现代哲学、科学"三个基本相同"的结果。

①老子对由宇宙到人的"自然"演进过程的理解和描述，基本同于现代科学的解释和认知。此点前面已有述。

②其对"自然"之优先性定位同于马克思主义哲学之认定。马克思主义创始人恩格斯，曾在其著作《自然辩证法》中深刻分析了人与自然的矛盾、统一的辩证关系，认为"只有人才给自然界打上自己的印记"，人通过其所作出的改变来使自然界为自己的目的服务，来支配自然界。但人类改变自然界的活动是有限度的，不敬畏尊重自然，超过这个限度，只能适得其反。针对当时欧洲和美洲的许多地方出现的掠夺性开采并导致水土流失等生态破坏现象，恩格斯评价为：这些行为看似人类在与自然的博弈中取得了胜利、占有了主导地位，但"对于每一次这样的胜利，自然界都报复了我们"。因为在辩证唯物主义的自然观中，"我们连同我们的肉、血和头脑都是属于自然界，存在于自然界的"[1]；自然界不仅是独立于我们人类之外的客观存在，而且它对于我们人类来说，具有优先地位。

③其对"自然"之顺应、顺和的思想也一定程度上同于我们现实的要求。老子讲只有顺应"自然"而为、尊重"道"及宇宙万物，才能"然后乃至大顺"。正如恩格斯所言："我们对自然界的整个统治，是在于我们比其他一切动物强，能够认识和正确运用自然规律。"而要消除人与自然界矛盾的方法，也在于"人们

---

① 中共中央马克思恩格斯列宁斯大林著作编译局译，恩格斯：《自然辩证法》，人民出版社，1977年，第19页。

首先必须学会正确地认识自然规律，克服那种对于自己支配和统治自然的行为后果的短视……"①可见马克思主义也认同人类要利用自然、改造自然的前提，首先是认识自然和顺应自然，这也正是老子呼吁"道（人之道）法自然"的根本意义所在。不尊重自然、违逆自然、破坏自然的法则，都是人们妄图左右"自然"为己之过度利欲所用的短视行为的表现和"不道"的体现。

2017年1月18日，国家主席习近平在联合国日内瓦总部所作的《共同构建人类命运共同体》演讲中提出："我们不能吃祖宗饭、断子孙路，用破坏性方式搞发展。绿水青山就是金山银山。我们应该遵循天人合一、道法自然的理念，寻求永续发展之路。"②

习近平生态文明思想中蕴含的尊重自然、保护生态、视良好生态为后世子孙宝贵财富的前瞻性科学理念，也启发我们更好地审视老子关于道法自然、顺势而为的思想，从而挖掘其宏大思想中科学优秀的内涵，更好地为新时代、新发展服务。

对照马克思主义辩证唯物论的观点，老子关于"道法自然"的观点并不是完美无缺的，正如胡适先生所批评的那样，其过分强调"自然"的作用，认为人们在自然面前"无为而治"的观点，显失偏颇③，也不完全符合恩格斯关于人与自然科学辩证关系的原理，这一点我们要注意做到"扬弃性"地吸收。

老子"道法自然"思想有所偏失是事实，但我们也要看到，与马克思主义诞生的欧洲工业革命历史时期相比，两千多年前的老子时代的文明程度、科技水平和人们的认知能力是大差不如的，农业尚在靠天吃饭，科技处于起步阶段，天子出行、征战都要占卜，老子思想受到时代认识和科技水平的制约，也客观上能够理解。至于"无为而治"观点的提出，也并不完全是什么都不做的守株待兔思想，不能简单地望文生义，这一点下节有论。

---

① 中共中央马克思恩格斯列宁斯大林著作编译局译，恩格斯：《自然辩证法》，人民出版社，1977年，第158—159页。

② 习近平：《习近平谈治国理政》（第二卷），外文出版社，2017年，第544页。

③ 胡适：《中国哲学史大纲》，中国城市出版社，2013年，第38—41页。

"自然"与"道""和顺""人"的辩证关系

一是"自然"与"道"的辩证关系。

由上面关于"自然"法则的论述，可能很多人会产生一个疑点，既然"道"是宇宙万物之本源，那么这个"自然"置于何位？如果"自然"是超然存在于"道"之上，岂非在我们物质性的"道"之上，又产生了一个形而上的"自然"？此观点非也！

我们认为老子之"自然"，实质上是"道"的本来属性，是人类产生并通过开蒙，开始认识、改造和试图左右世间万物之前，"道"所具有的"本真"属性，这个属性具有前面我们所归纳的六个发生作用的特点（机理和方式）。这个时期，"道"与"自然"是紧密合一的、浑然一体的。"道"为"体"，"自然"为"用"，"道"仍然是本源，"自然"不过是"道"发挥作用的表现，二者之间是完全一致、紧密融合、没有任何间隙的。这个"自然"实际上可称为人类蒙昧及以前"道"生成宇宙、天地人的一贯自有属性，老子把其称为"天之道"。

在人类产生并有了"智慧"，特别是人类社会形成了一定社会组织、一定社会等级，并可以通过这个组织反作用于宇宙、天地人之后，致使原生的"道"的结构，尤其是"道"在人类社会的发展走向上发生了变化，造成恩格斯所说的破坏自然的"短视"行为的发生和老子所言的"不道"，"失道"，"盗夸"现象的出现。

这就标志着"道"的作用"失真"了，"道"的本真结构［即"道"由"无限（形）""有限（形）"和"自然"发挥作用的表现构成］受到了冲击。"道"的名义被"求生之厚"的周天子、诸侯王和虚伪的"智诈之士"所利用，做出众多"不道"的逆"自然"、反"自然"行为，从而产生了"礼崩乐坏"、诸侯乱战、民不聊生的相反结果，老百姓中也出现了不再淳朴、不再信"道"而行的现象。这也是老子多次强调"信不足焉，有不信焉"的原因。

所以，在老子所生活的那个年代，"道"与其原有发挥作用的表现，即"自然"之间出现了矛盾和悖反，"道"的作用被一些"不道"之人和"失道"行为所利用、所扭曲、所篡改了，社会失去了秩序，人心出现了不古，社稷处于水火之中。这就导致出现了我们第一章所描述的"人之道"的出现，这是一贯爱国爱民的老子所亲身经历、感同身受的，也是作为当世之大贤的老子所不能允许的。

对此，老子才提出了"道（人之道）法自然"、提出了"遵道贵德"、提出了周天子和诸侯王等要"爱以身为天下"，等等。这实质上既是对现实的批判和警示，也是对本真的"有余以奉天下"的"天之道"行为和"自然"法则的呼唤，是中华文化史上第一次对"道"的"寻根"。这也能够合理解释了，老子所言"道法自然"之"道"不是"天之道"本身，而是失去诸多"自然"本性的"人之道"。"人之道"要法"自然"而行，这成了不争的事实。

由此我们也发现老子哲学中的朴素的辩证思想，即"道"不是静止的，它的"自然属性"也不是一成不变的。尽管"自然"是"天之道"的产物，"天之道"决定了"自然"属性的产生；但当"天之道"在人类社会与"自然"不能融合并使"道"发生偏离产生了"人之道"时，可以寻求"自然"法则的帮助，去校正、修复"人之道"所偏离的方向。这就表明"自然"又对"人之道"具有参校、修正的反作用。

二是"和顺"是修正"人之道"返璞归真的"校正器"和"路线图"。

"和顺"并非"自然"法则本身，而是人间之"人之道"偏离"自然"正途之后的修正措施。正如老子所讲"学不学，复众人之所过，以辅万物之自然，而不敢为"，它的作用是让芸芸众生，特别是作为统治阶级的周天子和王侯贵族，能够迷途知返、敬"道"知命，达到常知"稽式"、理明"玄德"，深解"道"意，改掉不"遵道贵德"的逆反行为，从而达到"大顺"，也就是回归"自然"法则的本真。

所以这个"和顺"并非"天之道"的有机组成部分——"自然"，它更不等同于"自然",它是在人间之"道"偏离"自然"方向后的补充和修正措施,是引导"人之道"调整方向、修误纠偏、返归"自然"的"校正器"和"路线图",这在这个时期的"人之道"中,又是不可或缺、紧密相关的组成部分。我们所言的"道"也是特指这个时期的"道",而不是早先的、与"自然"合一的"天之道"。因为早先之"道"本就没有人类"逆道"的烦扰,更谈不到"道"与"自然"二者的分离。

所以,"和顺"以"自然"为本为据,它作为"人之道"的重要组成部分,随时在调节着、引导着、修复着"有限(形)"与"无限(形)"、宇宙与天地人以及人类社会人与人之间的内部关系、外部联系和变化发展方向,它最终的目标是朝向"自然"、接近"自然"乃至回归"自然"。这对于有了智慧和能力并且这个能力还在不断增长的人类来说,是"须臾不可离也"的利器。

放眼当今世界,人类文明在日新月异地发展,为人类的生存和发展提供了极大的便利。但同时环境的污染,原子弹、氢弹等核武器的发明,生物"克隆"技术与人工智能技术(AI)的推广,等等,哪一个被恶意使用,都会把人类文明乃至地球推向毁灭。包括病毒的肆虐,我们本来以为经过磨难后的人类,会走向理智和和平。但事实恰恰与之相反,人类仍然面临区域战争频发,科技、国力竞争愈演愈烈无所不用其极,许多地区(如非洲)上亿人口仍然挣扎在缺衣少吃的贫困线,人类随时面临着核战毁灭地球家园的风险……

正因如此,霍金才在1989年10月在西班牙接受阿斯特里乌斯王子协和奖金演讲时提出忠告:"在最近的将来,什么是公众在和科学相关的问题上应做的决定呢?迄今为止最紧急的应是有关核武器的决定。其他全球问题,诸如食物供给或者温室效应则是相对迟缓的,但是核战争意味着地球的全人类在几天内被消灭。冷战结束带来的东西方紧张关系的缓解表明,核战争的恐惧已从公众意识中退出。但是只要还存在把全球人口消灭许多遍的武器,这种危险仍在那里。"至少在现在看来,这个"忠告"应该不是哗众取宠[①]。

---

① (英)史蒂芬·威廉·霍金:《霍金精品集》,人民文学出版社,2006年,第310页。

也正因如此，在目前世界局势面临"百年未有之大变局"的情况下，中国和平发展的对外政策、习近平主席建立"人类命运共同体"[①]的倡议，才能得到世界众多国家和地区的支持和响应，"中国制造"才能在"一带一路"上畅行无阻，得到沿途爱好和平人民的广泛支持和欢迎。

所以不单是老子所处的时代，就是人类文明发展到今天，也仍然呼唤要顺乎自然、建立和平幸福的美丽家园，而不是用那些"无道"和"失道"行为去毁坏自然、毁灭地球母亲、牺牲人类的未来和幸福。我们感到老子这个两千多年前的呼唤和倡议不仅没有过时，而且很有借鉴意义。

这也很好地诠释了老子"天人合一"思想的高妙之处，这个"天"不是儒家"天人感应"之天，不是墨家惩罚恶人的"人格神"之天，而是"天之道"之"自然"之"天"；这个人，不单单是作为社会细胞构成的个人之"人"，也不单是某个阶层、阶级之"人"，而是"人之道"之人；这个"合一"不是要"人之道"与"天之道"的简单的"合一"，而是要"人之道""和顺"于"天之道"，师法于"自然"，最终回归本根，与"天之道"的融合为一。

尽管"天人合一"是庄子最先提出[②]，但庄子是在参透老学思想真谛的基础上所提出，是对老子思想的一种总结和升华。但老子"天人合一"思想的本意是改变春秋时代的不顺于"天之道"的"逆道"和"不道"行为，具有明显的"入世"动机，其意与庄子纯任于天、纵情自然"逍遥游"的理念，又有明显不同，我们在学习和运用中要注意区分。

三是"自然"与"人"之"无为""有为"之间的作用关系之辩证。

"自然"是由"天之道"产生天地人的背后推进力量，它又通过"和顺"引导着包含人在内的宇宙间一切事物，所以俗称"人是自然之子"。显然，这也就是

---

① "构建人类命运共同体"是国家主席习近平于 2015 年 9 月在纽约联合国总部出席第七十届联合国大会一般性辩论时发表重要讲话中提出的治国理政方针理论："当今世界，各国相互依存、休戚与共。我们要继承和弘扬联合国宪章的宗旨和原则，构建以合作共赢为核心的新型国际关系，打造人类命运共同体"。习近平：《习近平谈治国理政》第二卷，外文出版社，2017 年，第 522 页。

② 陈鼓应译注：《庄子今注今译》，商务印书馆，2016 年，第 197—245 页。

恩格斯所说的"自然"的范畴大于人、"自然"优先于人的原因。但"人"又不同于宇宙间一切其他物质,人类是万物之灵,他是老子溯源宇宙三个过程中的关键环节,人类以他的完善的自我意识和日益增长的智慧才能立于地球生物体系之巅。正是因为有了智慧的火花,人类才能意识到、反观到宇宙、自然力量的存在,从而结束了一些诸子百家所言的宇宙"混沌"状态、洪荒时期,并随着人类科技的发展,文明的进步,人们不断观察、研究,进而逐步发现宇宙、天地万物的奥秘,发掘其运动变化的规律,最终为人类所掌握、运用和推广。

正是看到了这一点,老子才把"人"列为"域中四大"之一,与"道""天""地"处于同样高的位置,这也是老子与其他一些百家学派"抑人扬天"的显在不同之处,也是老子哲学的高明之处。

还有一个原因,老子洞悉"自然"、溯源宇宙发展之过程,或许是深感浩渺宇宙、朗朗乾坤、漫漫进化之路的艰巨不易,他才更为敬畏宇宙,珍视人类产生之宝贵,才将"人"列为"四大"之列,这是其他一些唯心、唯神、唯功利学派所不可比拟的。

正如现代科学所揭示的:博大的宇宙中能够诞生出人类实属难得,且不说生命起源的过程就十分漫长,就是这个过程中需要的像地球一样的有水、有大气、有适宜的温度等比较相对稳定、适于人居的环境的行星更是少之又少,生命能在地球诞生并且长期生存、进化,不仅是万幸中的万幸,而且仍是目前天文科技水平所发现的宇宙中的唯一。按照地层古生物学家、中科院院士戎嘉余(1941—)先生的说法:"生命的起源是千古之谜,是地球上发生的最特别的事件。迄今为止,没有充分的证据显示,在地球以外的其他星球上还有生命的存在。"①

那么,人作为"万物之灵",享有着"四大"之一的地位,他与"自然"的关系与其他物质和生物与"自然"的关系是否一样,是单向"服从顺应"的关系吗?我们认为不是人们一般理解的"无为而治"那么简单。

---

① 戎嘉余、周忠和主编:《演化的力量》,科学普及出版社,2021年,第22页。

老子在《道德经》中确实反复强调过圣人"处无为之事，行不言之教""为无为，则无不治""道常无为而无不为"，这看似老子在过分强调自然之力，而忽视了人的主观能动性，没有体现出荀子所言"人定胜天"①的豪气，这也是许多学者、专家据此认定老子哲学过于消极、缺乏辩证观点的证据。

但若从历史唯物主义的观点出发，深入分析一下老子所处时代的社会现实，我们不难发现老子并不是没有看到人面对"自然"时的主观能动性，而是更多地发现各个诸侯国的乱政、贵族的奢靡与庶人的贫困之间的巨大差距、诸侯乱战使民不聊生的"人祸"的危害，看到了人欲横行给大自然和百姓生活带来的惨重损失，在《道德经》第五十三章中老子描述为"朝甚除，田甚芜，仓甚虚"，而作为诸侯、贵族的统治者还在"服文彩，带利剑，厌饮食，财货有余"。面对诸侯、贵族的私欲膨胀、不尊重自然"过为""乱为"的行为，达到了老子在《道德经》第七十七章所描述的"人之道，则不然，损不足以奉有余"的地步，如西周末周幽王的"烽火戏诸侯"②、周平王时期发生在郑国的"郑伯克段于鄢"③、春秋晚期的"吴越争霸"④，等等。在开国上将杨得志作序的《中国古代战争通览》所记载自上古黄帝至清朝末年的 173 次重大战争中，仅春秋战国时代就记载了 33 次，占比近 20%，这还不算其间发生的无数次的中小战争，其中一个吴越之战就打了 32 年⑤。正因为此，老子才出于救民爱国之心，提出"不知常（天之道），妄作凶""民之饥，以其上食税之多，是以饥"等激愤性、警示性的忠告。这种情况与恩格斯提醒、警告资本家大肆破坏自然、危害生态的情况要受到自然的报复，有着颇为相似之处。

综上，老子在《道德经》中所提倡的"无为而治"言论，未尝未有与其"乱治""妄治""纵欲而为""智诈而行"，破坏"自然之道"、危害社会风气、人民

① （清）王先谦撰，沈啸寰、王星贤点校：《荀子集解》，中华书局，1988 年，第 307—317 页。

② 张晓生、刘文彦编著：《中国古代战争通览》，长征出版社，1988 年，第 12 页、第 74—81 页。

③ （春秋）孔丘、（战国）孟轲，等著：《四书·五经》，北京出版社，2006 年，第 336—337 页。

④ 张晓生、刘文彦编著：《中国古代战争通览》，长征出版社，1988 年，第 74—81 页。

⑤ 张晓生、刘文彦编著：《中国古代战争通览》，长征出版社，1988 年，第 74—81 页。

生活，不如就"无为而治"吧，这样或许还能止损，或许还能及时结束春秋末期诸侯乱政、连年征战、民不聊生的动乱局面，从而期盼国家承平盛世、百姓安居乐业的美好愿望尽快实现。

实际上说，老子若是真的完全主张"为无为，则无不治"，他不仅不用在《道德经》中批判指斥那些诸侯乱政、私欲横行、战乱频仍、民不聊生的现象，更是连这部经书也不用写了。正如鲁迅先生所揭示的，"然老子之言亦不纯一，戒多言而时有愤辞，尚无为而仍欲治天下。其无为者，以欲'无不为'也"[①]。笔者以为，老子这种看似"言行不一"的矛盾态度，实际正是体现了其虽想"遁世无为"，又不忍看到人民身陷水火，进而力求良言鉴世、期盼善治的一颗赤子之心！

所以，老子并非没有看到人类行为对"自然之道"的能动性和反作用，也并非真的完全主张让人们混吃等死、让治理者"一无所为"。

最典型的，有以下几处例证。

第一，老子不是要求国家间断绝往来、抱残守缺，而是要求各国间和平共处，各得其所。

老子一方面在第八十章中提出要"小国寡民"，"邻国相望，老死不相往来"；另一方面又在第六十一章提出大国与小国相处要"以下为礼"，并主张大国与小国"夫两者各得其所欲，大者宜为下"。这里不仅指出了国家之间可以相互往来，而且还指明了相处的原则、目的动因和具体方式，这章开篇还解释了这样要求的原因是符合"牝常以静胜牡，以静为下"的自然法则。

这里我们不禁要问，如果老子真的完全主张"小国寡民"和"老死不相往来"，他又用这么大篇幅、费劲巴力地论述这一套国家相处的理论和策略干什么？

显然，《道德经》的旨意，不是国家之间真的如现今的某些国家一样，要在边界筑起一道与邻国的"隔离之墙"、国计民生上永不往来。而是指：国与国以礼相待，"或下以取，或下而取"不仅可以往来，而且还要通过往来，大国达到"欲兼蓄人"、小国达到"欲入事人"的目的，这里的国家间的"下"以取，或

---

② 鲁迅：《中国小说史略·汉文学史纲要》，万卷出版公司，2015年，第214页。

① 鲁迅：《中国小说史略·汉文学史纲要》，万卷出版公司，2015年，第214页。

"下"而取，孔子在《中庸》中作了很好的注解："送往迎来，嘉善而矜不能，所以柔远人也。……朝聘以时，厚往而薄来，所以怀诸侯也"[1]；而之所以又要"小国寡民""老死不相往来"，那是针对春秋末期诸侯国之间各怀鬼胎、诉诸武力、刀兵相见、民不聊生的情况而言。其中的关键在于：是否顺乎和平相处"自然之道"，是否为了国计民生的发展，不顺乎的就"无为"；顺乎的就"有为"。这恰恰是老子哲学尊重事实、人道爱民、辩证施为的亮点的体现。

所以不能老子一说"小国寡民"就一棍子打死，说他是消极无为的腐朽落后思想。要本着历史唯物主义的立场，在系统地、互相联系地分析理解全文其八十一章全面内容的前提下，科学、客观、准确地理解老子的真正意图所在。这样才是真正的历史唯物主义和辩证唯物主义。正如冯友兰先生所分析的那样，小国寡民："此即《老子》之理想的社会也。此非只是原始社会之野蛮境界；此乃包含野蛮之文明境界也。非无舟舆也，有而无所乘之而已。非无甲兵也，有而无所陈之而已。'甘其食，美其服'岂原始社会所能有者？"[2] 其意是对老子的思想要用发展的观点看待，老子不是一味地要回到原始社会，而是承认人类发展的成果，也主张有所为的基础上的回归"自然"。

第二，老子不是一味反战止兵，而是支持正义之战、反对肆意的扩张征伐。

在对待战争的态度上，老子一方面明确提出要反战止兵。指出"以道佐人主者，不以兵强天下"，"兵者不祥之器，非君子之器"，用兵"以悲哀莅之"，战胜"以丧礼处之"；强调用兵结果是"其事好还""荆棘生焉""必有凶年"，并耐心劝导周天子和诸侯王：兵者"有道者不处""善有果而已，不以取强""胜而不美""恬淡为上""夫乐杀人者，则不可得志于天下矣"，可以说是循循善诱、不厌其烦，同时也表明了老子坚决反战、止兵的决心。

另一方面，老子不是机械地、固执地、一味地反战止战，而是尊重客观现实的基础上，支持维护国家利益的、保民平安的正义之战，在"不敢为主而为客，

---

① （春秋）孔丘、（战国）孟轲，等著：《四书·五经》，北京出版社，2006年，第192页。

② 冯友兰：《中国哲学史》上册，华东师范大学出版社，2000年，第146页。

不敢进寸而退尺"的"用兵之道"的基础上,抵御侵略的"不得已而用之"的前提下,起而保家卫国、发兵出征,并提出"善胜敌者,不与",强调善于打仗的将领,要以神机妙算胜敌,不见得正面与敌交锋,杀个你死我活,提倡"不战而屈人之兵";同时提醒用兵的将领"祸莫大于轻敌,轻敌几丧吾宝。故抗兵相若,哀者胜矣",这是说用兵时要知己知彼,不可轻敌,轻敌会丧失"慈故能勇;俭故能广;不敢为天下先故能成器长"之三宝。并断言兵力相近的情况下,哀兵必胜,这个"不战而屈人之兵""哀兵必胜"的理念至今为世人和军事理论专家所认可和称道。

第三,老子不是单纯地要求周天子和诸侯王无私无欲,而是强调其要担起国家之重、国家之难,以民为贵、以民为先。

老子一方面谕示周天子和诸侯王要"圣人常无心,以百姓心为心",要"以言下民""以身后民",提出"我无欲,而民自朴","贵以贱为本,高以下为基",等等。这看似要求比较严苛,但另一方面老子又说明了这样要求的理由,即在"自然之道"上讲,这符合"物或损之而益,或益之而损"的"大道"之理,又体现了古代尧舜时期"贵以身为天下"和"爱以身为天下"之美德(如大禹治水时的"三过家门而不入"),还应和了"处上而民不重"与"处前而民不害"的百姓的淳朴期盼和民心,并在第七章中讲明了治理者"不自生"(不为自己而生),"故能长生",不自私"故能成其私""终不自为大,故能成其大"的辩证的执政之道、为政之德,实际上这还是为江山长久、为民生幸福考虑。可以说是老子眼光宏大、心怀天下、循循善诱的体现,这与孙中山先生讲的"天下为公"何其相似!

第四,老子要求周天子和诸侯王的"无为",是在违反"自然"、不循"大道"上的"无为",反对"不道"行为上的积极有为和在顺应"自然""始制有名"时的适当"无为"和"少为"。

如要求周天子和诸侯王在治国上首先要秉持"大道",坚持"治大国若烹小鲜",要"抱一(守持'自然'大道)以为天下式",要"同于道、同于德、同于失",要"功遂身退",要"执古之道以御今之有",要"知足不辱,知止不殆,可以长久",要持守"三宝"(慈、俭、不为先),等等。这实际上是提醒统治阶级要

"和顺"于"道"，在"人之道"上谨言慎行，在"逆道"行为上更要禁绝而"无为"。同时，对于社会治理中已经发生的违反"自然大道"的"不道""失道"行为、现象等，老子要求统治者不能随遇而安，而是要求积极作为。如"学不学，复众人之所过，以辅万物之自然"，"不尚贤，使民不争；不贵难得之货，使民不为盗；不见可欲，使民心不乱"，反对"轻诺必寡信"，"多易必多难"等做法，要求圣人"慎终如始"，"犹难之，故终无难矣"等。

特别是我们一定要注意到老子在顺"道"上之所谓"无为"，不是无条件的"无所作为"，而是在其《道德经》第三十二章中所讲"始制有名，名亦既有"的前提下，即治理国家的制度制定了，各种名分、地位随之确定了，为君、为民的规矩、法则为社会所知晓了，才可以"夫亦将知止，知止可以不殆"，也就是要求周天子和诸侯王在治理上适可而止，不能多政、乱政、朝令夕改。

汉初太史令司马谈在《论六家要旨》中，更是推崇"黄老之学"，把其解为：有了适合时宜的制度、法令后，"群臣并至，使各自明也"，让大臣们要做到"有为"，而君主是"因者，君之纲也"①，只管管大事就完了，具体烦琐的事则要"无为"，都由臣下来做。

当然，司马谈这里所谓"道家"，他字里行间定位为"采六家之长"而后于其他各家，这是笔者所不认同的；同时有人认为这里所谓"道家"，不完全等同于"老庄"之老学，更似"黄老之学"那就另当别论了。

西汉初年的文帝刘恒（前203—前157）、景帝刘启（前188—前141）时期，正因为秉持了老子的治国理念，推行"与民休养生息（减轻赋税）"、爱民怀柔而治（取消奴隶制时期的肉刑、由国家供养八十岁以上高龄老人）、提倡节俭（汉文帝多年穿着草鞋和修补的龙袍上朝、要求对自己简葬等）等善政，才开创了封建时期第一个"文景之治"的盛世。

老子在人与"自然"关系的认识、人在处理"无为"与"有为"的关系的主张上，并不见得是完全正确的，在人能以自己的聪明智慧改造自然、利用自然方

---

① 中国科学院哲学研究所中国哲学史组、北京大学哲学系中国哲学史教研室编：《中国历代哲学文选·两汉—隋唐编》，中华书局，1963年，第139页。

面的阐述，相对于他在顺应"自然"、师法"自然"方面的阐述，分量不是很足，态度也不是很明朗（甚至还说了一些矫枉过正的话）。但从《道德经》的具体文本追根溯源，"有为"的要求还是显在的，反对"乱为"的迹象还是非常明显的，所以不能简单地归结为"无为而治"这一个结果和结论，至少在那个时代，能对人与"自然"的关系认知到这个程度，已经殊为不易了。

<h2 style="text-align:center">【 第三节 】
诸子百家主要学派道德价值体系之比较</h2>

道德价值是"人们的道德实践活动和道德意识现象所具有的一种属性。它体现着道德实践活动和道德意识现象对一定社会、阶级、集团和个人所具有的意义"[①]。任何一个社会都要有自己的道德价值体系，这个"体系"代表着一定社会或阶级的道德价值取向，其"取向"的标准具有一定一致性和权威性，并在较长时间内相对稳定，得到社会各个阶级和阶层的比较普遍认可，从而形成一套道德价值理想、评判标准和道德实践活动所遵循的原则、规范等，进而潜在地影响和左右着个体和群体间、阶级和阶层间相处和互动的关系，最终在一定程度上推动着整个社会的运行和发展。比如，奴隶社会有奴隶社会的道德价值体系；封建社会有封建社会的道德价值体系；中国特色社会主义有我们中国特色社会主义的道德价值体系等。

在春秋战国"百家争鸣"的大环境中，形成了道家、儒家、法家、墨家、名家、阴阳家、杂家等众多的思想、学术流派，它们以其各自独特的思想认知、理论观点、治世思路、道德标准等流传于世，如东汉班固在《汉书·艺文志》中所形容的"凡诸子百八十九家，……蜂出并作，各引一端，崇其所善。以此驰说，取

---

① 王子彬、周根会等编：《干部哲学辞典》，天津人民出版社，1991年，第655页。

合诸侯，其言虽殊，譬犹水火，相灭亦相生也"①，以求扶危济世、扭转春秋末期的混乱征战局面。其中，尤以道家、儒家、法家、墨家四家各成体系、流传广泛、影响颇大，其一些思想观念、社会理念、道德标准、治理主张等至今仍被世人所认可、被社会所认同。

在道德价值体系上，这四家也可以说是各有千秋、各成一体、各领风骚。

1. 儒家的道德价值主张

儒家学派为春秋末年孔子所创，为百家中在中国封建史上影响最大、为治理者采纳最多、教民化俗最深的学派。其以孔子终生祖述尧舜、复兴"周礼"为发端，以孔子死后子思（《中庸》）、孟子（《孟子》）、荀况（《荀子》）"三派"继志研学为传承，以董仲舒说服汉武帝始"罢黜百家，独尊儒术"为兴盛，至宋元程朱理学盛行为"中兴"，延至清末，为时势所迫渐为衰微，终为五四新文化运动所扬弃。历时两千余年，其威势今虽不存，但以孔孟为代表的"圣人之道"及其思想中守礼、爱民、善治等观念，在中华民族史上留下了深深的烙印。

儒学的最高道德理想，初为"尧舜禹、汤文武"等上古及商周时代"先贤"为化身的"人格神"，汉武帝后至程朱时期逐渐将孔子会通"三才"（天道、地道、人道）之道思想，演化为皇权神授的"天人感应"的"人为神"，沦落为封建社会秩序和伦理纲常的合法性作论证和背书的工具。

儒学道德思想最核心的部分是"仁"，孔子讲弟子"入则孝，出则悌，谨而信，泛爱众，而亲仁"，"克己复礼为仁。一日克己复礼，天下归仁焉"。孟子讲"仁者爱人"，"爱人者，人恒爱之"②，其意都是要推己及人，尊重、友爱他人，统治者要推行"德治"，施爱天下。在"仁爱"的基础上，经过孟子到西汉董仲舒时代，形成了儒学道德思想的基本框架，即"三纲五常"。

---

① （汉）班固撰，（唐）颜师古注：《汉书·艺文志》，商务印书馆，1955年，第40页。
② （宋）朱熹集注：《四书集注》，岳麓书社，1985年，第372页。

"三纲"即"君为臣纲,父为子纲,夫为妻纲",意指封建社会三种主要的社会道德关系和道德秩序。

纲,是指渔网上大的绳索,纲为主,其他较细绳索为辅,二者形成主次关系,常言称"纲举目张"。

孔子在齐景公问政时提出"君君,臣臣,父父,子子"[①]的观念;韩非子在《韩非子·忠孝》中提出"臣事君,子事父,妻事夫,三者顺则天下治,三者逆则天下乱","此天下之常道也"[②];董仲舒在《春秋繁露》赋予"三纲"以神的权威,以"尊阳卑阴"思想为依据,确定"三纲"主从关系不能颠倒和改变[③],进而形成臣、子、妻必须绝对服从于君、父、夫的封建伦理道德约束。

尽管"三纲"是中国古代宗法等级关系的反映,是儒家为了维护封建等级制度提出的"御用"的道德理论。但正如孔子所说"施诸己而不愿,亦勿施于人"[④],在赋予君、父、夫绝对的权威的同时,儒家也要求为君、为父、为夫的要严格要求自己。君主应该以仁为本,成为臣下的表率;父亲应该以慈为要,成为孩子的样板;丈夫应该以恕为先,严于律己,宽容对待妻子。"三纲"从而维护封建道体的平稳运转和社会秩序的有序稳定。

"五常"即"仁""义""礼""智""信"。"常"字《新华字典》中解释为"长久""经常"和"平常"等意思[⑤],在这里意为"伦常"和"常德"等。

"仁"的本义为同情、友爱,即"仁者爱人"。但在孔子的道德体系中,它被奉为最高的道德原则和道德标准,从而成为儒学道德体系的核心。它要求人们要主动去爱别人,以"求仁得仁";帝王主动去爱人民,以求"德治惠民",其表现在实际中为对父母的"孝"、对兄弟的"悌"、对国家的"忠"等,最终形成像子路在《论语》中形容孔子的样子,即"温良恭俭让"的美好、高雅的人格形象。

---

① (宋)朱熹集注:《四书集注》,岳麓书社,1985年,第168页。

② (战国)韩非子著,张觉译注:《韩非子全译》,贵州人民出版社,1992年,第1090页。

③ (汉)董仲舒著,周琼编:《春秋繁露》,远方出版社,2007年,"阳尊阴卑第四十三",第92—93页;"王道通三第四十四",第94—95页等章节。

④ (宋)朱熹集注:《四书集注》,岳麓书社,1985年,第39页。

⑤ 《新华字典》,商务印书馆,2012年,第52页。

"义"本意为公道、合理并应该自己主动去做的事。在儒家被认定为仅次于"仁"，或者由"仁"而衍生出的一种涉及含义广、是非评价分量非常重的道德规范和标准，其意有"道义""忠义""正义""侠义""义务""义举"等多重意思，如"君子喻于义，小人喻于利"①、关云长义薄云天、秦叔宝仗义疏财、燕赵之君义不赂秦、桃园三结义等。在孔子的理念中，"义"即是"适宜""合宜"君子去践行的正义之举，通过"义"去达到"仁"的结果，甚至为了自己的道德理想不受侵害，在极端的情况下可以"舍生取义""杀身成仁"。

　　"礼"，《辞海·语词分册》解为：①本谓敬神，引申为表示敬意的通称；②为表敬意或表隆重而举行的仪式。如婚礼、丧礼；③泛指奴隶社会或封建社会贵族等级制的社会规范和道德规范。②孔子所说的"礼"则是"周礼"，由于春秋末期的礼崩乐坏，他提出"克己复礼""不学礼，无以立"③，诸侯王和贵族阶级要克制个人私欲，复兴周朝的"礼乐制度"，恢复"汤文武"的"盛世"。"克己复礼"的主要内容则是"非礼勿视，非礼勿听，非礼勿言，非礼勿动"④，最终达到"道之以德，齐之以礼"的目的。孟子认为礼为"辞让之心"，更多提倡礼让之德。荀子反对孔子的"性善说"，认为"人生而有欲，欲而不得，则不能无求"，"故制礼义以分之，以养人之欲，给人之求"，并提出要"隆礼重法"，把"礼"提升到"人道之极也"⑤的高度。可见，"礼"作为统治阶级制定的道德礼仪制度规范，其地位和"义"相近，但"行义"强调了个人的主观能动性，"守礼"则是被动要求人们达到的社会规范，两者一主一客，共同成为达到儒家"仁义""仁治"理想的手段和工具。

　　正因为儒家"礼"所具有的治理者对民众的"道德绑架"式的"强制性"，作为周王朝"史官"的老子，也深知造成春秋末期社会动乱的根本原因在于周天

---

　　①（宋）朱熹集注：《四书集注》，岳麓书社，1985 年，第 98 页。

　　②《辞海·语词分册》，上海辞书出版社，1977 年，第 1675 页。

　　③（春秋）孔丘（战国）孟轲，等著：《四书·五经》，北京出版社，2006 年，第 60 页。

　　④（春秋）孔丘（战国）孟轲，等著：《四书·五经》，北京出版社，2006 年，第 41 页。

　　⑤（清）王先谦撰，沈啸寰、王星贤点校：《荀子集解》，中华书局，1988 年，第 346—378 页。

子和诸侯王的"逆道"和"失道"行为,而不在于复兴什么"周礼",所以老子从"道法自然"角度予以坚决反对。

"智"在古代通"知",一般指聪明、智慧、智谋等。孔子最早将"智"纳入儒家道德体系规范,"君子道者三,我无能焉! 仁者不忧,知者不惑,勇者不惧"①。这是讲有智慧的人不迷惑;同时孔子还强调智者会辨识人才,而不失去人才;智者知道在什么场合说什么话,故而能不失言,这在孔子眼里都是有"智"的表现。"智"还有一个表现是"仁者安仁,知者利仁"②,即聪明人认识到仁德的益处,从而推崇和实行仁德,而有利于仁德的实现。孔子反对把"智"完全当作天分,提出"好学近乎知,力行近乎仁,知耻近乎勇"③,认为通过学习可以增强人的知识和能力,逐步达到"智"的水平。到孟子时代,第一次把"智"列为儒家核心道德范畴,实现"仁义礼智"四德并举。

"信",这里的意思是诚实,讲信用,不失信。曾子讲:"为人谋而不忠乎? 与朋友交而不信乎? 传不习乎?"将"信"列为"吾日三省吾身"的一项重要内容④。孔子要求治理"千乘之国",要"敬事而信",朱熹注为"敬其事而信于民也",即取信于民⑤。孔子说"人而无信,不知其可也"⑥,这里是指人不讲诚信,不可以相信。

在儒家而言,实际上"信"也是实现"仁"的目的的一个环节,那就是君子要在守"礼"上互相讲信用,不能失"信"而坏"礼",从而达到仁德的目标。孔子、孟子虽对"信"多有论述,但是,是朱熹将"信"归入"五德"范围,从而完成了儒家道德价值体系"三纲五常"框架的最后一块拼图。

儒家道德价值体系历时两千多年,其所构成的道德价值元素还有很多,如前面提到的温、良、恭、俭、让、孝、悌、忠、恕、勇、宽、敏、惠等"四端八维"相

---

① (春秋)孔丘、(战国)孟轲,等著:《四书·五经》,北京出版社,2006 年,第 51 页。

② (春秋)孔丘、(战国)孟轲,等著:《四书·五经》,北京出版社,2006 年,第 15 页。

③ (春秋)孔丘、(战国)孟轲,等著:《四书·五经》,北京出版社,2006 年,第 192 页。

④ (春秋)孔丘、(战国)孟轲,等著:《四书·五经》,北京出版社,2006 年,第 8 页。

⑤ (宋)朱熹集注:《四书集注》,岳麓书社,1985 年,第 72 页。

⑥ (春秋)孔丘、(战国)孟轲,等著:《四书·五经》,北京出版社,2006 年,第 12 页。

关内容，其各自寓意也因时代变迁，而不断有所变化。但代表着儒家"道统"思想的"三纲五常"的总体框架，在董仲舒以后相对比较稳定。由此可见儒家道德价值体系之主旨，也可作为诸子百家道德价值体系比较研究之参照。至于其他道德价值元素的内容，因为篇幅所限，就此不再赘言。

2. 法家的道德价值主张

法家思想萌芽于春秋时期的管仲、子产。管子以辅佐齐桓公富国强兵、成就"五霸"之业而闻名，其对内积极主张改革，举贤任才、扶持工商业、兴盐业与铁业、完善租赋政策，壮大国力；对外"尊王攘夷""携令天子"以"九合诸侯，一匡天下"。其治理思想强调"法者，天下之程式也，万事之仪表也。吏者，民之所悬命也。故明主之治也，当于法者赏之违于法者诛之。故以法诛罪，则民就死而不怨。以法量功，则民受赏而无德也。此以法举措之功也"①。子产轻天道，重人道之法。辅佐郑简公、郑定公期间，铸刑书，作成文法，并以刑书作为入职必修课，择良而用之。

战国初年法家正式诞生，并在推进诸侯国改革，特别是推进秦统一六国、建立秦朝封建的大一统政权中发挥了重大作用。

李悝相魏推行改革时著有《法经》，后该书失传。据《晋书·刑法志》记载，李悝"著《法经》。以为王者之政，莫急于盗贼，故其律始于《盗贼》。盗贼须劾捕，故著《网》《捕》二篇。其轻狡、越城、博戏、假借不廉、淫侈、逾制以为《杂律》一篇，又以《具律》具其加减"②。前四篇"盗、贼、网、捕"为"正律"；后两篇"杂""具"，分别为处罚赌博、贪污、淫乱等行为的法律和定罪量刑之法。这部书在中国法制史上具有一定地位。商鞅（又名：公孙鞅）自幼好刑名之学，有说其曾经师从魏相公叔痤，后秦国立志改革，下令求贤，商鞅入事秦孝公。在任

---

① （唐）房玄龄注，（明）刘绩补注，刘晓艺校点：《管子》，上海古籍出版社，2015 年，第 412 页。
② 陆心国注释：《晋书刑法志注释》，群众出版社，1986 年，第 45 页。

期间建立户籍制、连作制、鼓励军功，改革农耕制、赋税制，打击贵族阶层，强化君权，实现了秦国的富国强军。其著作《商君书》为后人编纂，为法家学派的代表作之一。书中主张人性本恶，治理国家应该以法治恶，推崇法治，重刑轻赏，弱民强国，才能使民顺从法律、朴实忠厚[①]。商鞅由此也成为法家三派中"重法一派"的代表。

"重势派"的代表是慎到（亦称慎子）。慎到，慎国人，齐宣王时，长期在稷下讲学，名气很大。早曾习黄老之术，因此其法家学派思想，也融入了一些老学观念，后人有称其为"道法家"。其著流传下来的现只有《慎子》部分篇章，他主张"不尚贤"，使无人与君争；"民一于君，事断于法"，国君要掌握好法律的生杀大权，形成威势，方能如"飞龙乘云，腾蛇游雾"驱使臣下，使臣下不敢有逆反之心，使百姓都依法办事，就连君王也要按定法行事。同时他还提倡君主要"无为而治"，"君臣之道：臣事事而君无事"，要求国君不要去做具体工作，具体事由臣下做就行了，以调动臣下的积极性。在这里慎到的"势"，一方面指君王的"势力"，即王位本身权势的成分，另一方面还有社会其他各阶级、阶层在"法律制度"指挥下有组织、有秩序地运行所产生的合力，二者共同构成"势"的有机内容[②]。

另一派"重术派"的代表是申不害（亦称申子）。申不害，郑国人，韩昭侯灭郑后，被任命为相，推行改革，大力实行以"术"治国，在强化对官员考核、监督的基础上，对农业、手工业、军事进行了一系列改革，削弱贵族势力，加强君王集权。其著有《申子》六篇，原本已不存。申不害等"法家所讲之术，为君主驾驭臣下之技艺"[③]，一方面是君主公平用权的"阳术"，即选用、提拔、监督、考核官员的公开制度；另一方面为借助权谋和手段操纵官员的"阴术"，"阳术"或者还对当时封建制度的建立和发展具有一定积极意义，"阴术"则难登大雅之堂，

①（战国）商鞅著，张洁评议：《商君书》，北京联合出版公司，2017年，"去强""开塞""弱民""修权""慎法"等篇内容。

② 王宁主编：《评析本白话晏子春秋 慎子 尹文子》，北京广播学院出版社，1992年，第207、第209、第211页。

③ 冯友兰：《中国哲学史》上册，华东师范大学出版社，2000年，第241页。

只会加剧君臣之间的矛盾，引起社会动荡。

战国末期的法家集大成者韩非，集商鞅、慎到、申不害三家之所长，提出了以法治为中心的"法""术""势"相结合的法家思想，强调国君必须行法、执术、恃势并用以治天下，最终达到巩固和加强封建统治地位的目的。

法家思想的形成，是基于当时社会现实的条件。韩非等法家众人看到他们所处的是一个"大争之世"，各诸侯国间征伐不断，"气力"强者胜之，故主张富国强兵，推行强权政治；又看到"安利者就之，危害者去之"，并断言"此人之情也"。所以法家的治理理论和道德价值体系，是建立在人性本恶、本自私和强者为上的"丛林法则"基础之上的，这与儒家道德价值体系的"人之初，性本善"，恰恰大相径庭，其道德理想也与儒家期盼的"仁君善治"理念恰恰相反，是拼力打造一个集"法、术、势"于一身的掌握强力威权的帝王。尽管他们的出发点可能是为了天下的平安，为了国家的强盛，他们的主张也得到了包括秦始皇嬴政在内的许多帝王的认可和大力施行，但他们为了达到目的而力主严刑酷法、轻赏重罚，甚至鼓励帝王擅"势"、纵"术"以操控臣下的主张，确实有失偏颇，容易引起颇重礼仪之风的传统观念力量的反对和抨击。同时，他们的一些激进的改革，也动了不少奴隶制权贵和士大夫的利益"蛋糕"，所以商鞅、韩非等人的下场都很惨。法家学派的命运，也随着封建大秦的灭亡，而走上衰落之路。

当然，法家在推进社会制度由奴隶制向封建制转变中的作用，还是功不可没的。韩非自己在《韩非子》中强调"法者，宪令著于官府、刑罚必于民心、赏存乎慎法、而罚加乎奸令者也"①，这种尊崇"法治"，运用得民心的法律，鼓励守法、惩罚犯罪的思想，也是合于现实需要的，至今也给我们以借鉴和启示。

3. 墨家的道德价值主张

墨家学派因其创始人墨翟而得名。墨翟，鲁国人（一说宋国人），初学儒学，

---

① （战国）韩非子著，张觉译注：《韩非子全译》，贵州人民出版社，1992年，第913页。

《淮南子》记载其"修先圣之术，通六艺之论"，后"以为其礼烦扰而不说，厚葬靡财而贫民，久服伤生而害事。故背周道而用夏政"①。由此，与儒家分道扬镳，以反对周朝王公贵族所代表的奢靡礼乐之风为己任，著论兴学，遂成当时与儒家齐名的两大"显学"之一。

墨家学派与诸子百家，特别是与儒家学派不同之处，主要体现在三个方面：思想观念的不同、认识论上的不同、组织形式的不同。

思想观念上，墨子的主张主要有四。第一，主张"兼爱"和"交利"，进而实现"非攻"止战。认为"当察乱何自起？起不相爱。臣子之不孝君父，所谓乱也"，"虽至大夫之相乱家，诸侯之相攻国者亦然"。他提出"天下兼相爱则治，交相恶则乱"②，并从所代表的小生产者阶层的利益出发，反对奴隶制社会等级森严的"交相别"制度，希望以爱止争、以爱共利、以爱消除奴隶社会的等级制度，这与儒家所提倡的"君君臣臣、父父子子""父为大夫，子为士，葬以大夫，祭以士"③严明等级观念显然背道而驰。第二，"尚贤"倡"力"，信神不信命。"尚贤"说要求天子废除世卿世禄制，选贤任能，向普通民众开放仕途，包括"农与工肆之人，有能则举之，高予之爵，重予之禄"，做到"官无常贵，而民无终贱"。同时，墨家学派反对儒家"生死有命，富贵在天"的命定论，认为天有天志（有意志的天）、上帝，人可以"力"破命，富与贫、贵与贱、寿与夭都是靠人的努力可以改变的，并以汤伐桀、周武王伐纣为例，说明相信"天命"的思想是错误的，进而确定了"非命"思想④。第三，"功利"又"利民"。墨子反对儒家"正其谊不谋其利，明其道不计其功"的做法，认为"万事莫贵于义"行仁义之举要计其利，更要重其功。"仁义均，行说人者，其功善亦多，何故不行说人也"，但这个"功利"不是为求个人功名，而是为了"国家百姓人民之利"，这是其道德价

① (汉) 刘安著，许匡一译注：《淮南子全译》上册，贵州人民出版社，1993年，第512页。

② 《文白对照传世名著诸子类第八卷·墨子》，伊犁人民出版社，1999年，第88页。

③ （春秋）孔丘、（战国）孟轲，等著：《四书·五经》，北京出版社，2006年，第191页。

④ 《文白对照传世名著诸子类第八卷·墨子》，伊犁人民出版社，1999年，"尚贤""天志""非命"等相关篇章内容。

074 |　　　　　　　　　　　　　　　　　　　　　　　　　　　　　　老子新论新解

值之根本。包括其"尚俭""节用",反对王公贵族奢靡生活和厚葬久丧（守丧）之风气，也是从体恤百姓生活角度出发的[①]。第四，"尚同"又反"逆"。在《尚同》篇中，墨子认为"上之所是，必皆是之；所非，必皆非之"，而天子又是"上天"的代表，所以"天下之百姓，皆上同于天子"。同时，这个"尚同"又是有限度的，如果天子无道、逆天而行，百姓也不能认同他，天鬼也会惩罚他"鬼神之所赏，无小必赏之；鬼神之所罚，无大必罚之"[②]。这个观点的提出，说明早期墨家的道德价值体系，还是建立在唯心主义的鬼神、明君的道德理想基础上的，而且其既信有神、又不信天命，并企图用鬼神之力来约束君王的行为，显然比较幼稚，表现出春秋战国时期小生产者等新兴阶层政治上的摇摆性。

认识论上，墨子坚持唯物的经验论，不单单是就其理论作简单的说教，而是注重实践、注重结合实际阐述理论之依据，正如冯友兰先生所言："尚俭节用，及兼爱非攻，虽为其时人原有之主张，但墨子则不但实行之，且予之以理论的依据，使成为一贯的系统。此墨子对于哲学之贡献也。"[③] 在《墨子·贵义》中，墨子论证了"名"和"实"的关系："今瞽曰：'钜者白也，黔者黑也。'虽明目者无以易之。兼白黑，使瞽取焉，不能知也。故我曰瞽不知白黑者，非以其名也，以其取也。"[④] 故其理论更重乎实际情况，而不是纸上谈兵、弃实求名。墨子提出认识事物要以"三表"为标准，"言必立仪。言而毋仪，譬犹运钧之上，而立朝夕者也，是非利害之辨，不可得而明知也。故言必有三表。何谓三表？子墨子言曰：有本之者，有原之者，有用之者"[⑤]。"有本"是探究事物的来历，研究过去的间

---

① 《文白对照传世名著诸子类第八卷·墨子》，伊犁人民出版社，1999 年，"贵义"等相关篇章内容。

② 《文白对照传世名著诸子类第八卷·墨子》，伊犁人民出版社，1999 年，"尚同"等相关篇章内容。

③ 冯友兰：《中国哲学史》上册，华东师范大学出版社，2000 年，第 70 页。

④ 《文白对照传世名著诸子类第八卷·墨子》，伊犁人民出版社，1999 年，"贵义"等相关篇章内容。

⑤ 《文白对照传世名著诸子类第八卷·墨子》，伊犁人民出版社，1999 年，"非命"等相关篇章内容。

接经验，上察到古代圣王的做法；"有原"是细查事物的实际情况，体察直接经验，了解百姓耳闻目睹的实情；"有用"要检验实际效用的结果，作为治理的措施，是否符合国家人民的利益，这又体现了他以实践为标准，重实不求名的思想观念。这一思想在批判儒家"四体不勤，五谷不分"观念的同时，也提升了百家哲学的认识论水平。在诸子百家中，墨子首先提出了"类"和"故"的逻辑关系问题。在《墨子·非攻下》中，他针对好战者用大禹征有苗、汤伐夏桀、武王伐纣论证战争有利的观点，提出："子未察吾言之类，未明其故者也。彼非所谓'攻'，谓'诛'也。"[1] 他在分析了大禹、商汤、武王征伐的历史原因和结果后，认为他们属于替天行道、惩恶扬善，是为了百姓的平安，所以逻辑上他们的征伐是"诛"，即诛杀作乱之人的正义之战，完全不同于春秋战国时期诸侯间为利益的乱战，逻辑上是两个层次的东西，不可归于一类。这一观点的提出，为中国古代逻辑学的发展，开了个好头。

组织形式上，与儒家以教育为纽带、开设学堂、兴教游学的相对密切的组织关系不同；与法家私传相授、外不示人的相对松散的组织关系也不同，墨家不仅是一个学派思想和政见一致的学术团体，也是一个组织严密、纪律严明、鼓励牟利的紧密型社会团体，还是一个信仰"天志""神道"，唯首领（巨子）马首是瞻的类宗教组织。"这个团体的成员多半来源于社会下层，有的是直接从事于生产劳动的。他们过着极其刻苦朴素的生活。也积极参加政治活动和某些国家的防御战争。墨子还推荐他的弟子出去做官，如果有人做官后背弃了墨家的主张，就要被召回。做官得到的俸禄，须将收入分一部分供墨者团体使用"[2]。据《淮南子》记载："墨子服役者百八十人，皆可使赴火蹈刃，死不旋踵，化之所致也。"[3]《墨子·公输般》中记载，正是有墨子弟子禽滑釐等三百人持守城之器，

---

① 《文白对照传世名著诸子类第八卷·墨子》，伊犁人民出版社，1999年，"非攻"等相关篇章内容。

② 任继愈主编：《中国哲学史》第一册，人民出版社，1963年，第100页。

③ （汉）刘安等著，许匡一译注：《中国历代名著全译丛书·淮南子全译》，贵州人民出版社，1993年，第1210页。

076 | 老子新论新解

待楚攻宋，应对楚国攻城九策，才使楚王打消了攻宋的念头，实现了保护宋国的"非攻"目标。可见，这个组织能够具有这么大的号召力，说明其凝聚力很强，他们除了有利益关系的维系，同时也有共同的坚定的信仰支撑，他们自称"兼士"（赞成兼爱思想的人），反对"别士"（不赞成兼爱的人）、"别君"的行为来看，他们的信仰很坚定，阵营也很牢固。

墨子死后，墨家一分为三，有相里氏之墨、相夫氏之墨和邓陵氏之墨，他们的思想主张也发生了很大变化，如在自然观上，逐步摒弃了神鬼论思想，更多强调世界物质性的观点，在物理学、数学等方面取得了很多成绩；在逻辑学上，更强调明辨、决疑、类比、求实等观点，形成一套比较完整的逻辑体系。

墨家最终衰败的原因，一个说法是过于节俭苦修、急公好义，如在御城时弟子就死了很多，难以为继；一说是这样的组织在封建统治时期受到打压，最终在秦汉时期被铲除，尽管都有猜测的成分，但也均有一定道理。

4. 诸子百家主要学派道德价值体系之比较

作为春秋战国时代主要学派的儒家、法家、墨家和道家，其各自的道德价值体系既有一些反映那个时代共同特点的相同和类似的价值观和道德理念，但同时又随着时代的变幻、社会的变迁，在互相激荡和交锋中生发出各自不同的道德标准、道德理念、道德规范，作出不同的道德选择，推崇不同的道德理想，履行不同的道德责任，从而展现出各自鲜明的特点，在推进中国历史从奴隶社会向封建社会转折和转变中，发挥着截然不同的作用。

一是道德价值体系评价之基本概念。

道德理想是不同社会、不同阶级在不同时代提出的理想人格，其内在蕴含着这个道德体系最高的道德标准，体现着最高的价值追求，为人们所提倡和仿效，这个理想一般具有较强的阶级性和政治性。

道德规范是不同社会和阶级为处理好人与人、个人与集体之间的关系，所确定的行为方式和准则，其既可以涵盖一定的具体社会生活领域，成为这个领域区分行为善恶的最重要的准则，也可以是某一具体行业、职业的一定范围内的规范，同时也包括婚姻、家庭、交友等一些社会公共准则，作为这些领域判定善恶好坏的标准。

道德选择则指人们按照一定的道德价值和规范或个人的好恶，对自己的观念和行为作出个性化的选择，其具有一定客观原因，也体现着人们的主观能动性，与自己行为的结果有着密切联系。

道德责任则是作出道德选择后所应履行的道德义务，承担的道义上的使命，这里与道德选择一样，强调的是个人选择上的自主性，不涵盖奴隶社会奴隶被动选择的情况。

道德标准是评价一定群体或个人道德行为的依据和尺度，一般讲是善恶标准。对这一标准古往今来人们争议良多，马克思主义伦理学对这个问题作出了科学论述。马克思主义从历史唯物主义观点出发，认为道德标准产生于一定的历史时期、代表一定阶级、阶层或社会群体的利益，其形成都体现了社会历史发展的客观要求，具有一定的历史必然性，反映着这一阶级、阶层或社会群体的现实需要、利益的诉求和发展的趋势，进而体现在人们善与恶的道德观念中。道德标准具有阶级性和时代性，它不是一成不变的，会随着社会历史的发展变化而变化。同时，道德标准也是客观存在的，对其评价的原则主要看其是否符合社会的发展和有利于时代的进步，起到正面促进作用的就是善的，反之就是恶的。

道德评价是按照马克思主义道德标准，对历史的或现实的、群体的或个人的道德体系或道德行为，进行客观的、公正的价值评定和判断，其主要依据是从道德行为现象出发，通过梳理和分析其行为动机、其行为产生的结果，综合考察其发挥作用的情况，来判定其道德价值体系的是非和优劣，最终得出一个客观、公正的结果。

二是春秋百家主要学派道德价值体系基本比较评价。

①共同点研究

无论是儒家、法家、墨家，还是道家（其道德价值体系下一节有论），其道德价值体系产生、发展、变化的共同点还是较为明显的。

首先，它们产生的时代背景几乎相同，无论哪家早一点或晚一点，都是在春秋、战国阶段中国社会由奴隶制末期向封建社会转变演化的大背景下，顺应时代潮流而生，并且在同一时代大背景下交相辉映、此起彼伏。

其次，诸子百家的道德价值目标，都是试图在春秋乱政、战国乱战的礼衰乐败、民不聊生的危境、困境中，寻求一条救国救民之道，尽管其各自发挥作用的结果不同甚至适得其反，但我们认为其目的是善意的。也正因为此，这些学派才能在那个时代得到一定范围阶级、阶层甚至广大百姓的认可和响应，并对时代的进步、国家的富强、人民生活的改善，或多或少地起到了正向作用，从而在中华优秀传统文化百花园地中能够名传千古，一些优秀的道德理念、道德规范、价值观点化风成俗，流传至今常盛不衰。如罗国杰先生主编的《中国传统道德：规范卷》中，把中国传统伦理道德规范分成四部分，第一部分基本道德规范中的正义、仁爱、中和、孝慈、宽恕、谦敬、自强、持节、知耻、节制、廉洁、勤俭、爱物等；第二部分职业道德规范中的政德、武德、士德、民德、师德等；第三部分家庭伦理规范中的亲子、夫妇、长幼关系的规范；第四部分文明礼仪规范中的尊老敬贤、待人接物、庆典婚丧之礼等[1]，我们都能在其中发现诸子百家，特别是道、儒、墨、法伦理道德主张的身影，这是我们中华优秀传统文化宝库中的无价之宝。

再次，百家学派的争鸣，尽管其各自生命力有强弱之分、影响力有大小之别，但正如孔子所形容的那样，"周监于二代，郁郁乎文哉，吾从周"[2]。正是东周末文化和文明的兴盛，奴隶制向封建制转变中人们思想的解放，造就了诸子百家不同的学派和治世理念、道德思想，诞生了一批像《道德经》《论语》这样的传世名著，造就了一批像老子、孔子、墨子、韩非子这样的闻名于世的先贤和伟人，铸就了中华文明的早期辉煌。

②不同点研究

首先，在道德理想的指向性上，各家有所不同。

---

① 罗国杰主编：《中国传统道德：规范卷》，四篇中各节相关内容，中国人民大学出版社，1995年。

② （春秋）孔丘、（战国）孟轲，等著：《四书·五经》，北京出版社，2006年，第14页。

儒家最初的道德理想是要复兴周礼,以尧舜禹、汤文武为人格典范,其道德理想的特点是复古的、过去时的指向。孔子看到更多的是诸侯混乱、人心不古的表象,没有看到新兴地主阶级与落后奴隶贵族之间不可调和的矛盾斗争本质,所以提出"克己复礼",试图以"人格神"的感召,把社会拉回到奴隶制兴盛的夏、商、周初时期,所以他的"周游列国"也以政治上的不得意而告终。孔子之后,以董仲舒和宋明的程朱理学为代表,儒家道德理想的指向逐步由复古调整到现世阶段,以维护封建皇权统治为核心,把皇帝打造成"天人感应"中的"人造神"和"天理"的总代表,甚至为了"存天理"而"灭人欲",这也就走向了极端化。

法家的道德理想是培育出一个集法、术、势于一体的千古帝王,以帝王之无上权力驾驭一切,实现富国强兵、统一六国的政治抱负,以结束诸侯纷争、民不聊生的奴隶制统治,其道德理想的指向是着眼于未来、着眼于封建统治阶级的振兴和执掌权力。从"春秋五霸"到秦的一统天下,法家也完成了它的政治使命,但因其道德选择"人性恶"的偏激化和其为实现个人抱负的不择手段,终不见容于天下,于秦之后走上了衰落的道路。但反过来说,生逢乱世,以强权治国、富国强兵并结束诸侯乱国的局面,也是一种无奈的选择,何况他们的目标实现了呢?

墨家则因其所代表的小生产者阶层的限制,他们更强调的是功利性,尽管这个功利性的前提是为国家、人民之利的,但他们所争取的更多的还是小生产者"士"的阶层的利益,他们"兼爱""尚俭""交相利"和急公好"义"的"士"的形象的打造,就是他们的道德理想,或者说他们打造的道德理想的着眼点指向的是他们当世(现在)的现实,他们是为了解救时弊而生的。他们希望通过呼唤"尚同"得到侯王、贵族阶层的认可,通过主张"尚贤"得到晋身权力和上层的发展机会,通过倡导"非攻"、并以"术"和"械"御城止攻,证明自己的价值。但因为他们代表的小生产者阶层的弱小特性,他们只能寄希望于强大的新兴地主阶级或没落的奴隶主阶级的支持,以在其夹缝中求得一席之地,他们用"鬼神之威"来监督惩戒帝王的不道行为的想法,决定了他们不可能走得太远。

道家的道德理想则显然与众不同，它既不是指向于某一个阶级、阶层群体，也不是指向于某一个历史时期或某一个历史阶段，它因为其唯物主义的基本立场也不可能把这个道德理想指向"神"或"人格神"与"人造神"。它更多地从宏观大尺度眼光出发，在通观宇宙、天地人的基础上，把"道（人之道）法自然"作为自己的道德理想追求，或许《道德经》中指出了圣人、君子的一些行为是合乎这一理想的，如"是以圣人处无为之事，行不言之教。万物作焉而不为始，生而不有，为而不恃，功成而弗居"云云，但这些不是道德理想本身，而仅是合乎、"和顺"于道德理想的一个例证，"道法自然"才是它最终的理想，最终的道德指向。

老子的道德理想显然跳出了儒家、法家、墨家以特定阶级、阶层或某一时代内容为道德理想指向的约束和局限，它的道德价值体系的构架是宏大的、指向是"道"和"天地人"全域的，其实现道德理想的手段也是更加客观、开放的，也没有陷入诸子百家关于人性善恶的无限争议中，因为这个问题在它的体系中并不成问题，它的道德价值基点远远高于这个范围。

老子哲学在道德价值的理想和选择上，到目前这个时代，可以说是有局限的（如有人说"无为而治"观点偏激了），但其"道法自然"的理想，并没有完全过时，甚至对现今的世界发展、人生修养、科技进步等都启发良多，这也是老子哲学包括其价值理念仍在世界许多国家、诸多领域受到推崇的重要原因。

其次，在道德选择的基点，即对人之本性概括上，各家观点也非常鲜明而不一。

儒家虽在人性之本质上有过不少争论，如孔子提出"性相近，习相远也"①，强调人性有着相近相同的部分；孟子提出"仁义礼智，非由外铄我也，我固有之也"②。从根本上把这四种道德观念的"善端"归之于人的内心，也就是人的良知良能。孟子认为虽然人也有自然欲望的天性，但代表人的理智的本性的是善，而

---

①（春秋）孔丘、（战国）孟轲，等著：《四书·五经》，北京出版社，2006年，第60页。
②（春秋）孔丘、（战国）孟轲，等著：《四书·五经》，北京出版社，2006年，第149页。

非荀子所强调的"性本恶"。到南宋大儒王应麟（1223—1296），在作为蒙学教材的《三字经》中明确喊出了"人之初，性本善。性相近，习相远。苟不教，性乃迁"，使儒家性善说深入人心。所以从总体上看，儒家在人性道德基点的选择上，是更趋近于性善之说的，这也是孔子主张对弟子"因材施教"的基础，也是儒家"仁者爱人"观点能够施行的前提。

法家在人性道德基点的选择上，则截然不同。作为荀子学生的韩非、李斯等，在一定程度上传承了荀子"性恶论①"，提出"好利恶害"、趋利避害乃人之本性，"医善吮人之伤，含人之血，非骨肉之亲也，利所加也。故舆人成舆，则欲人之富贵，匠人成棺，则欲人之夭死也。非舆人仁而匠人贼也，人不贵，则舆不售；人不死，则棺不买。情非憎人也，利在人之死也"②，将他的人性观延伸到了君臣、父子关系，认为后妃、太子都盼着君王死，君王死对他们都有利；儿子盼着父亲死，父亲死他也是得利者。这就把人性恶展示到了赤裸裸的地步。他认为君臣、父子之间根本没有什么信义和仁爱可言，只有趋利避害的"恶"才是人性之根本，所以要以严刑酷法治人，才可以把人性的恶限制住。

墨家的人性道德选择乃是"素丝"说，或者说是与孟子相对的"人性外铄"说，他认为人之初无所谓性善性恶，如朴实的"素丝"，"子墨子言见染丝者而叹曰：染于苍则苍，染于黄则黄，所入者变，其色亦变，五入必，而已，则为五色矣。故染不可以不慎也！"③这是以"染"喻人，言人性之朴素无华也。

道家的人性道德选择的基点则没有停留在人类的群体和当世的诸国纷争中，而是从体悟"混沌"、宇宙"无限（形）"、"有限（形）"和"天、地、人"的变迁生成中，悟出了"道（人之道）法自然"的真谛，此乃宇宙万物运行的基点，远大于人性社会的基点。道家认为宇宙乃至天地人的诞生都是自然而然的，自然而然方为"善"，"水善利万物而不争"方为善，不只人的行为，就连宇宙万物的运行也要师法"自然"，人类作为天地的产物，自然也要遵循这宇宙的法则。

---

① （清）王先谦撰，沈啸寰、王星贤点校：《荀子集解》，中华书局，1988年，第434页。
② （战国）韩非子著，张觉译注：《韩非子全译》，贵州人民出版社，1992年，第231页。
③ 《传世名著诸子类第八卷·墨子》，伊犁人民出版社，1999年，第14页。

所以从人类的尺度来说，不管何时何地，人类只有"和顺"自然、顺势而为，才是善，违反了"道法自然"的规律，则必然适得其反，与"善"背道而驰。

再次，以道德选择基点所导向的道德规范实施的时度（时间长度长、中、短）、量度（外在强制性的强、中、弱）上看，几家也显然不同。

儒家体系实施时度很长，而且连续性强，在其两千多年生发衍变中，随着其道德规范体系的逐步完备和治理者弃用两端的迥然不同选择，其实施量度不断发生着变化。由孔子周游列国失意而归为标志，其道德思想实施量度明显较弱，只在鲁国这样的小国受到一定的关注。经过孟子、荀子、董仲舒等众多后学的苦心经营，终于在汉武帝时期得到认可，成就"独尊儒术"之成就。直至清末，其实施量度逐步增强，虽有唐宋时期释家的冲击出现波折，但总体走向是由弱而强，最终以"三纲五常"统领君治和民生，其实施量度达到极点。在此期间，其"仁爱善治"的正面效应和"存理灭欲"的反面效应都被展示得淋漓尽致，终以辛亥革命后封建制度的灭亡而退出。其发展趋势正应了老子"物极必反"的预言。

法家在其强力改革、富国强兵的道德责任驱使下，其以法治国的道德规范和道德标准的实施量度，从管子辅佐齐桓公推行新政开始，就表现得非常激进，以摧枯拉朽之势打造出一个"五霸之首"的强齐，但最终因为后任国君穷兵黩武、欲并周室、称霸天下，被诸国讨伐而失势。强齐时期法家道德规范实施时度短（齐桓公执政期间的三十余年）、量度强（改革强力推行，涉及政治、经济、军事、民生各个方面）的特点，也是其另外几次兴衰成败的共同特点。直到李斯、韩非辅佐秦王嬴政一统天下、成就霸业，也以"狡兔死、走狗烹"的二人被处极刑的结果而告终。还是那句话，就法家来讲，其功利而激进的一些理念和做法，必定遭人忌恨。而韩非子死于李斯之手，同门弟子尚且相残，这也说明法家的道德理念中，除去一些合理的部分，仍然存在着明显的弊病和短板，这也是其几次如流星般短暂划过历史无尽夜空的主要原因。

墨家的道德规范实施时度、量度体现较适中，时间上短于儒家、实施量度强度上弱于法家，在其存世的三百余年（约前476—前134）相对比较平稳，周旋于新兴的地主阶级和没落的奴隶制贵族之间，以其平民化的思想和道德主张，引起小生产者阶层和不少普通百姓的共鸣，其严密的组织形式和实用的思想观念、道德价值和一些技术技能，也时不时造成一定的社会影响，其较为广泛的民众基础和自身体现的独特风格，正是它可以和儒家掰一掰手腕并称"显学"的倚仗。其道德规范的实施量度也始终处于不温不火之中，到汉武帝时期的衰落，有我们前面提到的原因，也有"罢黜百家，独尊儒术"的因素在内。

道家的道德规范实施时度、量度不以历史朝代的变迁和人为的臧否兴废为转移，其"道法自然"、顺势而为的主张和做法，必然超越于前面三家的局限，以润物无声、超然于世的姿态，平稳持久地推延下去，它的实施时度是最长的，至今仍在延续；量度上，其始终保持着平和中度的"不欲盈"状态持续推进，虽在"文景之治"时期较强，但也以人民能够接受的宽柔善治的道家"光而不耀"方式推进。即使在"独尊儒术"的时代，它的影响力虽小，而且逐步呈现归隐山林、与世无争之态，但把老子奉为始祖的道家教派依然存在，虽然现在的道教思想与老子哲学不能画等号，甚至存在很大区别，但老子哲学中如"道法自然"的一些精髓仍得到了传承。这也体现出老子哲学"视之不足见，听之不足闻"，而"用之不足既"的鲜明特色。其哲学思想中许多思想观念、治理主张、为人处世之道和观察认识世界之法，仍然在世界许多地方、许多领域，甚至科技前沿领域，受到人们的推崇，难道不是这一观点被认可的最好证明吗？！

最后，从各家道德责任自我履行方式（内心信念的实施强度）上看，也应该秉持客观辩证的观点。

孔子虽有"志士仁人，无求生以害仁，有杀身以成仁"[1]的自我要求，但也有"道之不行也，我知之矣"[2]的无奈和不为。所以从冯友兰先生的观点看，儒家在初创阶段，"孔子之讲学，与其后别家不同。别家皆注重其自家之一家言，如《庄子·天下篇》所说，墨家弟子诵《墨经》。但孔子则是教育家。他讲学的

---

①（春秋）孔丘、（战国）孟轲，等著：《四书·五经》，北京出版社，2006年，第54页。

②（春秋）孔丘、（战国）孟轲，等著：《四书·五经》，北京出版社，2006年，第186页。

084 | 老子新论新解

目的，在于养成‘人’，养成为国家服务之人，并不在于养成某一家的学者”①。所以孔子“述而不作，信而好古”②，正是其为自己下的结论。所以从教育家的角度看，孔子创立儒学的目的并不是建立一个独立于世的学派，而只是兴教办学、利于国家。他阐述之道德观点只是一种人生的态度，并没有要其三千弟子、七十二贤人都为其道德理想“杀身成仁”。但随着儒学在汉武帝后的登堂入室，成为封建制度的显学和“国术”，其“仁义忠信”等思想深入人心，被许多士大夫奉为人生圭臬，也确实产生了一批为国家民族大义献身的楷模，如三国早期的孔融，宋的文天祥、岳飞，清末的改革派谭嗣同等，他们的事迹至今流传，为人敬佩。所以从道德责任之个人实践角度看，儒家随着其学派的不断壮大和由学堂向朝堂的升级，其加诸士大夫弟子的责任感、使命感不断增强，其自身道德实践的趋向也不断加强，进而出现了“杀身成仁”的例证的产生。

法家则是以韩非为代表，其作为韩国的宗族公子，一生都在为弱小韩国的生存而奋斗，即便多次向韩王上书进谏得不到认可，也不惜以“危身捐躯”的方式，再著《难言》《和氏》，要求以法术治国图强，在堂谿公劝他不要以身犯险时，他仍然坚持自己的信念：“夫治天下之柄，齐民萌之度，甚未易处也。然所以废先王之教而行贱臣之所取者，窃以为立法术，设度数，所以利民萌、便众庶之道也。故不惮乱主暗上之祸患，而必思以齐民萌之资利者，仁智之行也；惮乱主暗上之祸患，而避乎死亡之害，知明而不见民萌之资利者，贪鄙之为也。臣不忍向贪鄙之为，不敢伤仁智之行。”③可见，不论法家之“法、术、势”主张是否有失偏颇，但作为法家集大成者的韩非，为救国救民的仁爱明智之举，而甘冒性命之险冒死进谏，体现了法家志士为实现自己所遵循的道德理想大义凛然的风范，这一点还是强于初期儒家的患得患失的，也因此韩非被后人看作“当世之圣人”④，其言诚不欺人。

---

① 冯友兰：《中国哲学史》，华东师范大学出版社，2000年，第43—44页。

② （春秋）孔丘、（战国）孟轲，等著：《四书·五经》，北京出版社，2006年，第25页。

③ （战国）韩非子著，张觉译注：《韩非子全译》，贵州人民出版社，1992年，第909—910页。

④ 王东编著：《孔丛子》，北京燕山出版社，2010年，第155页。

墨家可以说是身体力行自己道德理想、道德信念的模范。在墨子成为儒家的反对派并确立其治理观念、道德主张后，"率徒奔波于齐、鲁、宋、楚、卫、魏等国，向王公大人宣传其政治主张，制止了多次战争。其中以与公输般论战，止楚攻宋最为著名。其学派具有严密的组织纪律，在当时为'显学'之一"①。庄子在其《天下篇》中评论墨子之道，"以自苦为极"，"其生也勤，其死也薄，其道太觳"②。而在学派对弟子的要求上，前面我们有所论述，各位弟子、门人不仅要学习精通墨家之法，而且要以身作则，不折不扣地践行墨家治理和道德主张。其中，弟子胜绰被推荐去辅佐齐将项子牛，跟从项子牛三次伐鲁，为了厚禄而违背了墨家非攻的原则，被墨子要求坚决退回，予以惩罚。③可见墨家不仅组织纪律严明，而且从"巨子"到每一个门人都在推行墨家治理与道德主张上责任感很强，甚至在御城止攻时死了不少人也在所不惜，真正践行了其"舍生取义"的道德理想，做到了知信行合一，尽管其学派存世时间不长，但也在春秋战国史上留下了光彩的一笔。

道家对践行自己的道德理想与其"师法自然"的主张完全一致。在洞明"世事之常"的基础上，既指明世事之弊、明确善治、善为的观点的同时，相对保持了一种较为超然的态度，如《史记》记载的老子弃官而去、著《道德经》五千言后西出函谷关隐然于世；庄子则干脆不想入仕，"楚威王闻庄周贤，使使厚币迎之，许以为相。庄周笑谓楚使者曰：'千金、重利；卿相，尊位也。子独不见郊祭之牺牛乎？养食之数岁，衣以文绣，以入太庙。当是之时，虽欲为孤豚，岂可得乎？子亟去，无污我。我宁游戏污渎之中自快，无为有国者所羁。终身不仕，以快吾志焉'"④。汉武帝"独尊儒术"之后，更强化了道家"退隐于世"的趋向，逐渐演变成了道教遁世和强调个人修行修真的风格。

但作为百家学派的老子哲学，则并非主张弟子完全与世无争、不理世事。比

---

①《传世名著诸子类第八卷·墨子》，伊犁人民出版社，1999 年，第 3 页。

②（清）王夫之：《庄子解》，中华书局，1964 年，第 280 页。

③《传世名著诸子类第八卷·墨子》，伊犁人民出版社，1999 年，第 365 页。

④（汉）司马迁著，陈伶编译：《史记全译》，三秦出版社，2007 年，第 205—205 页。

老子新论新解

如作为天子的汉文帝刘恒，不仅积极推行道家思想，而且还倾力打造出封建社会"文景之治"的第一个盛世即是明证。这也是道家顺势而为的一个体现，即不是不为，而是机会不到时不为，有了契机，还是要大展宏图以兴国利民的。况且就是到了近世，如民族危难的抗日战争时期，秉持"爱国、护民、敬祖、礼神"信仰基础的道教子弟，也于乱世下山救世，如狼牙山棋盘坨道观的李圆通（道名圆忠），毅然带领弟子投入抗战中，许多弟子加入了八路军，道长也为我军传递情报、保护伤员、存储被服而奔走，最后日寇烧毁道观时许多弟子都被杀害，其事迹可谓可歌可泣。还有武当道教、茅山道教、天云古观等一众道士奋勇杀敌、舍生取义的英雄事迹等不胜枚举。所以道家哲学在自身道德责任履行强度上是较为适中的，是随然而行、随势而为的，体现了道家"水善利万物而不争"的一贯理念。但不能由此就否定了道家子弟对践行责任的忠诚度，从民族危难时期的表现看，道家（道教）不缺乏积极实施自家道德责任、甚而舍生取义的例证，这种为追求道德理想而不惜牺牲一切的精神，也是我们中华民族优秀传统品质的一种体现。

以上从道德理想指向、道德选择基点、道德规范实施时度量度和道德责任履行强度四个方面，比较分析了道、儒、法、墨四家各自的特点和实施过程及社会影响力。总体来看，它们各自都有着鲜明的特性，也都对推进时代发展、社会进步、人民生活的安康发挥了一定、有的甚至是不可替代的作用。

但作为道德价值体系评价的角度来看，对这四家的历史作用的评价，也不能随意画等号。差别是有的，而且从我们制定的标准衡量尺度来看，差别应该是客观存在，而且还很不小。

从四个维度综合看（见下文比较评价表），道家和儒家在春秋战国乃至整个中国历史上，总体发挥作用要优于法家和墨家。法家、墨家道德体系所服务的对象以帝王和"士"阶层为主，使其道德理想延展的广度上受到局限；其作为学派所存续的时间也相对较短。此外，两家所流传下来的道德理念，相较道家、儒家也稍显不足，这也是由其自身局限所导致的结果。

道家、儒家从现今留存影响力上说，总体尽管在伯仲之间，但儒家的道德体系因其为封建时代服务的宗旨指向所限，其"三纲五常"封建道德约束力早已经荡然无存,而代之以中国特色社会主义道德价值观和"富强、民主、文明、和谐,自由、平等、公正、法治,爱国、敬业、诚信、友善"的新时代的社会主义核心价值观。尽管这其中有不少儒家优秀传统道德理念元素的存在,但毕竟被赋予了新的时代内容,已经与封建时期的观念大不相同了。

道家因为其道德理想指向的宇宙视野、道德选择基点的广角的超然层次和实施时度、量度顺势而为的可塑性和开放性,导致其众多理念和思路至今仍未过时,正如汉代史学家司马谈在《论六家要旨》中所说,"道家使人精神专一,动合无形,赡足万物。其为术也,因阴阳之大顺,采儒墨之善,撮名法之要。与时迁移,应物变化。立俗施事,无所不宜。指约而易操,事少而功多"①。

这段话尽管引起了不少人关于道家产生时间的争执,认为就此说明道家后于儒、墨、法、名而生(笔者并不同意此观点)。但司马谈所概括的道家道法精神的高明却恰到其位,老子在其哲学、道德价值体系构建上我认为要高于儒家,其所揭示的宇宙之道、人与自然之间相辅相成的道德关系,也还有许多秘密有待我们研究和揭示!

春秋百家主要学派道德价值体系比较评价表

名字		儒家	法家	墨家	道家
共同点	产生年代	春秋、战国	春秋、战国	春秋、战国	春秋、战国
	代表人物	孔子、孟子、荀子、朱熹、王阳明等	管仲、慎到、申不害、商鞅、韩非等	墨翟、各代巨子	老子、庄子
	目标	结束春秋动乱,利民强国	结束春秋动乱,利民强国	结束春秋动乱,利民强国	结束春秋动乱,利民强国
	传世名作	《论语》《孟子》《荀子》等	《韩非子》《管子》《商君书》等	《墨子》	《道德经》《庄子》

① 中国科学院哲学研究所中国哲学史组、北京大学哲学系中国哲学史教研室编:《中国历代哲学文选·两汉—隋唐篇》上册,中华书局,1963 年,第 138 页。

名字		儒家	法家	墨家	道家
不同点	道德理想指向	由复古逐渐转为服务当世君王——人造神	着眼未来、打造集"法、术、势"于一体的"千古一帝"	着眼现实，维护"士"民之利，投身于"兼爱、非攻"	眼光宏大，透彻今、古及未来，不法"神""鬼"，法"自然"
	人性善恶判断	推崇"性善说"，强调教化，引人向善	主张"性恶说"，提倡以法制恶	主张"素丝说"，认为人生来无善恶，必须慎教之	主张宇宙一切师法"自然"，人亦去伪去诈，见素抱朴，和顺自然
	实施时度、量度	时度虽较长，但儒家"独尊"地位已不存；量度由弱到强，但"三纲五常"已不合时宜	时度很短且不连贯，力度上很强，颇有效果，但过于刚强，皆以改革半途而废告终	时度适中，连续性强，量度很强，影响颇大，但组织形式不适时而变，终难延续	时度最长，虽有起伏，仍延续至今；量度上顺时而动，韧性极强，不以朝代兴替而转移，"天人合一、道法自然"的思想仍然受到当世中外推崇
	道德责任履行方式	由弱而强，由松散的学堂到朝堂主流，责任感不断增加，出现杀身成仁的个例	责任感一直很强，甚至不择手段推行主张，舍生取义	组织严密、思想统一，整体强悍，不惜为"兼爱、非攻"而牺牲	责任感适中，提倡顺道而为，亦不乏"文景之治"的辉煌和抗战中"义士"的壮举
总体评价		总体影响力较强，不少理念延续至今	总体影响力较弱，沿袭性一般	总体较弱，沿袭性一般	总体影响力很强，至今在国内外很受欢迎

【第四节】
老子哲学道德价值体系之构成

老子哲学道德价值体系的基本情况，在上文的比较分析中，已有所涉及，其在诸子百家中的特色和地位也有了一个基本定位。但因其在具体的道德价值体系构建、道德标准、道德规范的理念上，与其他各家又有着明显的区别，许多具体而微的东西尚未做细致的说明和论证，所以有必要在这一节中予以明示和解读。

1.《道德经》文本中道德价值主要元素之分析

《道德经》一书虽然篇幅仅有五千余言，但从道德价值构成上看，普遍元素比较健全，没有明显的缺漏，个别元素作为一般性的运用，没有明确解说的，也可以在整个价值道德体系中，找到其应有位置，并结合上下文及相关内容予以理解和把握。这为我们深入分析研究提供了方便。

一是基本的"善""恶"判断元素上，书中多有涉及。

善字。《辞海·语词分册》主要解为：①善良，美好。如善意，尽善尽美。②友好，亲善。③擅长，善于。④赞许，以为善。⑤多，容易。如善变、善忘。⑥爱惜。⑦犹言熟悉，如面善等。[①]

在《道德经》中，"善"属于一个高频率用词，在全书十六章中出现了49次，分述如下。

第二章中出现3次："……皆知善之为善，斯不善已"。此三字为《辞海》解

---

①《辞海·语词分册》，上海辞书出版社，1977年，第2081页。

释第①意，前两个"善"为正面意思，后一个"不善"为反面意思。

第八章中出现 9 次："上善若水。水善利万物而不争"，"居善地，心善渊，与善仁，言善信，政善治，事善能，动善时"。其中第一个为①意，言"水"乃顺应自然之典范也，故为"上善"，后面八个"善"则均可引申为③意。

第十五章中出现 1 次："古之善为士者，微妙玄通，深不可识"，意为③。

第二十七章出现 11 次："善行无辙迹；善言无瑕谪；善数不用筹策；善闭无关楗而不可开；善结无绳约而不可解"，"是以圣人常善救人，故无弃人；常善救物，故无弃物"，"故善人者，不善人之师；不善人者，善人之资"。前七个"善"为第③意，即善于、擅长；后四个"善"为第①意，为善良、美好之意。

第三十章出现 1 次："善有果而已，不以取强"，乃第③意。

第四十九章出现 5 次："善者，吾善之；不善者，吾亦善之；德善"。其中第一、第三、第五个"善"为第①意，第二、第四个"善"为第②意——友好、亲善，即善良的人，我以亲善待之；不善良的人，我也以亲善待之，这样就会引人向善、得到善良。这是老子哲学"天地无好恶"理念的体现，也是对"圣人"治理天下不藏私、一视同仁的要求。

第五十章出现 1 次："盖闻善摄生者……"，此为③意。

第五十四章出现 2 次："善建者不拔，善抱者不脱，子孙以祭祀不辍"。两个都是善于、擅长之意。

第六十二章出现 3 次："道者万物之奥。善人之宝，不善人之所保"，"人之不善，何弃之有"。这里都是①意，出现"善与不善"之对举，而且明确提出不能因为"不善"而把道舍弃，这是不应该的，再一次强调了顺应大"道"的重要性。

第六十五章出现 1 次："古之善为道者……"；第六十六章 1 处："江海之所以能为百谷王者，以其善下之……"，第六十八章出现 4 次："善为士者，不武；善战者，不怒；善胜敌者，不与；善用人者，为之下"，第七十三章 3 处："不争而善胜，不言而善应""绰然而善谋"等，以上九个"善"均为第③意。

第七十九章出现 2 次："[报怨以德]安可以为善"，"天道无亲，常与善人"。前一个"善"乃第④意，有赞许、妥善之意，后一个"善"则为①意。

最后一章出现 2 次："善者不辩,辩者不善",乃第①意,意为良善之人不狡辩,狡辩之人不良善。

以上 49 个"善"中,意为①即善良、美好的共 17 处,分别把"上善"比于水、把"道"比喻成"善人"的珍宝、"不善人"的保险;把"善良人"比喻成质朴忠厚,不去诡辩,并说明"天道"常亲"善人",强调"不善人"不能舍弃"自然大道"。特别是文中 37 次把"善"与"恶"或"不善"对举说明问题,阐述出"善"与"恶"的辩证关系,以"水"之"善利万物"而比喻"自然之道"无好恶的特点,进而说明"善"与"恶(不善)"物极必反转化,强调圣人和治理者要顺应"自然",摒弃个人好恶,去善待所有人,并以"不善"者为借鉴,去劝人向善、引人择善。

意为③,即擅长、善于之意的有 29 处,都是用来形容通过良好的行为来达到顺应自然,或者通过合理的控制事物来达到好的结果(善有果——止战、善胜——不武等)。

意为②的有 2 处,即要求治理者要善待"不善"之人,前已表述。

意为④意的 1 处,前已解。

"恶"字。《说文解字》解为:"过也,从心亚声。鸟各切"①;《辞海·语词分册》解为:读 è 时,①坏,坏事,与"好""善"相对;②丑陋,与"美"相对;③疾病等;读 wù 时,①憎恶、讨厌,如深恶痛绝;②耻,惭愧;③说人坏话② 等。

"恶"字,全文中共出现 7 次,分述如下。

读 è 时,第二章出现 1 次:"天下皆知美之为美,斯恶已",此"恶"与"美"相对,应为②意,即丑恶;第二十章 1 次:"美之与恶,相去若何",应为①意,前已解。其余 5 次读为 wù 音。如第八章:"处众人之所恶","恶"为①意;第二十四章与第三十一章各出现 1 次,皆为:"物或恶之,故有道者不处",都是①意,言人们"厌恶"自以为是、操之过急和好战的事物,所以有道之人不会采

---

① (汉) 许慎撰:《说文解字》(附检字),中华书局,1963 年,第 221 页。
② 《辞海·语词分册》,上海辞书出版社,1977 年,第 1973 页。

用它；第四十二章："人之所恶，唯孤、寡、不谷……"，第七十三章："天之所恶，孰知其故"，也皆是①意。

"厌"字作为"恶"的近义词，先后出现5次，第五十三章出现1次，"服文彩，带利剑，厌饮食"，这里"厌"意为满足、饱足，即吃饱喝足之意；第六十六章出现1次："是以天下乐推而不厌"，这个"厌"是"厌恶"与"嫌厌"的意思，指圣人爱民、以民为上，人民就会推戴他而不厌弃；第七十二章中出现了三个"厌"字，即"无厌其所生。夫唯不厌，是以不厌"，据清末至民国年间老学家奚侗（1878—1939）考证，前两个"厌"字为"笮"（读 zuó，意为竹子制成的绳索）意，意为"无厌笮人民之生活，使不得顺适"①；第三个意与"恶"同，是说治理者对百姓一视同仁，不厌笮、盘剥百姓，百姓也不会"厌恶"治理者，这也体现了"道法自然"的要求。

由上可见，老子的善恶是非观非常鲜明，在他的道德价值体系中，多次用"善""恶"对举阐明立场，要求人们像"水"和"江海"一样，师法自然、谦逊善良；摒弃个人好恶、与人为善；顺应自然、善利自然引人向善，坚决反对违背自然、带来恶果，圣人和君子的责任是去引导、教喻百姓去顺应自然，至少让他们知道"自然之道""求以得，有罪以免邪"之作用，进而"贵于此道"，这也是其"以百姓心为心"的重要体现。

二是道德价值体系主体框架上，非常明晰。

在《道德经》第三十八章（即《德经》部分第一章）中，老子较为明晰地阐述了其道德价值体系主体框架的主要元素构成，即"德"，"仁"，"义"，"礼"的内涵及它们与"道"的相互关系，以此章为基础，再融合其他各章中相关内容，可以基本梳理出老子道德价值体系的构架特点，明晰其中每个关键元素的特定内涵，并找出各个元素在其整体体系中的基本定位。

首先说"道"。

"道"字，在全书中共出现73次（不含题目），乃道德元素中第一高频用词。

---

① 奚侗集解，方勇导读，方勇标点整理：《老子》，上海古籍出版社，2007年，第179页。

"道"字具体出处及哲学解释，前面第一章已经有了明确解说。从伦理道德意义上讲，"道"不仅是一切事物发展运动的规律，而且是引导宇宙、社会、人生向着"自然"法则进军的必然之路，也是高于其他道德元素更为"至善"之路，所以说"道"在老子道德价值体系中是一个至高标准，我们第一章中概括出"道"的"顺之者昌，逆之者亡"等特点，也正源于此。

"道"在《道德经》文本中出现的情况，前面章节里已引用并解释了不少，现仅就前面未涉及的或引用了而未解释的，再予以解释、补充。

引用而未解释的有2章4处，分别为：

第八章出现1次："处众人之所恶，故几于道"，这是把"水"的不争、"处下"而"利万物"的特性与"道"相比，言"水"这个优良品质已经几近于"道"的标准；第三十章出现3次："以道佐人主者，不以兵强天下"，"物壮则老，是谓不道，不道早已"后面这句，前文已解释，故不重复。前面这句是说用"道"辅佐君主的人，不会倚靠兵力强取天下，"道"是主张和平和惠民的，违反了"道意"穷兵黩武，必然导致国家混乱、民不聊生。

前面尚未解释的有18章中的38处，分别为：

第十五章1次："保此道者，不欲盈"，此"道"为规律、道理、方法之意，这是讲懂得"道"的规律的人不会自满骄傲。

第十六章出现2次："天乃道，道乃久，没身不殆"，这里强调"道"的自然规律之天性，言称符合自然天性的才是"道"，这样的"道"才能长久不亡。

第十八章出现1次："大道废，有仁义"，这里的"道"仍然是指"自然大道"，唐代陆希声将此句解为："大道之行也，人不独亲其亲，不独子其子。货恶其弃于地，不必藏于己；力恶其不出诸身，不必为己。故奸谋不兴，乱贼不作，外户不闭，是谓大同。当此时也，凿井而饮，耕田而食，日出而作，日入而息，帝何力于我哉？下知有之而已，岂容行仁义于其间哉！大道既隐，人各亲其亲，各子其子，货力为己，仁义为治……百姓亲而誉之，而仁义始彰矣。由此言之，朴散为器, 岂非大道废焉, 有仁义耶? "① 这是说, 在 "大同" 时代, "大道" 已经深入人心、化风入俗, 百姓自然纯朴、仁义为本, 已经不需要 "大道" 再来培育引导了, 这才是老子追求的由 "人之道" 升华到 "天之道" 的真正境界。

第二十三章出现 4 次: "故从事于道者, 同于道", "同于道者, 道亦乐得之", 这是讲 "道" 与人的关系, 只有信于 "道"、同于 "道", "道" 才能接纳他、认同他。

第二十四章出现 2 次: "其在道也, 曰: 余食赘行" "故有道者不处", 这里是说从 "道" 的眼光看, 都是剩饭和赘肉一样, 让人讨厌, 所以有 "道" 的人不这样做。

第三十一章出现 1 次: "故有道者不处", 这里是说兵戈是不祥之物, 所以有 "道" 的人不会与之打交道。

第三十七章出现 1 次: "道常无为而无不为", 这是说 "道" 是顺应自然而为, 看似什么都没做, 实际什么都做了, 这里又一次强调 "道" 顺应自然之妙。

第三十八章出现 2 次: 因涉及道德架构体系, 后面再解说。

第四十一章出现 9 次: 分别为 "上士" "中士" "下士" "闻道" 的三个 "道", 这是讲明三种 "士" 闻道后的截然不同态度。"大笑不足以为道", 这是说不被 "下士" 嘲笑的, 还真不足以为 "道", 这是讲 "道" 的朴实无华的独特之处。"明道若昧" "进道若退" "夷道若纇", 这也是讲 "道" 之表现形态之独特之处, 即明晰的 "道" 让人看着好像很暗昧; 精进的 "道" 让人看着好像在后退; 平安的 "道" 让人看着好像有毛病 ("纇" 字《新华字典》解为 "缺点" "毛病", 此处应为 "有毛病"② 之意)。"道隐无名", 这是讲 "道" 的真谛是隐匿不显的。"夫唯道, 善贷且成", 这是讲只有 "道" 才善于施与, 助人并成全人。

第四十六章出现 2 次: "天下有道, 却走马以粪。天下无道, 戎马生于郊"。这是说天下治理的 "人之道" 顺应 "天之道" 的和平时期, 战马用来耕田, 国家

---

① (汉) 河上公、(唐) 杜光庭, 等注:《道德经集释》, 中国书店, 2015 年, 第 120—121 页。

① (汉) 河上公、(唐) 杜光庭, 等注:《道德经集释》, 中国书店, 2015 年, 第 120—121 页。
② 《新华字典》, 商务印书馆, 2012 年, 第 291 页。

治理不好（即"人之道"不"和顺"于"天之道"时）、频繁征战的时期，怀马驹的母马也要上战场，"无道"和"有道"即是国家治理好与坏的判断标准。

第四十七章出现1次："不窥牖，见天道"，这是讲不看窗外，便可了解宇宙的规律，强调的是道家与宇宙融为一体、依靠反观自身便可了解"道"之规律的境界。

第四十八章出现1次："为学日益，为道日损"，冯友兰先生解释："'为学'就是求对于外物的知识。知识要积累，越多越好，所以要'日益'"；"'为道'就是通过暝想（老子认为是体验）以认识作为万物未分化状态的'道'。老子认为，这样做不但必须减少思虑和欲望，并且要减少感觉经验的知识，使之越少越好。'损之又损，以至于无为'（《老子》48章）。所以其方向是'日损'"①。这个解释非常贴切。

第五十一章出现4次：其中两次提到"道生之，德畜之"，这是说"道"生成万物，"德"蓄养万物，其实也是言"道"之"无限（形）"部分生成"有限（形）"部分的万物之意。两次提到"道"尊"德"贵，而"道尊德贵"的体现就是"夫莫之命而常自然"，就是强调"道德"发挥作用的方式是自然而然、永远不变，这也是"道"作为宇宙最高道德标准的具体体现。

第五十三章出现3次："使我介然有知，行于大道，唯施是畏"，这是讲开始把"大道"放在心里，去遵行于道，唯恐走偏。"大道甚夷，而人好径"，这里"夷"是平坦之意，"径"乃小路、邪径之意，是讲"大道"非常平坦，而治理者偏喜欢走小路。"……是谓盗夸，非道也哉"，指治理者奢靡享乐不管人民死活的行为是"强盗头子"，而不是遵行大道。

第五十九章出现1次："是谓深根固柢，长生久视之道"，这是讲在治理国家上坚持节制收敛，早早服从于"自然之道"，才是保持根基稳固、长久不衰的良策。

第六十五章1次："古之善为道者，非以明民，将以愚之"，"明"王弼注：

---

① 冯友兰：《中国哲学史新编》，人民出版社，1962年，第264页、第266页。

"谓多见巧诈，蔽其朴也。"①"愚"河上公注："使朴质不诈伪也"②，这是说古时善于遵道而行之人，不是使百姓越来越智多巧诈，而是使人民越来越质真淳朴，也就是引导人们明晰"大道"之理。这是老子善的最高体现，所以他说"不以智治国，国之福"。

第六十七章 1 次："天下皆谓我：'道'大，似不肖"，这是说世人都说我的"道"太大，看似不像任何具体的事物，这是描述了"道"孕育万物、博大无边的特点，特别是"道"中还蕴含着"无限（形）"的事物在内，更是难以"名"之、形容之。

第七十三章 1 次："天之道，不争而善胜……"这又在强调"天之道"的规律，是不争、不言、不召自来、绰然善谋的"自然"特点，与人为的争夺、巧言的善辩、功利的诉求、阴谋的心机，形成鲜明的对照，也是老子哲学与儒家、法家、墨家等道德价值体系的最大区别。

综上，《道德经》中关于"道"的阐述，虽然字面上出现了 73 次（含题目），但实际上八十一章中对"道"的阐释远不止于此，作为老子哲学体系中师法自然之"道"的最高标准，"道"意可谓贯穿全篇，并且多处通过"天之道"之"自然天成"，反衬"人之道"之诸多不足，谕示"人之道""和顺"于"天之道"之万分重要性。"天之道"的地位正如本书开始时我们描述的那样，是全部宇宙、天地人之生成、存在、发展、衍变的最高涵盖和规律、奥妙所在，于道德价值体系构成中来说，它也具有先天之优势，其地位要高于德、仁、义、礼等后生的人格道德元素地位，下面再予详说。

其次说"德"。

"德"字在《道德经》全书出现 45 次（不含题目），内容涉及 16 章，就出现频率来说属于的中频词。虽然出现频率不很高，但其涉及的语义内容比较广，解释和定义起来也较模糊，亦需逐一分解。

---

① （魏）王弼著，楼宇烈校释：《老子道德经注校释》，中华书局，2016 年，第 167 页。
② （汉）河上公，（唐）杜光庭，等注：《道德经集释》，中国书店，2015 年，第 89 页。

"德"字,《辞海·语词分册》有①道德;德行。如:美德;德才兼备。②恩德;好处。③感德。《左传·成公三年》:"然则德我乎?"④中国哲学术语,认为具体事物从"道"所得的特殊规律或特殊性质①。《管子·心术上》"德者道之舍"等解释。

以上词意,《道德经》中涉及①④意较多。但对第④意本人不赞同管子"德者道之舍,物得以生生"②的说法,而同意韩非子"'德'者,'道'之功"③的理解。因为就"道"(无论"天之道"还是"人之道")之构成来看,其并不是虚无的存在,而是难以言表的"物"的存在。"德"是"道"派生的不假,但"德"不是虚无的"道"显形的载体,而是"道"在有限的人类社会的具体体现。换言之"道"乃"德"之母、"德"之本,"德"依"道"而生,"德"是"道"体现在人身上的一种可以言说的属性,其根源还是来源于"道",所以"德"的产生有赖于"道"之功劳。这不是"无"向"有"的化生,而是"无限(形)"向"有限(形)"的递进。也唯其如此,无论从"道"和"德"各自所覆盖的范围、所产生的功能,还是从两者在老子道德价值体系的位置看,它们都不能完全画等号,是有本质区别的,这一点会在后面论说。在某种意义上来说,"德"更近于"人之道",这个"德"既有"法自然"之"上德"的表现,也有"违自然"之"下德"的不足,以上这层意思虽未明言,但已融入文中,在全书多有体现。

第十章出现1次:"生而不有,为而不恃,长而不宰,是谓玄德",这一章与第五十一章最后出现的"德"句完全一样(有人怀疑第十章此句原无,是后人附加,笔者不认同。这句概括了"玄德"主要内涵的重要的话,说两遍也是可以理解的。),这句话是对"玄德"的描述,即"自然之道"生成了万物而不去占有它,养育了万物而不去自恃其能,作为万物之母而不去任意宰割它,这才是"深得'自然'真髓的德性"。这里实际说的还是自然的"道意",但因为是比拟人类的"有""恃""宰"感情来说的,也是用来教喻治理者和民众的,所以这个

①《辞海·语词分册》,上海辞书出版社,1977年,第840页。

②(唐)房玄龄注(明)刘绩补注,刘晓艺校点:《管子》,上海古籍出版社,2015年,第840页。

③(战国)韩非子著,张觉译注:《韩非子全译》(解老篇),贵州人民出版社,1992年,第276页。

"道"只能在人身上作为"道之舍"（也即是"人之道"），体现为"玄德"，因为人不可能做到"营魄抱一"而彻底地"无离"，所以"玄德"在老子道德价值体系中，已经是人类能达到的很高的"道（即'人之道'）"的境界了。

第二十一章出现 1 次："孔德之荣，惟道是从"，此处陈鼓应先生解"德"为："'道'的显现与作用为'德'"[①]。笔者认为，更确切地说是"道（天之道）"在"有限（形）"的人类社会中的体现和效用为"德"，这个"德"承载了"人之道"的大部分内容。所以该句意为最大的道德形态（"人之道"），因为其是"道"的体现和映衬，所以其彻底"和顺"于"道"。由此延伸到"德"的形象受"道"的影响，它也是"惟恍惟惚"的，不是那么摆在外面、挂在嘴边、一目了然的，但它又是确实存在、"其中有信"的，也是自古以来不容置疑的。

第二十三章出现 4 次，在前文解释"同"时已有涉及，笔者以为"德者，同于德""同于德者，德亦乐得之"，虽主要涉及的是对王侯贵族的建议，相对于其"不道""不德"行为来说的，但广而言之，也有强调"职业道德"之意，所谓在商言商、在政言政，在"德"也要言"德"、信"德"，言"德"、信"德"，人民才会信服治理者，儒家强调仁者爱人、以仁治天下，也是这个道理。

第二十八章出现 3 次：讲了"常德不离""常德不忒""常德乃足"三种境界，"常"参照马王堆汉墓出土《老子》甲、乙本此处均为"恒"，此"常"应为"恒常"之意，也只有恒常的"德"，才能达到"复归于婴儿""复归于无极""复归于朴"的"天道自然"效果，其前提是通过"知雄守雌""知白守黑""知荣守辱"的道家提倡的方式得到的（这一章"复归于无极"前面已详解）。

第三十八章出现 10 次，因涉及道德架构体系，此处先不讲，留待后说。

第四十一章出现 3 次："上德若谷""广德若不足""建德若偷"，笔者以为，此"上"同"尚"，清末学者俞樾（1821—1907）认为"建"通"健"，言"刚健"之意[②]，"偷"此处有"倦怠偷闲"之意，故解为"高尚的德好像低矮空阔的山

---

① 陈鼓应注译：《老子今注今译》，商务印书馆，2016 年，第 156 页。
② 俞樾：《诸子平议》，中华书局，1954 年，第 152—153 页。

上 篇 | 099

谷""广大的德好像有不足之处""刚健的德好像懒散倦怠的样子"。

第四十九章出现 2 次:"……吾亦善之;德善","……吾亦信之;德信",此处"德"字,为"得"字之假借,言统治者对人民一视同仁地推行善举、信德,就可以使天下人向善、向信了。

第五十一章出现 5 次,其中最后一个"玄德"第十章处已解;其余四处为:"道生之,德畜之""是以万物莫不尊道而贵德""道之尊,德之贵……""故道生之,德畜之",这是言"天之道"乃"德"之本,"道"生了万物,"德"畜养了万物,万物因此而以"道"为尊,以"德"为贵之意。

第五十四章出现 5 次:"其德乃真""其德乃余""其德乃长""其德乃丰""其德乃普",这是讲五种修"德"情况下,所得结果是他的"德"可以分别达到"真实淳朴""润泽有余""盛兴长尊""丰盛利民""普惠万物"的效果,此处实际上是说"修德"的重要性,所谓"德"之昌盛,"道"不远矣,这个"道"实际上是指称"天之道"。

第五十五章出现 1 次:"含德之厚,比于赤子",这是说德行深厚之人,就像初生婴儿那么朴实淳真。

第五十九章出现 2 次:"早服谓之重积德,重积德则无不克",这是说早早地顺从"天之道"而为,就是"积德行善",积德行善就会无往而不胜。

第六十章出现 1 次:"夫两不相伤,故德交归焉",这个"伤"笔者认为有"侵犯"之意,其意前面有解,故不重复。

第六十三章出现 1 次:"大小多少,报怨以德",这是讲道家理念上的以小为大,以少为多,以德行来报答怨恨,但此处"报怨以德"多家认为与上下文不相关联,应是与第七十九章混淆了。

第六十五章出现 2 次:"是谓'玄德',玄德深矣,远矣,与物反矣……",此处之"反",传统上有两种看法,河上公以为此"反"即相反之意,"玄德之人,与万物反异,万物欲益己,玄德施与人也"[①]。王弼解为"反其真也",其意

---

① (汉)河上公、(唐)杜光庭,等注:《道德经集释》,中国书店,2015 年,第 90 页。

为"返"，即"返璞归真"①。对于两者之解，笔者我认为两意皆可，但河上公之解似乎在此更为贴切。故解为"深得'自然'真髓的德性（前面已解，"玄德"即为"和顺"于"天之道"的"人之道"）"玄妙悠远，与姿纵的物欲截然相反。

第六十八章出现1次："是谓不争之德"，此处"不争"非只字面之"不争"，而是指深谙"自然之法"的"不争"，体现在人的身上，即以"德"配，其意应为：这才是深谙"自然之法"的"不争"之德。

第七十九章出现3次：第一个"报怨以德"在六十三章中已解，后两个为"有德司契，无德司彻"，"契"原意为"契证"，类于现今之"合同"，此处即为借款合同，俗称借据；"彻"《辞海》解乃周代的税法，"司彻"乃管税收意②。所以此句意为有德之人拿着借据作为凭据，不急着去催收，言为人宽厚，无德的人，就像催税一样苛责，言毫无情面。

由上可见，老子在《道德经》中提出了多种"德"与"不德"的概念，如"修德"在第五十四章提出5次；"玄德"先后于第十、五十一、六十五章提出4次；"常德"于第二十八章提出3次；"上德"于第三十八、四十一章提出3次；"同德"于第二十三章提出了2次；"贵德"在第五十一章提出2次；"积德"在第五十九章提出2次；"孔德""不争之德""广德""建德""厚德""归德""有德"，分别于第二十一、六十八、四十一、五十五、六十、七十九章中各提出1次。反面的"下德""不失德""无德"分别在第三十八、七十九章各强调1次。

那么，老子在他的道德价值体系中，把"德"放在人类社会"天之道"的蕴含者、追随者、实施者的不凡地位，力主推崇"玄德"、遵循"常德"、追求"上德"、明辨"广德"、"建德"，治理者要做到"有德"、"归德"、施行"积德"和"不争之德"之举，反对"下德""不失德""无德"的行为，人民和治理者都要秉持"贵德""厚德"的宗旨，努力做到"修德"以完善自己，更好地师法"自然"，行"德"于世，把"道"发扬光大。

---

①（魏）王弼著，楼宇烈校释：《老子道德经注校释》，中华书局，2016年，第168页。

② 辞海编辑委员会编：《辞海（1979年版）》（缩印本），上海辞书出版社，1980年，第798页。

这里一切的根本，还在于"德"法"自然"，"德"的一切特点和属性都是"道"赋予的，在治理者来说，守"德"即是守"道"，在人民来说，顺"德"即是顺"道"。在现实的表现来看，因为社会生活是丰富多样的，那么"德"的具体表现形态也是丰富多样的，但比较来看，"守德"和"顺德"的关键还在于"玄德""上德"和"修德"。"玄德"是"道法自然"的最根本的体现，"上德"是道家追求的最高境界，"修德"则是达到"上德"境界的重要途径，三者缺一不可，共同构成了悟德、修德和"德治"的必需元素。这个"德"的解说，实际上是以"人之道"中"上德"和"失德"的多种正反面情况为样本，要求"人之道"恪守"上德"摒弃"下德"和"失德"行为，"和顺"于"天之道"，并最终归真于"天之道"的最好诠释，也是"人之道"离不开"和顺"元素，以"和顺"为归旨、为遵循的最好说明。

再次说"仁""义""礼"。

"仁"作为老子哲学道德价值体系中的元素之一，全文仅在五章中出现 8 次，远远低于"道""德""善"等核心内容。这也说明"仁"在《道德经》中的地位并不高，但就其在中国传统文化理念中的重要地位看（如在儒家思想中之地位），与"义""礼"等元素一样，都是不可缺少的，它同时也是老子哲学道德体系中必要的一员。

其在《道德经》中第一次出现是在第五章，即非常有名的"天地不仁，以万物为刍狗，圣人不仁，以百姓为刍狗"，这两个"仁"都是"仁爱""仁慈"之意，这是直白地诠释"天地无好恶"的理念，体现了老子坚定的唯物主义立场，即"天地"都是自然的产物，并未有人类的感情，其对待万物如对待"刍狗"一样，作为用来祭祀的以草编织成的狗，其在祭祀时的装饰打扮和祭祀后的弃之如敝屣，都是随其"自然"作用的，没有什么偏好。苏辙解为："结刍为狗，设之于祭祀，尽饰以奉之，夫岂爱之，适时然也。既事而弃之，行者践之，夫岂恶之，亦适然也。"[①] 而圣人作为"自然"之法的施行者，对百姓也应无有偏好，正所谓"善

---

① （汉）河上公，（唐）杜光庭，等注：《道德经集释》，中国书店，2015 年，第 285 页。

者，吾善之；不善者，吾亦善之"，这样才能"德善"（让善得到广泛传播）。这是对圣人或合格治理者力行"人之道"，"和顺"于"自然"的基本要求，否则治理者带着个人私心和偏好去待人，必然违反了"自然之道"，其效果也不会好。可见，老子是反对奴隶社会所谓的"仁政"的，因为在春秋战国时代诸侯乱战、民不聊生的情况下，很难有"仁政"的站脚地位，而"仁"字反而更多地用在王侯发动战争、侵蚀民利的借口而已，这里的"仁"就已经堕落为"假仁假义"了。而对于"仁爱""仁义"本身的意义，老子并没有明确反对，这一点需要我们客观地对待，不能一说"天地不仁"，就是老子不讲仁义，而贸然下定论。

第八章出现 1 次："……与善仁，言善信……"，这个"仁"即"仁爱"，这是形容水之美德，善于与人真诚仁爱，这种"仁爱"，老子是推崇的。

第十八章出现 1 次："大道废，有仁义"，这里的意思与第五章同，即大道偏废了，出现了统治阶级所说的"仁义"。这个"仁义"是用来蒙骗百姓，是为了统治阶级个人私欲服务的，不是真的"仁义"，所以老子讲"失道而后德，失德而后仁……"，这个所谓"仁"，是"人之道"偏离"大道"的体现。

第十九章出现 1 次："绝仁弃义，民复孝慈"，这也是讲杜绝了统治者口头的"仁义"，复归于"大道自然"的善治，百姓才能恢复淳朴的"孝慈"之心。

第三十八章出现 3 次，下文再解。

"义"是个低频用词，仅在 3 章中出现了 5 次。

第十八章中出现 1 次：即"大道废，有仁义"，刚才已解，不再赘言。

第三十八章出现 3 次，下文再解。

第十九章出现 1 次，即"绝仁弃义，民复孝慈"，这个"义"不是真"道义"，而是周天子和诸侯王口中的假"道义"。

"礼"与义一样，所用很少，仅在 2 章中出现 5 次。

第三十一章出现 2 次：兵者"言以丧礼处之"，"战胜以丧礼处之"，两个"礼"都是讲"礼仪"之意，即用兵乃不祥之事，其礼仪不论胜败，皆是采用"丧礼"方式去处理，反映了老子反对不义之战的思想。

第三十八章出现 3 次，下文再解。

三是其他传统道德价值元素也多有涉及。

首先说"智"。

"智"。"智"意与儒家作为"五常"之一的"智"含义明显不同。

《道德经》中一般都把智作为"朴"的反面，即不淳朴、机智巧诈、以巧诈治国等意来运用。客观上来讲，这与老子生活时代的特殊性，即智辩之士横生有关。他们往往置百姓的利益于不顾，抱着个人欲望，用各种支持"礼崩乐坏"的"巧辩之理"去鼓动王侯征伐混战，以求个人从中渔利，在某种程度上说，起到了助纣为虐的作用。老子作为当朝"史官"的直接见证者，对此深恶痛绝，所以对"智"才有了矫枉过正的理解。"故以智治国，国之贼"，这在《道德经》中已经进行了直言不讳的表述。主观上讲，老子认为这种人为的"智诈巧辩"本身又与"自然之道"大相径庭，除了坏了世道（即"人之道"）人心，还与"道"逆反，所以应予坚决排除。当然，儒家所讲的聪明、智慧等老子并不反对，如冯友兰先生所说，老子还是认可"甘其食，美其服"的人类社会依靠智慧取得的进步的①。但这个"智"在老子观念中，必须用在顺应"自然"和利用"自然"之道为人类造福上，而不是用在相反的地方。

同时因"智"古语中与"知"相通，而"知"本身又有知道、了解、认识、自知等意，与"智"意不同，所以经鉴别，全书三十二章出现 62 处"知（智）"中，53 处为现今的"知"意，就不再分解，其余 9 处有"智"意的，分解如下。

第三章 2 次："常使民无知无欲，使夫智者不敢为也"，第一个"知"，乃指"巧诈的心智"，第二个"智"则指"自诩聪明的人"。在老子的理念中，这两种情况都是离"大道"很远，应予以反对的现象，只有使广大百姓没有巧诈的心理和过度的欲望，归于自然纯朴的生活，才能使得巧诈之士没有立身之地，才能达到"人之道"中一些"逆道"行为上的"无为"促使一切顺应"自然之道"有为的善治境界。

第十章 1 次："明白四达，能无知乎？"这是又一次强调了遵循大道的重要

---

① 冯友兰：《中国哲学史》上册，华东师范大学出版社，2000 年，第 146 页。

性。要求治理者明事达理，辨伪存真，不要用机巧智诈治国，正所谓"以智治国，国之贼"。

第十九章1次："绝智弃辩，民利百倍"，这里需要说明的是，河上公等通行本所用都是"绝圣弃智"，而《道德经》对"圣""圣人"等在其他所有地方都是指深谙"自然"之理、通行"大道"之人，唯此处出现逆反，有所反常。而郭店简本作为早于河公本的旧本，则是"绝智弃辩"[1]，怀疑河公本为后人所改，故采用郭店本句。这是说不用违背"自然之道"的智巧诈辩来治理国家，对于百姓是大为有利的，体现出老子以民为本的治国思想。

第二十七章1次："……不爱其资，虽智大迷，是谓要妙"，这里的"智"是指聪明、智慧，"要妙"是老子追求的深通"自然之道"精要玄妙之处的一种境界。这句的意思是讲不明白"善道"的高明之处和不"善道"的失败的道理，再聪明的人也会迷失方向，这是把握"大道"要义之根本。

第三十三章1次，这章实际出现四个"知（智）"，但其他三个都是知道、了解之意，只有"知人者智"中的"智"，是说的了解、认识别人的人有智慧，可见老子也是承认正常聪明、智慧存在的。

第六十五章3次："民之难治，以其智多"，"故以智治国，国之贼；不以智治国，国之福"，这里仍然强调"智诈狡辩"的危害性。这里的意思是人民难以治理，其原因在于"智诈狡辩"太多，所以以"智诈狡辩"治国，会成为危害国家、人民的乱臣贼子，反其道而行，以"自然大道"治国，则是国家之福、百姓之福。

同时，第三十八章中"前识者，道之华，而愚之始"，河上公将"前识者"解为："不知而言知为前识"[2]；王弼解为："竭其聪明以为前识，役其智力以营庶事……[3]"，二者都把"前识"理解为先见的"聪明""智慧"等意，老子把这个"智""智慧"理解为"道"的皮毛。

---

① 杨丙安著，杨雯整理：《老子古本合校》，中华书局，2014年，第76页。
② （汉）河上公，（唐）杜光庭，等注：《道德经集释》，中国书店，2015年，第53页。
③ （魏）王弼著，楼宇烈校释：《老子道德经注校释》，中华书局，2016年，第94页。

其次说"信"。

"信"字在《道德经》中除了有诚实、讲信用、不失信之意，还有一种"自然之道"的淳朴真实之"信"和宇宙运行"规律"之意（这是老子哲学眼光远超越于其他各家的鲜明特点），其意与"华美不实""混乱无序"等相对立。全文中共在七章中出现14次，分解如下。

第八章1次："……与善仁，言善信……"，这是讲出言必守信。"上善者"言出必行之意，是老子非常赞许的一种行为。

第十七章2次："信不足焉，有不信焉"，这里第一个"信"是指守信用，第二个"信"是指相信之意，即周天子和诸侯王如果不守信用，那么人民也就不会相信他。老子之意善治也是"信治"，统治者只有坚持诚信，才能取信于民。

第二十一章1次："……其精甚真，其中有信"，这里的"精"的解释说法众多，一些老学专家将其定义为"精微的物质"，也有人把它定义为"精气""精力"，甚至有人把它解释为"生殖之精"等。笔者觉得虽几种解释都有其根据，但从老子观照宇宙、通解"有限（形）""无限（形）"之理并在此是强调"道之为物"的高度看，老子应该是参透了"宇宙之微"和"宇宙之变"的基础上，对于"道"之构成内在变化关系的一种判断。即宏大的宇宙中、浩渺的无限中，"夷""希""微"的东西是肯定存在的，"不可致诘"的原因，是那个时代没有科技手段、科技设备来观察研究。现在看量子力学已经发现了量子运动"纠缠"的规律，生物学也发现了DNA遗传物质携带着大量的遗传信息，实际是包括人在内的各种生物繁殖的内在规律和依据等。这说明老子的判断完全正确，不论哪家说的，都有其合理之处。所以从这个角度说，"精"应该是宇宙中所有蕴含"大道"规律的精微物质的总称，都可以代表这个"其精甚真"的"精"，建议就不要再争论了。回到正题，这两句话的意思是宇宙中所有的精微物质是真实存在、不用怀疑的，这些物质中蕴含着宇宙、天地人运行、演化的规律，这个规律恒常存在、永信不变。

第二十三章2次：与十七章同。

第三十八章1次，后解。

　　　　　　　　　　　　　　　　　　　　　　　　老子新论新解

第四十九章 5 次："信者，吾信之；不信者，吾亦信之；德信"，这是说诚信的人，我信任他；不诚信的人，我也以诚信待他，这样可以使诚信在天下得到推广。这既是老子对治理者的要求，也是"天道无好恶""天道无亲"的道家道德价值观的一种体现，与儒家"亲亲为大""尊贤为大"[①] 思想形成强烈对比。

第八十一章 2 次："信言不美；美言不信"，这两个"信"皆是形容真实不欺（符合自然）的意思，是讲真实不欺的语言朴实无华，不会华而不实；华而不实的语言则往往虚夸不实，不值得信任。

最后，说"美（好）""爱"和"（孝）慈"。

"美"字主要有"美好""高兴""华美""易于"等意；"好"字，读 hǎo 时，有"美好""友爱""和睦"之意，读 hào 时，乃"喜好""爱好"之意。尽管这两个字在《道德经》中出现不多，但作为道德价值判断的重要元素，也需在此梳理解说一下。

全文"美"字出现 9 次，"好"字出现 3 次，分别为如下。

第二章 2 次："天下皆知美之为美，斯恶已"，这是说天下人都知道以美为美，不遗余力地去追求美，这就是坏事了。王弼注曰："美恶犹喜怒也，善不善犹是非也。喜怒同根，是非同门，故不可得而偏举也。"[②] 这体现了老子"物壮则老"的辩证思想，"自然"造化人都是要正反相对、好坏相伴而生的，单纯强化一个方面，则往往会适得其反，走向"月盈则亏"的结果。况且在那个时代伪善丛生，嘴上都说这是利国利民，难保其中不会有用美好的言辞掩盖其行欲行恶意图的伪善者、伪美者。正如老子说的"信言不美，美言不信"，每个人都说得天花乱坠，有几个是真为国泰民安呢，而且这也与老子"见素抱朴"的思想截然相悖，是其所不赞成的，其中两个"美"都是"美好"之意。

第三十一章 2 次："胜而不美，而美之者，是乐杀人"，这是讲战争不是什么让人高兴的事，胜了也是给人民带来荆棘丛生、民生凋敝的结果，而乐意看到这

① （春秋）孔丘、（战国）孟轲，等著：《四书·五经》，北京出版社，2006 年，第 192 页。
② （魏）王弼著，楼宇烈校释：《老子道德经注校释》，中华书局，2016 年，第 6 页。

个结果的，是残暴嗜杀之人，其不可能得到天下人的支持和拥戴。

第六十二章 2 次："美言可以市尊，美行可以加人"。需要说明的是，此句采用《淮南子》"道应""人间"①两篇所引说法，原因在于①马王堆汉墓辛追生卒年（前 217—前 168）与《淮南子》成书年代（早于刘安向武帝献书的前 139 年）相近，二者版本未达到一真一假的明显时间差距，况且以身份、地位来看，刘安（淮南王）在那个权贵掌握文献的时代，其版本真实度也应不会比辛追差；②汉帛版上下句明显不对举，更不押韵，这不符合老子语言特征；③引用淮南版解释起来文理更加相通。

这里两个"美"也是"美好"之意，是指美言善辞可以换得尊敬，美行善举可以为人的身份地位加分，说明了美好言行的效果。

第八十章 1 次："甘其食，美其服……"，这是讲让百姓有甘甜的食物，华美的衣服，达到安居乐业的效果。

第八十一章 2 次："信言不美，美言不信"，这两个"美"是指浮华、华美之意，句意前已有解，不予赘述。

"好"字出现 3 次，分别如下。

第三十章："……不以兵强天下。其事好还"，"好"读三声，意为"易于"，这是讲以战争征服天下，这个事容易带来报应。

第五十三章 1 次："大道甚夷，而人好径"，这个"好"读四声，意为喜好，是说大道本来很平坦易行，但偏有人喜欢小径、不走正路。

第五十七章 1 次："我好静，而民自正"，这个"好"同于上意，是指我喜欢清静无为，不干扰百姓正常生活，百姓就能按"自然"正道而行。这体现了老子反对违"道"乱为的思想。

"爱"字主要有喜爱、爱惜、喜好之意，全文出现 5 次。

第十章 1 次："爱民治国，能无为乎"，这是说推行爱民治国的善治，能顺应自然而不违背自然吗？

---

① (汉）刘安等著，许匡一译注：《淮南子全译》，贵州人民出版社，1993 年，第 707 页、第 1077 页。

第十三章 1 次："爱以身为天下，若可托天下"，这个"爱"有爱惜之意，是指像爱惜自己身体一样爱惜天下，才能把天下托付给他。

第二十七章 1 次："不贵其师，不爱其资，虽智大迷……"，这个"爱"乃爱惜、珍惜之意，是说不珍惜不善"道"者的教训，虽很聪明也会迷失方向。

第四十四章 1 次："甚爱必大费，多藏必厚亡"，这个"爱"仍是爱惜之意，是言过于爱惜自己的名声，必然导致极大的耗费，过多地藏货必然导致巨大的损失。

第七十二章 1 次："是以圣人自知不自见；自爱不自贵……"，这是讲圣人要有自知之明，不能自以为是，过分爱惜自己（的权势地位），不能自恃高贵而傲慢。

"（孝）慈"。"慈"字主要有慈爱、和善之意；"孝"字指尊敬、孝顺，两字在中国传统伦理道德中常常同时出现。

"（孝）慈"二字联用的出现以下 2 次。

第十八章出现 1 次："六亲不和，有孝慈"，王弼解为："六亲，父子、兄弟、夫妇也。若六亲自和……则孝慈……不知其所在矣"[1]，这里的"孝慈"联用，正是指父慈子孝之意。

第十九章出现 1 次："绝仁弃义，民复孝慈"，这是说把口头的假仁假义弃绝了，百姓淳朴的孝慈之心就恢复了。

单独用"慈"字出现了 5 次，都是在第六十七章："一曰慈，二曰俭，三曰不敢为天下先"，"慈故能勇，俭故能广，不敢为天下先，故能成器长"，"今舍慈且勇；舍俭且广；舍后且先；死矣"，"夫慈，以战则胜，以守则固。天将救之，以慈卫之"，五个"慈"实际含在老子治国"三宝"之中，都是慈爱之意。老子认为三宝乃道家治国之道（"人之道"的范本），圣人慈爱民能勇毅，俭啬国能厚广，不为先能成天下之真正统帅，而春秋战国时代却与之相反，假慈、假俭、假让，结果必亡。真正的慈爱，才能换来进退有据而立于不败之地，这是符合"自然大

---

①（魏）王弼著，楼宇烈校释：《老子道德经注校释》，中华书局，2016 年，第 43 页。

上 篇 | 109

道"的,"大道"拯救谁,就用慈爱来保护谁。

老子哲学思想中的道德价值元素非常丰富,也非常有特色,如上面刚解的治国"三宝"观,爱民惜民的俭啬观,"治大国若烹小鲜"的随顺自然观,无私而后私、为"下"得民心、知止不殆、"早服"能长久的执政观等;在道德判断标准上,则提出弱胜强、柔胜刚、壮老亡、盈必衰、慎取予、后身先等独特价值观念;在道德修行上,则主张和同尘、挫锐纷、损妄欲、抱素朴、求清静、合阴阳、辩祸福、修"五德"、褐怀玉、归婴儿等,从而达到师法自然、复归于无极的"大道"境界。其中有些元素我们已经涉及,有的后面部分还要涉及,由于篇幅所限,这里不再多说。

2.《道德经》"师法自然"的总体道德价值之框架分析

通过前面的老子道德价值元素的梳理我们看到,《道德经》的道德价值体系,是以"师法自然"的"天之道"为最高标准。这个标准以人之生成以前的宇宙"自然而然"发生为准绳,用以衡量人乃至人类社会行为的善恶好坏、高低贵贱。因为人的生成,远远后于"道"及天、地,那么"人之道"之"法自然"与"天之道"之"自然",是一种可永远趋近、但又无法等同的距离。所以水之"上善"只能是无限"几于道","孔德之容"只能"惟道是从","知白守黑"只能复归于"无极",这是自然之"道"的先天优势所在。《管子》"德者道之舍"的说法,尽管在对"道"的是否物质性上值得商榷,但"道"体现在人的身上只能是"德"而不是"道"本身,这一点还是说对了。

那么在明确了"道"高于或者说优于"德"的基础上,"德"的情况又如何呢?老子在第三十八章中给出了明确答案。

老子在这一章开篇即言"上德不德,是以有德"。这是说明,"上德"是一种更接近于"自然大道"之德,其含有丰富的、我们在前面已经概括的"自然"发生作用的机理之特征,它又是"人之道"中的一种正确的"善治"方向,应该予以提倡。

如陈鼓应先生将此句解为："上德的人顺任自然而无心作为"①，这实际上是讲的我们前面概括"自然"发挥作用机理的第③点，即无好恶，自然而然，一视同仁；王弼解为"灭其私而无其身，则四海莫不瞻、远近莫不至"②，这体现了第②点，即无私无欲（无意志、无目的）；沙少海等解为"品德高尚的人，不在乎形式上的'德'，因此有德"③，这体现了第①点，即润物不言、不说教等。

这个"不德"最大限度地排斥了人的心理和语言上的个人"私"字一闪念，真正顺任自然不以"德"为"德"，不言德为"德"，从而做到苏辙描述的"纵心所欲不逾矩，非有意于德而德自足"④。

第二句"下德不失德，是以无德"。这是讲凡是"不失德"的就是"无德"。河上公解为："不失德者，其德可见，其功可称也。"⑤这是讲"德"露于外，为求其"功"之名号，凡有所求名号者，乃为"不德"，故称"下德"；王弼进一步解为：下德"求而得之，必有失焉。为而成之，必有败焉。善名声，则有不善应焉"⑥这是说求名而为，执着于"德"，违反了老子"为者败之，执者失之"的自然之道，只能列入"下德"之列。

笔者认为"不失德"还应有一个表现，那就是想顺乎于道、追求"上德"，但因为体悟不深、做不到位，心里总怕"顺任自然"会出错，所以心有戚戚焉，唯恐作出"不德"行为。如许多嗜酒者都会酒醒后询问别人"我昨天喝多了吗""我失礼了吗"等，这就是一种较为极端的"不失德"行为。其原因还在于没有做到"上德"的"不德"境界，但毕竟其还有追求"德"的祈求，比起借酒生事、以酒"闹杂"的人要强多了。

第三句"上德无为而无以为"。北宋陈景元解为："夫有上德者，性受自然之至妙，命得元气之精微，神贯天地，明并日月，无思无虑，心自无为，忘功忘名

① 陈鼓应注译：《老子今注今译》，商务印书馆，2016 年，第 219 页。

② （魏）王弼著，楼宇烈校释：《老子道德经注校释》，中华书局，2016 年，第 93 页。

③ 沙少海、徐子宏译注：《老子全译》，贵州人民出版社，1989 年，第 75 页。

④ （汉）河上公，（唐）杜光庭，等注：《道德经集释》，中国书店，2015 年，第 314 页。

⑤ （汉）河上公，（唐）杜光庭，等注：《道德经集释》，中国书店，2015 年，第 51 页。

⑥ （魏）王弼著，楼宇烈校释：《老子道德经注校释》，中华书局，2016 年，第 93 页。

迹，无以为用也，谓无用己为而自得也。"①这是讲顺其自然、无忧无虑，既不去做什么逆"天之道"而为的事，也不想为着什么"人之道"去作为，达到了"忘我"的境界了。

第四句"下德无为而有以为"。本来"无为"是好的，这一"有以为"，又与"大道"之"自然"相去甚远了。苏辙解为"无为而有以为之，则犹有为也。唯无为而无以为者，可谓无为矣"②，这种"有以为"实际上是带有了个人欲念的意识，怕"无为"掩盖了个人的美名，这也就达不到"上德"的标准了。

第五句"上仁为之而无以为"。既然"为之"了，就称不上"德"了，而只能降身为"仁"的系列。因为"仁"是要你去"爱人"，是有意识地去做，这在老子讲究纯系自然的"天地不仁""圣人不仁"的体系里，就存在一定距离了。但毕竟这个"为之"在统治者而言是"因民所利而利之"③，含有顺应民之自然所求的因素；在百姓自身而言，一般也是首先发于本性去"亲其亲"，不求什么回报，所以，"上仁"还是得到老子一定认可，属于"人之道"里"和顺"于少量"自然"之行为，大约列于其道德价值体系的"中品"地位。

第六句"上义为之而有以为"。这就在"为"和"有以为（有目的）"上都混入了个人意念，这就离"自然"较远了。正如前面我们所讲的，如果"仁"还含有一定自然本性在内的话，那么"义"虽然也算善举，但这个善举是要张扬出来给别人看的，甚而不排除个别人利用所谓的"义举"获得个人名利之欲望，这在老子时代应该是屡见不鲜的。这个所谓的"人之道"，就与"自然大道"的距离相去甚远了。正如河上公所断言的那样"谓义以断害也""动作以为己，杀人以为威，赋下以自奉也"④。所以"义"在老子道德价值体系中，位置比较低，特别是在"服文彩，带利剑，厌饮食"的一些侯王口中的"义"，老子是不提倡的。当然，真正地为民为国舍生取义的"大义"，如为民"浑其心"的无私之义、为国受

①（汉）河上公、（唐）杜光庭，等注：《道德经集释》，中国书店，2015年，第457页。
②（汉）河上公、（唐）杜光庭，等注：《道德经集释》，中国书店，2015年，第314页。
③（汉）河上公、（唐）杜光庭，等注：《道德经集释》，中国书店，2015年，第187页。
④（汉）河上公、（唐）杜光庭，等注：《道德经集释》，中国书店，2015年，第52页。

其"垢"、受其"不祥"的"高义"，老子是认可的，包括前面我们所举的抗战时期道教弟子的"大义凛然"、为国赴死，都是明证。只不过在春秋战国时代，要加以谨慎辨识，对于口头喊得凶的所谓"道义（人之道）"，要用"大道自然"的"天之道"的标准去衡量，听其言还要观其行，才能避免假仁假义盛行。

第七句"上礼为之而莫之应，则攘臂而扔之"。这个描述，真如同我们现在常见的有的超市中的派卖行为，说是派卖，实际类似于当面告诉你我这东西好"不买不让你走"的王婆卖瓜、强买强卖了。首先所谓"上礼"本身就是统治者制定的让人们"游饰修文礼敬之者"①的所谓"郊社之礼""宗庙之礼"②等等，对于百姓生活能带来什么好的效果不说，就其推行"礼"的方式，就为深得"自然之道"精髓的老子所不推崇、不提倡。庄子对此批评为，"屈折礼乐以匡天下之形，县跂仁义以慰天下之心，而民乃始踶跂好知，争归于利，不可止也"③，这是直接指出了"屈折礼乐，呴俞仁义"所带来的不良后果。其次以孔子为代表的早期儒家，在新兴封建阶级与落寞的奴隶制阶级势同水火的王权争斗中，还要幻想着"复兴周礼"，用这个"礼不下于民"的"周制"去约束新兴封建贵族，不仅不可行，而且明显不合时宜了。就连儒家自身孟子与荀子之间也在就复兴什么"礼"（先贤之礼还是今王之礼）而争论不休④，更是证明了那个时代"礼"的概念的混乱和功利目的，这哪还有一点"大道自然"的含义和味道。

第八句"故失道而后德，失德而后仁，失仁而后义，失义而后礼"。这四个"失去"的判断，就把我们前面分析的以是否"和顺""自然"为标准的"天之道""人之道"和是否顺应"人之道"要求的"玄德""上德"及"下德""失德"，乃至于"德"之后的"仁""义""礼"等不同层次的有机道德价值元素有效串联起来了。

---

①（魏）王弼著，楼宇烈校释：《老子道德经注校释》，中华书局，2016年，第242页。

②（春秋）孔丘、（战国）孟轲，等著：《四书·五经》，北京出版社，2006年，第191页。

③（清）王夫之：《庄子解》，中华书局，1964年，第84页。

④（清）王先谦撰，沈啸寰、王星贤点校：《荀子集解》，中华书局，1983年，《性恶篇》《非十二子篇》《非荀篇》等内容。

第一个所"失之道"，乃是以"自然"为所用的"天之道"。在老子看来，"天之道"在人类利用其名而去为"逆道"之事的那一刻，已经失去了其"本然"之意，特别在统治阶层来说，在他们打着替天行道的名义去干一己私利之事时，这个"天之道"已经退化成了"人之道"了。这个"人之道"既与"天之道"存在明显差距，它又不是用一句"人之道"善与不善来概括那么简单。

作为人类社会的治理之道、社会运行的秩序之道、人民生活的生存之道，以及人与宇宙、天地等自然环境相利相害的复杂关系的相互作用之道等的统称。这个"人之道"的复杂性、多面性、善变性、难以预料性等，在老子生活的春秋战国时代，表现得可谓淋漓尽致、一言难尽，又千奇百怪、丰富多彩，这个严峻的现实，也是老子先行定论"道可道，非常道；名可名，非常名"的重要原因。"天之道"之不存，"人之道"之混乱，"无限（形）"之"道"之隐微，"有限（形）"之"道"之曲解和任"名"（各揣私意，随意而"名"），还有"百家"对万物各以为是的误解，"神造说""迷信说"的盛行，等等，相当于把"道"的"真理"置于"架火以烤"的境地之中。"天之道"已经面临被误解、被篡改、被抹杀、被抛弃的危险之势之际。

所以，老子在《道德经》中，要坚持不懈地呼唤"天之道"的回归，用大量的篇幅段落描述其真实面目，即"自然大道"的难解难寻难回。同时，他不厌其烦地指出"人之道"之不足和缺陷，把其中的种种表现逐一作了标识和分类，以达到一一对比其高低、逐个说明其利害的效果，从而形成了以"天道自然"为最高标准的老子道德价值体系的总体框架，并以"和顺"于"天之道"为路径，指引世人放弃自我的偏执、抛弃个人的私欲、扭转"逆道"的局面，重回"自然大道"之坦途。

以老子"为学日益，为道日损"的眼光看，"四失"的过程，实际是与"天之道"运行相反的过程，"人之道"不仅在逆"天之道"而行，而且随着"天之道"的远去，各种道德价值观丛生、各种让人们遵守的礼法制度五花八门，各种假仁假义的诡辩惑乱人心，这绝不是什么好的现象。这种"舍慈且勇"类的行为只能导致人类文明"死矣"的结果。

故老子所说的是"失道而后德"，而不是"有道而后德"或"得道而后德"。因为这个"人之道"已经在一定程度上失去了"自然"的本原本真性，其所派生的"德"就更不遑多论了。而这个体现在"人之道"中的"德"，大家也能从我们前面对"德"的解析中看到其表象有多多、其内容有多混杂，这也就是其中夹杂着太多人为因素甚至被个人私欲所利用的结果。

由此我们看到，在诸多的"德"的表象中，老子认可的也只有"上德""玄德"与"天之道"之本意相去不远了，而"下德""不失德"等只能是"失道"之后的具体显像，列于"人之道"中，需要在"和顺"于"天之道"的过程中予以改造的内容。

"德"者，如果作为"道"在人世的载体，其又是"道之功"在"人之道"之体现，那么即便"下德""不失德"离"自然"很远，其经过"和顺"的改造，回归到"上德""玄德"也还可列入"德"之范围。那么到了"失德而后仁"的第二"失"以后，"仁者"也就剩下无功利的"爱人（如父母爱子女）"这点类"自然"因素了，到了儒家所讲求的"仁爱"这个"五常"之首时，不仅是个人为的号召行为，而且还需要通过"义""礼"去推进，显然它已进入不了"自然"的范围，只能忝列"人之道"之末了。

随着"四失"的一路下行，"失仁"之后的"义"、"失义"之后的"礼"，都是打着"自然大道"（实际上已经远离"天之道"了）的名义，依靠社会的（统治阶级）力量去强力推行，如过去武侠小说中的以武功高强、杀人为能的"江湖道义"和封建制度下的强制下的"三纲"，在现代社会还有多少立足之地呢？

这样的"四失"之后，在老子时代几乎仅剩下儒家所幻想着恢复的"礼"了。这个"礼（周礼）"可行吗？不可行。在孔子的孜孜以求、到处碰壁的十多年的"周游列国"中，实际上是以失败而告终。这样的结果，老子早在孔子"问礼"时就告诉了他："子所言者，其人与骨皆已朽矣，独其言在耳。且君子得其时则驾，不得其时则蓬累而行。吾闻之，良贾深藏若虚，君子盛德，容貌若愚。去子之骄气与多欲，态色与淫志，是皆无益于子之身。吾所以告子，若是而已。"① 老子之言不仅是对孔子高调的待价而沽、复兴周礼的态度的否定，而且是对于不合时宜的、虚伪的"礼法"的根本否定。正如老子在这章第九句中所言"夫礼者，忠信之薄，而乱之首"。

这句话笔者理解至少有两层意思，其一是：在老子看来，除"天之道"以外，宇宙万物是运动不息、不断变化的，如果说这个"周礼"在周朝早期即"文武"之盛世时期，武王、周公顺应"自然大道"治世推出"周礼"予以辅助，还能有所作用的话，那么在五百多年后的春秋末期，这个"周礼"显然已经过时，不可能再发挥"克己复礼"的作用了。其二是：从现实的表现看，之所以造成"礼崩乐坏"、诸侯割据、民不聊生的结果，不仅跟"礼乐"之不兴有关系，关键还在于奴隶制贵族与封建新兴阶级之间不可调和的矛盾所产生。这个结果，某种程度上正是"大周"的分封制、与"礼乐"挂钩的爵位世袭制推行几百年后形成的结果。"周天子"权力的削弱与各个诸侯权力的膨胀，使得对"天子"的忠信有的只停留在口头上，有的甚至连这层"遮羞布"也不要了，春秋诸强早已不把"周王室"放在眼中，任意"僭越"天子之礼，甚而打着"清君侧"的名义去发动战争，可见"忠信"早已不在，"周礼"也被利用，成为征战的理由，这个"礼"不仅违背了"自然法则"，而且早就蜕化成诸侯王和贵族手中的工具了，还有什么道德价值可言呢？

与此同时，被许多学派和所谓的能人异士所奉行的先见之"智"、"前识之明"又如何呢？老子认为此乃"前识者，道之华而愚之始"。如鬼谷（王诩，生卒年不详，一说是春秋时代卫国人，纵横家鼻祖，著作《鬼谷子》等）之算计天下、纵横之士之诡辩操控诸侯、某些名家之"白马非马"，都属于违反"自然大道"的诡诈智巧，打着"得道"的虚华之名，急功近利、盛行一时，实际上是惑乱人心、乱中取利、鱼肉百姓，使天下之乱变本加厉，百姓之生活更加水深火热，是文明之倒退、百姓淳朴本性之丧失。这才是国计民生之大敌，这才与用"自然

---

① （汉）司马迁著，陈伶编译：《史记全译》，三秦出版社，2007 年，第 203 页。

之道"唤醒世人之淳朴（将以愚之）的"愚"恰恰相反，而是真正的愚弄百姓、鱼肉天下了，这个"智"是老子坚决反对的。

故此，在老子的道德价值体系（见《老子哲学道德价值柱状图》）示意中，以"天之道"的"道法自然"因素的多寡为正向依据，以"人之道"中"和顺"自然、减抑人为（自利性）操控因素之强弱为反向标准，形成了老子道德价值体系的基本构成。"天之道"就是"自然"之本身，所以它处于以"自然"齐肩的高位，随着"四失"的下行，"德""仁""义"的柱形也在随着"人为"因素的增多而逐渐下行，到了"礼（智诈）"这个层次，已经几乎与"人为"的坐标指向相齐而列于最低了。故而笔者将这个道德价值体系概括为："修'德'无止境，顺'道'人以成"。

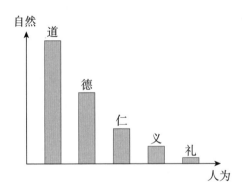

老子哲学道德价值柱状图

当然，我们这是在尊重老子《道德经》本意基础上所析理出的结果，而且前面有言，对于其框架中处于低位的"仁""义""礼"等元素，不是泛指的"仁""义""礼"之普遍意义。更主要的是，其在那个时代、那种语境及其被时代所扭曲产生的效果而论的。这里也不排除老子偏于强调"道法自然"所产生的"畸重"效应存在，再结合那个时代之危情下，老子也疑有矫枉过正之心。

故此，我们说不能因此否认"仁""义""礼"作为普遍道德价值元素，其在哲学、伦理学中之重要的、不可替代之作用，更不能否认新时代这些道德价值元素在社会主义核心价值观中的重要作用。如我们强调的"文明守礼""见义勇为""仁爱持家"等现今仍然应该大力提倡、身体力行，共同建设好社会主义现代化强国。何况老子反对的只是被扭曲、被利用的"仁""义""礼",他对于善治条件下利国利民的相关道德价值元素,甚至包括前面分析的"智""信""美(好)""爱""(孝)慈"等内容,它是不反对的,前面具体分析时都有所涉及,不再赘言了。

所以,老子在划定了道德价值的界限、明确了道德价值的构成正本清源、还道"自然"后提出"是以人丈夫处其厚,不居其薄;处其实,不居其华。故去彼取此"。这也就指明了在那个社会环境下,有心向"道"之人的"道德选择",即"舍弃那后者(彼、礼、薄、华),而采取这前者(此、道、厚、实)——崇道薄礼[①]",使得"人之道"更好地"和顺"于"自然",最终复归"天之道"的行列,这才是老子创作《道德经》之根本意图所在。

---

① 沙少海、徐子宏译注:《老子全译》,贵州人民出版社,1989 年,第 75 页。

老子新论新解

第三章
论"思"之老子哲学唯物辩证思想观念

作为"万经之首"的《道德经》，不仅是春秋末期宇宙根本的"自然"与神造、社会现实动荡与大同理想、人类生存危机与发展选择、文明进步与落后之间激荡斗争的真实反映和思想境界的最高体现，而且，从《道德经》总体文本上看，具有鲜明的睿智性和洞见性，字里行间随时闪现着文字的魅力、思维的多元和辩证的火花。我们在深入学习、体悟的过程中，时时为老子独特的见解所启发，为其科学的预见、远见所钦佩，为中华文字寓意的丰富厚重所折服，也为中国传统优秀文化之博大精深所震撼。

相对于世界上各种译本来说，尽管各国老学专家、学者对于转译的《道德经》有着各种各样的体会与解读，也提出了许多不凡的见解和高明的体悟，但只有作为土生土长的中国人，才能更好地对原著作品作出原汁原味的理解和分析，这一点笔者认为是生为中国人的幸运和骄傲。

唯物辩证法是"关于自然、人类社会和思维的运动和发展的普遍规律的科学"[1]，是马克思主义哲学的重要组成部分。它是在吸收和借鉴前人丰富的哲学成果（比如中西方古代朴素的辩证法、费尔巴哈的机械唯物主义、黑格尔的唯心辩证法）基础上，顺应时代发展需要而产生的科学的辩证法观点。这一观点"在唯物主义基础上，用对立统一规律、质量互变规律、否定之否定规律以及一

---

[1] 中共中央马克思恩格斯列宁斯大林著作编译局编：《马克思恩格斯选集》（第三卷），人民出版社，1972年，第181页。

系列的辩证范畴,全面系统地揭示了事物的普遍联系及其运动发展的源泉、状态和趋势"①。

作为中国哲学的始祖和中国宇宙哲学的开拓者,老子在《道德经》中较为全面地运用了唯物辩证的观点,广泛深入地分析和阐释了"道"与天地人、"自然"法则与社会发展、统治阶级阶层与平民百姓、个人追求与功名得失等的辩证关系,进而提出了一系列从他所在的时代看不同流俗,又被事实证明很有先见之明的看法和观念。尽管其中有些东西被当今学者冠以"朴素的古代辩证法"之名,但其思想并不因此而失去其睿智性、科学性和预见性,对于现今时代世界的发展,仍有着很强的启发意义、教寓意义和警示意义,读来值得我们深刻反思。

【 第一节 】

体现宇宙境界的对立统一洞见

对立统一规律又称为矛盾规律,是指无论自然界、社会生活还是人的思维中之任何事物,都包含着内在的矛盾方面。不同矛盾面之间既具有同一性,共同存在于一个事物内部,互相之间可以吸收对方有利于自己的因素而谋求自身发展;同时,矛盾面之间又有着不可调和的对立性,随时矛盾斗争,推动着事物的发展变化。而老子哲学也正是时时给我们展示了这样一幅图景。

1. 关于宇宙诞生及运动的对立统一观

老子哲学作为宇宙哲学,不是从人产生的那个时刻,也不是从天地生成那个时刻,而是从宇宙诞生那个时刻开始,就高举起了对立统一的辩证思想大旗。

---

① 王子彬、周根会主编:《干部哲学辞典》,天津人民出版社,1991年,第53—54页。

他认为宇宙的诞生就是作为万物之源的"混成"的"道"的内部对立元素，即"混沌"（无限、无形、无时的"奇点"）和"大爆炸"（有形、有时、有形）；"无限（形）"事物与"有限（形）"事物之间对立统一、既相互依存又相互斗争的结果。如此他才断言"有生于无"，并指出二者之间是"有无相生"的关系，后者是指的对立统一中的"同一性"关系，而前者是指的"对立性"结果，即通过斗争，推进了"无形"的混沌（奇点）和"无限"的宇宙向前发展，从而产生了"有形"的宇宙和"有限（形）"的天地人世界，相关内容在"道"之构成部分已经讲解，不再赘述。

那么这个宇宙及天地人诞生后它的状态怎么样呢？它仍然处在不断的对立统一运动和发展中。老子概括成"反者道之动，弱者道之用"，即"道"中对立的"正反"两个方面仍然在推进"道"及相关的世界万物在不断运动、不断发展，其表现是"大曰逝，逝曰远，远曰反"，"独立而不改，周行而不殆"这个规律主导着一切宇宙万物，所以其"可以为天地母"。同时，"道"所发挥作用的方式，也本着"自然"的标准，在"人之道"中的人类看来往往以"晦暗难识""润物无声"的"弱者"和"无限（形）"形象来体现，而"有之以为利"的"有限（形）"和一目了然的"强者"的部分，也只是由这"弱者"和"无限（形）"的事物而生，并且辅助其发挥作用而已，"无"（无形、空无）之才能"以为用"。这也反映出老子对"无限（形）"和"有限（形）"事物之间、强、弱事物之间对立统一关系的一种独特的、科学的理解。可以说辩证的对立统一观念，已经贯穿于老子哲学宇宙诞生及发展运动的全过程。

2. 关于物质世界产生和发展的对立统一观

这个"有生于无"的万物产生过程怎么样呢？老子具体解为一个辩证的对立统一过程，即"道生一，一生二，二生三，三生万物。万物负阴而抱阳，冲气以为和"。即由"道（天之道）"中的"混沌"（即无限、无形、无时的"奇点"经过"大爆炸"）生成了宇宙，宇宙中包含的"有限（形）"和"无限（形）"两个部分互相作用生成了天地人三者，由这"三者"特别是人类灵智以后反观、认识、发现、利用并命名形成了以"有限（形）"为主的万物，万物的特性是融合了"有限（形，也即'阳'的部分）"和"无限（形，也即'阴'的部分）"而生。而"万物"自身，又各自包含着"有限（形）"和"无限（形）、阴和阳等对立的部分，这两部分之间"冲气为和"，合成为一体，成为各具特色的世间万事万物。

万物产生以后，其各自运行发展状态怎么样呢？与宇宙一样，老子经过"致虚极，守静笃"的"观复"以后发现，"万物并作""夫物芸芸，各复归其根"，"阴阳和合"又"有限（形）无限（形）相冲"的万物，都在其内部对立统一的因素推进下，不断运动、不断在生死兴灭中往复，这个过程老子断言是"归根""复命"乃是万物运动之"常"，即恒常状态。他进而告知人类，"知常曰明"；"不知常，妄作，凶"，因为只有如此才能"道乃久，没身不殆"。可见对立统一的辩证规律在老子哲学中的重要性，特别是在认识和把握宇宙万物存在、运行和发展的"自然之道"的重要性上不言自明。

在各种事物之间的表现形式上，也是一种相互联系、对立统一的普遍存在，即"有无相生，难易相成，长短相形，高下相倾，音声相和，前后相随"。老子认为"有限（形）"的万事万物之间没有孤立独一的存在，而是在普遍的相互联系中存在和发展，整个世界就是由无数事物相互联系、相互作用构成的有机整体。如：有善必有恶、有美（美言、不信）必有丑（不美、信）、有盈必有亏（竭）、有曲必有全、有枉必有直、有敝必有新、有大必有小（细、微）、有多必有少、有轻必有重、有躁必有静、有寒必有热、有雄必有雌、有牝必有牡、有白必有黑、有宠必有惊、有荣必有辱、有为必有败、有执（得）必有失、有行（先）必有随（后）、有嘘必有吹、有刚（坚、枯槁）必有柔（弱、脆）、有强必有羸（灭、折）、有培必有隳、有厚必有薄、有实必有华（虚）、有此必有彼、有贵必有贱、有高（上）必有下、有反（奇）必有正、有上必有下、有进必有退、有明（皦）必有昧（昏、愚）、有夷（平安、容易）必有类（艰难）、有损必有益、有巧必有拙、有辩（不善、言、不知）必有讷（不辩、善、知）、有壮必有老、有生必有死、有始必有终、有亲必有疏、有利必有害、有（政）闷必有（民）淳、有（政）察必有（民）

缺、有祸必有福、有福必有祸、有吉必有凶、有左必有右、有难必有易、有安必有危、有乱必有治、有主必有客、有胜必有败、有尚（知）必有病（不知）、有抑必有举、有损必有补等，老子《道德经》所涉及的万事万物间，几乎时时都发生着既相互依存（如"祸兮福之所倚，福兮祸之所伏""贵以贱为本，高以下为基"等）、又相互斗争（如"善者不辩，辩者不善""处其厚，不居其薄""故去彼取此"等）的对立统一关系，二者甚至多个事物间在保持着自己的个性和独立性前提下，以此消彼长、激荡发展的方式共同推进着宇宙的演变、天地的运动、人类社会的运行变化、文明的进步和人类思维的进化，等等。

这种在短短五千言中，几乎是全方位地、全系统地、全过程地、全篇章地运用辩证思想、矛盾思维、睿智见解，观察、揭示、分析、阐述、回顾、预示着以"道"为统领的宇宙天地人之间的一切事物发展变化的规律，又以如此浓缩的篇幅、如此简短精悍的语言、如此清晰严密的思路、如此切合实际的推断而写出的"经典"之作，在中华文明史上，乃至世界文明史上，恐怕都是凤毛麟角般的存在！

3. 关于人类社会治理上"人之道""和顺"于"天之道"的对立统一观

一是从老子总体社会"善治"的重点思路上，体现着开明的对立统一观，也体现着"人之道"要顺应"天之道"发展而行的总要求。

在前面第二章第二节第三点即"'自然'与'人'之'无为''有为'之间的作用关系之辩证"中，在我们运用系统观点、整体（不拘泥于每一章）析理《道德经》时，逐一做了阐释，现只再进行简单说明。

①老子不是要求国家间断绝往来、抱残守缺，而是要求各国间和平共处，各得其所——这是讲国家间交往的"小国寡民"与"以下相取"之间的辩证关系，和平交往、互相促进时就积极交往；战乱频仍、争霸不息、民不聊生时宁可"小国寡民"，让人民安居乐业。

②老子不是一味反战止兵，而是支持正义之战、反对肆意的扩张征伐——

这是讲老子对战争与和平的辩证观点，诸侯间的不义之战坚决不能打，它只会给人民带来水深火热；反对侵略、护国保民的正义战争必须打，而且要用科学的"战略之法"与"用兵之道"确保以最小的代价取得胜利。

③老子不是单纯地要求周天子和诸侯王无私无欲，而是强调其要担起国家之重、国家之难，以民为贵、以民为先——这是讲老子对周天子和诸侯王等统治阶级要处理好个人与国家、公与私上的关系的辩证要求。老子不是要求统治者各个随时大公无私甚至为国献身，但是作为权力的掌管者，只有把国家、人民摆在"贵"和"爱"的重要地位，把个人私利放在后面考虑，进而不惜身先士卒、担起治国的重任，那么其才能得到人民的支持和推崇，其个人名声和能力才能得到彰显。

④老子要求周天子和诸侯王的"无为"，是在违反"自然"、不循"大道"上的"无为"，反对"不道"行为上的积极有为和在顺应"自然""始制有名"时的适当"无为"和"少为"——这是讲统治者在处理"无为"和"有为"上的辩证关系，其对照标准是"自然"和顺应"天之道"。在"始制有名"、社会运行沿着"大道"平稳发展时，可以适当"少为"或"不为"，以防出现"朝令夕改"的状况；在社会出现不顺"道"甚至"逆道"而行时，要积极有所作为，采取有效的"和顺"措施，以拨乱反正。同时统治者自身一定要谨守"大道"，对于"违道"和"逆道"的事，一定要坚持守住底线，坚决"不为"。

由上可见，在关于国家如何更好治理的矛盾对立统一关系上，老子在《道德经》中，不是主张一点论，也不是机械的两点论，而是辩证的对立统一论。首先，老子抓住了社会运行中普遍存在的治理者（即周天子与诸侯王）与被治理者（即平民百姓及奴隶阶层）之间的对立统一关系，主张双方间的矛盾的产生，主要在于前者是否施行了"善治"的结果（如"其政闷闷，其民淳淳"；"民之饥，以其上食税之多，是以饥"）。其次，他又结合春秋末期社会动荡的时代特点和产生问题的主要原因，即"天之道"受到侵害，"人之道"因周天子和诸侯王等的"失道"与"不道"行为，与"天之道"之间产生了不可调和的矛盾，紧紧围绕这个主要矛盾和矛盾的主要方面，来寻求济世救民的思路和方法。所以他所提出的上面四个"善治"思路,在"小国寡民"还是"礼下相交"、反对不义之战还是支持正义之战、周天子和诸侯王是"公字"在先还是"私字"在先,以及是"无为而治"还是"有为而行"上,都不是绝对舍弃某一方,也不是明显偏向于某一方,而是按照"人之道"顺应于"天道自然"的法则,来实事求是、客观公正地处理好其中两者,甚至多者之间的对立统一关系。这也再一次印证了司马谈对道家哲学"与时迁移,应物变化,立俗施事,无所不宜"[①]的客观判断,体现出老子思想科学辩证的高明之处。

二是从老子对具体社会"善治"的实施要求上,也体现出睿智的对立统一观。

这主要体现在《道德经》直接阐述的对"圣人〔侯王(王公)、君子、大丈夫〕"的具体要求中。

现将《道德经》全文中出现的近四十次"圣人""侯王(王公)""君子""大丈夫"四个词分别解说如下:

① "圣人"一词文中采用最多,共出现三十余次,这个词既指世间的得"道"高人,又指秉持"大道"、顺"道"而行、施行"善治"的高明贤德的统治者。用这两种身份的代称,来隐喻、启发、引导春秋时代的"周天子"和各诸侯王,修正、改进、摒弃当世"人之道"中"不道""逆道"的治理思路、行为和措施,"和顺"于"天之道"而实行利国利民的"善治",从而回归"自然"之本原。

第二章1次:"是以圣人处无为之事,行不言之教……功成而弗居,夫唯弗居,是以不去",这是讲高明的统治者要善于顺应"自然",在违反"自然"上无为,教化百姓上要以身示范、少说多做,让百姓归于淳朴;同时要保持谦虚低调,不要居功自傲,这样反而能达到功绩永存不去的效果。这是明示了当时的周天子和诸侯王要处理好"为"与"不为"、"说"与"不说"、"争"与"不争"上的对立统一辩证关系,告诉君王有时"不为"比"为"好,"不说"比"说"好,"不争"比"争"好,因为这样做顺应了"自然大道"的要求。

第三章1次:"是以圣人之治,虚其心,实其腹,弱其志,强其骨。常使民无

① 中国科学院哲学研究所中国哲学史组、北京大学哲学系中国哲学史教研室编:《中国历代哲学文选·两汉—隋唐篇》上册,中华书局,1963年,第138页。

知无欲。使夫智者不敢为也。为无为，则无不治"，这里强调的是在治理的指导思想上，当世周天子和诸侯王要以"自然"为法，使百姓既有好的生活条件，同时又要保持淳朴之心，不能让"智诈"之徒惑乱人心，使得整个社会都在良好的轨道上运行，能保持这样顺应"大道"的话，就可以达到看似"无为"实际上一切都水到渠成之效果。这段叙述也是用"强和弱""为和无为"等矛盾事物间对举比较的方法，更鲜明地阐释了"圣人之治"的重要性。

第五章1次："……圣人不仁，以百姓为刍狗……多言数穷，不如守中"，这是以刍狗和风箱的例子，来启发春秋时期的统治者以"自然"之心待人、以"自然"之法治世，不要带着个人的私心和成见，也不要政出多门、朝令夕改，随时保持一个对社会、对人民不偏不倚的态度。这里又用风箱运行的"虚而不屈，动而愈出"的看似矛盾的哲理来说明问题，使人一目了然。

第七章1次："是以圣人后其身而身先；外其身而身存。非以其无私邪？故能成其私"，这里是说圣人把自己摆在后面，反而站在前面，把自己置之度外反而得到保全。这不正是他不自私吗？所以，他能达到自私的目的。这段话更是把统治者给自身的"定位"做了一个看似矛盾对立，实际又科学合理、符合事实的解说。

第十二章1次："是以圣人为腹不为目，故去彼取此"，这又是运用治理上相反的例子，来说明利害。其意与第三章相近，要求当时的圣人引导人民归于淳朴，防止过分追求物欲的"狡诈之心"产生。

第二十二章1次："是以圣人抱一为天下式。不自见，故明；不自是，故彰；不自伐，故有功；不自矜，故长。夫唯不争，故天下莫能与之争"，这是用辩证的观点说明"顺道抱一"的好处，并明示当世周天子和诸侯王顺应了"自然"、保持了淳朴之心，就可以达到"明""彰""有功""长"的效果，那么也就没有对手了。

第二十七章1次："是以圣人常善救人，故无弃人；常善救物，故无弃物。是谓袭明"，这是强调周天子与诸侯王对百姓和天下事物都一视同仁，本着"自然"之心对待一切，就会使所有人和事都得到"大自然"的馈赠和救助，就不会有无用之人和物的存在。

第二十八章1次："朴散则为器，圣人用之，则为官长，故大智不割"，这是在本章前面辩证地说明"知雄守雌"与"知白守黑"等的高妙之处的前提下，要求当时的周天子和诸侯王以"自然淳朴之道"治理天下，那就会掌握治理之要诀，成为真正合格的领导。

第二十九章1次："故物或行或随；或嘘或吹；或强或羸；或培或隳。是以圣人去甚，去奢，去泰"，这是强调圣人要了解事物间的矛盾统一规律，要把握其中两个方面的辩证关系去治理国家，切不可偏执一方、任意而为，这样才是符合"自然"法则，所以要去掉极端的、奢侈的、肆意而行的招法和措施，不可妄为。

第三十四章1处："是以圣人终不为大，故能成其大"，这是要求周天子和诸侯王只有不自以为是、自以为大，能够"自然"地以国家、百姓为贵、为先，才能成就大业、留下显名。这是在讲"自大"与"不自大"的对立统一关系上一定要处理好。

第四十七章1次："是以圣人不行而知，不见而名，不为而成"，这是讲当时周天子和诸侯王要参悟"天之道"之真谛，善于见微知著、以"道"明理、反躬自求、换位思考，就能做到不同于世俗的"不行知、不见明、不为成"的地步，这实际上也是一个"悟道"中的量变到质变的过程。

第四十九章3次："圣人常无心，以百姓心为心……圣人在天下，歙歙焉，为天下浑其心，百姓皆注其耳目，圣人皆孩之。"这是要求周天子与诸侯王摒弃个人的成见和利欲之心，而在治理上一视同仁，为百姓的事多操心、多尽心，百姓会关注并不自觉地学习其"自然之道"，大家就会一块儿回归自然淳朴。这是讲"无心"与"有心"的辩证关系，恰好体现了"有心种花花不成，无心插柳柳成荫"的意外效果。

第五十七章1次："故圣人云：'我无为，而民自化；我好静，而民自正；我无事，而民自富；我无欲，而民自朴'。"这也是把春秋时代"始制有名"、顺乎"自然大道"的"与民休养生息"，和朝令夕改的政出多门做了一个辩证的、截然不同的对比，以在此明确指出"善治"的百姓"自化""自正""自富""自朴"

之良好效果。实际上这种顺乎民心的"善治",已经不仅是"无为而治"那么简单,而是在顺应时势、"法乎自然"的基础上,对当时各诸侯国劳民伤财、横征暴敛、不惜民力的"暴政"的一种"否定之否定"(后一节还有涉及),是在老子那个时代对"善治"的一个全新诠释。

第五十八章 1 次:"是以圣人方而不割,廉而不刿,直而不肆,光而不耀",这是要求周天子与各诸侯王要处理好"自律"与"他律"的关系,对自己要无私刚正、清廉寡欲、淳朴率直、明察事理;对于百姓则要在顺应"自然"、爱国爱民的基础上,实施"与民休养生息",以缓和诸侯乱战、矛盾重重、民不聊生的社会局面,真正达到"此时无声胜有声"的"和顺"于自然之道的境界,其实也是要求他们辩证地处理好"有为"与"无为"的辩证关系。

第六十章 1 次:"非其神不伤人,圣人亦不伤人。夫两不相伤,故德交归焉",这是讲:不仅鬼神不伤人,圣人在治理天下的时候实施"善治"也不伤人。神鬼和圣人都不相互伤害,所以,道德也就在统治者这里得到了融合与回归。这与上面一样,也是老子在"治大国,若烹小鲜"的"自然"法则指导下,对当时统治阶级提出的一种"善治"之理想。

第六十三章 2 次:其中 1 次在前面与第三十四章已一并做了解释;另一处为"是以圣人犹难之,故终无难矣",这是以"图难于其易,为大于其细"的辩证观点,引导当时的统治者要树立未雨绸缪、慎终如始的执政理念,不可对社会发展的困难掉以轻心,也不可对老百姓的事漠不关心,而要时以放心不下的态度处理矛盾、解决问题,才能使困难和问题迎刃而解。这也是老子并不完全主张统治阶级"无为而治""放任自流"的一个明证。

第六十四章 2 次:"是以圣人无为故无败,无执故无失。……是以圣人欲不欲,不贵难得之货;学不学,复众人之所过",其中第一句已在前面第二十九章做了解说;第二句则体现了"欲不欲""学不学"执政理念之间的辩证统一关系。是说:圣人要以"不欲为欲",摒弃世人所珍惜看重的;圣人要学世人所不学,将众人从错误中挽救回来。实际上是要求周天子和诸侯王要摒弃过分的纵欲和俗见,而实施顺乎"自然"的"善治"。

第六十六章 2 次："是以圣人欲上民，必以言下之；欲先民，必以身后之。是以圣人处上而民不重，处前而民不害"，这是讲：周天子和诸侯王若想在万民之上，先得屈身自谦为下；想为万民之先，先得自卑其位为后。正因如此，他居于上位，人民才感觉没有重担；他处身于前，人民才不会受害。这又是用辩证的眼光分析了治理中"为上"与"为下"、"为先"与"为后"的对立统一关系，对那个时代应该很有启发性。实际上也是老子抓住了周天子和诸侯王在矛盾中的主要方面，即作为统治者、主导面的一言一行直接关系百姓的感受和最终给周天子与诸侯王的定位，起到主要的推进作用，只有让百姓更好地接纳、认可周天子与诸侯王，"善治"才可能施行。

第七十章 1 次："是以圣人被褐而怀玉"，这是用圣人外表朴实无华、内里身怀治世绝技的事实，劝解周天子和诸侯王，要善于通过现象看本质、去粗取精、去伪存真，才能真正认识"自然之道"之本质，做到"执古之道，以御今之有"。

第七十一章 1 次："圣人不病，以其病病。夫唯病病，是以不病"，这是讲：圣人了解了什么是自己不知道的，也懂得了"以不知为知"是个错误，他才能改进自己的不足，而不去犯这个错误。这是以"病"与"不病"的矛盾统一关系，来喻示周天子和诸侯王正确认识自己之不足，及时发现自身及社会发展中存在的问题，并及时改进问题，才能防患于未然，更好地治理天下。

第七十二章 1 次："是以圣人自知不自见；自爱不自贵。故去彼取此"，这是要求周天子与诸侯王摆正自己的位置，既要有自知之明，又不要自以为是；既要爱惜自己的身体和名声，又不要"自见"与"自贵"，实际也是讲了一个顺乎"自然"而为的道理。

第七十七章 1 次："是以圣人为而不恃，功成而不处，其不欲见贤"，这是讲：圣人做事不自恃有才、居功自傲、保持低调而不愿声张。这实际是针对春秋末期浮躁的世象、周天子和诸侯王沽名钓誉、不为百姓真心做事的一种隐含的批评，也表现出老子对"人之道"中"损不足以奉有余"的"不道"行为的强烈不满，展示出老子为民请命的赤诚之心。

第七十八章 1 次："是以圣人云：'受国之垢，是谓社稷主；受国不祥，是为天下王。'正言若反"，这是说：圣人讲，那为国受辱的，就是江山社稷之主宰；那为国受难的，就是天下之王者。这些正面肯定的话，听起来好像反话一样，不好理解。这是揭示了作为周天子和诸侯王的强者，只有承担起治国之责、国难之重，才是一个合格的领导者，才能得到百姓拥戴，其中蕴含的矛盾统一之意味，连老子都说"正言若反"了，我们就不用再解释了。

第七十九章1次："是以圣人执左契，而不责于人"，这里字面上是讲：圣人掌握着"左契"（即欠债一方的存根），却不索取偿还。这一章因为帛书本甲本与乙本相悖，甲本是圣人执"右介（契）"，乙本是执"左芥（契）"。对此老学界争议颇多，有的认为古代习惯以右为上，所以赞同甲本；有的援引老子在第三十一章的看法，认为老子以左为上，乙本正确。笔者以为老子此句之重点，不在乎是古代借债人和还债人谁该拿被一分两半的左契、谁该拿右契的问题，而在于老子阐述的道理的重要性，即圣人"善治"的做法是：提示为政者不蓄怨于民……理想的政治是以"德"化民——辅助人民，给予而不索取，决不骚扰百姓"①。笔者同意陈鼓应先生的见解。

第八十一章1次："圣人不积，既以为人己愈有，既以与人己愈多"，这是讲：圣人什么都不私藏积聚，他尽力帮助别人，自己反而更充实富有；他尽量给予他人，自己反而获得的更多。老子这是在以圣人之为谕示周天子和诸侯王，要做到以民以国为重，抑制个人私利，多为百姓付出，只要真心付出了，必会被百姓记得、被国家感谢，得到的会更多。这在"付出"与"获得"、"为己"与"为人"的关系上，又阐述出一种矛盾统一的道理。

②"侯王（王公）"一词共出现6次，该词这里就是指春秋时期的各路诸侯王及王公贵族。这6次分别如下。

第三十二章1次："侯王若能守之，万物将自宾"，这里是要求各诸侯王守持"大道（天之道）"而治，并说明如能做到这点，天下万物都会自然而然地服从他。这章是用"道"之"天下莫能臣"之伟力，来阐明"和顺"于"道"的重要

---

① 陈鼓应注译：《老子今注今译》，商务印书馆，2016年，第343页。

性，以说服诸侯王不要做出"逆道"和"失道"之为。

第三十七章1次："侯王若能守之，万物将自化"，这里再次要求诸侯王守持"大道"而治，并讲明这样做的结果是万物都将能够自然地生长变化。这章是用"道常无为而无不为"的特性来劝导诸侯王不要再横征暴敛、纵欲而为、为害于民了，只要顺从了"大道"、施行了"善治"，自会国泰民安。

第三十九章3次："侯王得一以为天下正……侯王无以正，将恐蹶……是以侯王自谓孤、寡、不榖。此非以贱为本邪？非乎"，这里的"一"即指"道"，从"得道"与"失道"两个方面的结果，来劝导和谕示诸侯王要以"道"为贵，以天下为贵，摆正自己的位置，才能使天下归顺、百姓拥戴。实际上是辩证地说明了"自贵"会导致失败、"自贱"则会带来成功——这两者之间的对立统一关系。

第四十二章1次："人之所恶，唯孤、寡、不榖，而王公以为称"，这里是说：人们最厌恶的就是"孤""寡""不榖"，但是王公却用来称呼自己。这是又一次说明了王公贵族要敬畏于"天之道"、敬畏于国家和百姓而放低身段的重要性，这不仅是"善治"的需要，也是老子哲学"天道大于人"的客观要求。

③"君子"一词只出现1次，即第二十六章"是以君子终日行不离辎重，虽有荣观，燕处超然"，这里"君子"一词在不同版本上略有争议，王弼本此处作"圣人"；河上公本亦同，但解释为"辎，静也。君子终日行道，不离其静重"[①]；汉帛书本甲、乙本此处均为"君子"，这里采用帛书本说法。"君子"一词，奚侗解为"谓卿大夫士也"[②]。笔者以为"君子"不单指此意，也含有品行高尚、有学问、有修养之人之意，在老子这里还应指深通"道意"之人。这句话是说：所以有道的人终日出行离不开辎重。即使居住在奢华的宫殿，也能淡然处之。这是用君子的"静重"，反衬诸侯王的"轻浮"，并警示其"轻则失根，躁则失君"的结果。

④"大丈夫"一词出现1次，即第三十八章"是以大丈夫处其厚，不居其

---

①（汉）河上公、（唐）杜光庭，等注：《道德经集释》，中国书店，2015年，第36页。

②奚侗集解，方勇导读，方勇标点整理：《老子》，上海古籍出版社，2007年，第67页。

薄；处其实，不居其华"，"大丈夫"一般指有志气有作为的男子，这里也指明悟"自然之道"、能够顺"道"而行的人。这句话的意思是：大丈夫为人处世忠厚淳朴，不屑于轻浮浅薄；求真求实，而不会浮夸虚华。所以要求周天子和诸侯王"去彼取此"，处理好"厚、实"与"薄、华"之对立统一关系。

《老子》在短短的五千言中，就社会治理问题说了这么多，并循循善诱、诲人不倦地督促周天子与各诸侯王顺应"自然大道"、实施"善治"。其目的还是希望尽快扭转新兴封建阶层与保守奴隶贵族阶级之间的激化的矛盾关系，还百姓一个国泰民安的良好生活环境。

当然，以我们现代人的历史唯物主义眼光来看，让周天子和诸侯王都以儒家的"圣人先贤"的标准去"顺应自然"、严格"自律"、实施"善治"本就不太现实，而春秋、战国时期封建制与奴隶制的斗争已经势同水火，也不是单靠如此要求就能消除的。

这里从矛盾形成的动因看，落后的奴隶制阶级与新兴的封建制地主阶级之间的矛盾，是春秋末期社会动乱的内因和根本，这种矛盾是不可调和的，必然导致天下的统一以及封建制度的建立——秦的统一。抛弃这个内因来要求周天子维护奴隶政权、实行"善治"，显然只是一个外在条件，这样做或许也只可以暂时消除一些周朝外在的矛盾和问题，而不可能满足和解决各诸侯国及新兴地主阶级建立封建制度的内在矛盾和根本，所以这个矛盾在奴隶制体制下是不可能解决的。老子没有看到这种矛盾斗争的不可调和性，一味地要求周天子和各诸侯王实行"善治"，显然在当时历史条件下，有些不合时宜，所以对此我们暂且当作老子的一种美好愿望吧。

这里不是反对老子的"道法自然"观点，也不是说不可以实行"善治"，更不是说老子的治理理念不好，只是因为这个观点的实现是有先决条件的，那就是首先解决社会形态的演变，即建立封建社会。达到生产关系和生产力的互相适应，这个根本问题解决了。这样才能实现老子推行"善治"与"和顺自然"的最终目标，封建制度建立后，到了汉初"文景之治"的实现，就说明了这个问题。

【第二节】
观照人类社会发展的质量互变预见

质量互变规律是唯物辩证法基本规律之一，其揭示的是事物发展过程中量变和质变之间相互联系和相互转化的规律，描述的是事物由于内在矛盾运动→引起量变（量变达到或者超过一定界限而产生新的事物时）→引起质变（质变后的事物内部仍然在发生矛盾变化）→进入下一个新的由量变到质变的过程（如此循环往复）→以至无穷。这就构成了宇宙万物、世间一切"大曰逝，逝曰远，远曰反"的无穷往复发展过程。

认识这个规律的前提，是要明确质和量之间的区别。"质是由事物内部矛盾的特殊性决定的，是一事物区别于他事物的内在规定性。量是事物存在和发展的规模、程度、速度，以及构成事物的成分在空间上的排列组合等可以用数量表示的规定性"①，二者都是事物所固有的。如"混沌（奇点）"作为宇宙的来源，其本身的属性是无限、无形、无时间观念的，在其经过"大爆炸"以后，发生了质变，生成了宇宙，由"无形"中生成了"有形"，由"无限"中生成了"有限"，由"无名"中生成了"有名"的天地人等，赋予了宇宙多重的质的属性。人类产生以后，经过由茹毛饮血到刀耕火种、由结绳记事到甲骨刻文、由群居谋生到氏族部落形成等一步步的"量变"，最终实现奴隶社会、封建社会等的建立，产生了人类文明的"质变"。这个过程即体现了量变、质变相互依存、相互制约、相互转化的辩证统一关系。

同时，任何事物都具有质的规定性内涵和量的规定性内涵。前者代表了这一事物同另一事物间的性质或本质上的区别，后者代表两个事物间在发展的规模、程度、速度等数量上的不同，二者具体地统一于每一个事物之中。善于认识

①王子彬、周根会主编：《干部哲学辞典》，天津人民出版社，1991年，第74页。

和发现事物中这种规定性内涵的特点和统一性,有利于我们更好地认识世界和处理问题。

虽然生活在那样一个文明和社会制度都相对落后、哲学和科学都尚在起步的时代,但"老子发现了事物转化的规律,并用来反对有目的、有意志的上帝(天)是有它的积极意义的 [①]"。这主要表现在以下三个方面。

1. 老子发现了量变的重要性

尽管那个时代哲学上没有对事物由量变到质变转化的一个明白认知,《道德经》五千言也没对量变作出明确界定,但老子却表明了事物的量变的积累可以引起质变发生的观点。最典型的是他在第六十四章中提出的:"合抱之木,生于毫末;九层之台,起于累土;千里之行,始于足下。"这是讲:不要小看苗木之微、累土之矮、起步之短,这些事物经过量变的不断积累,最终会形成参天的巨树、九层的高台和千里之遥。这是阐述事物发展的量变积累到质变的过程。在第六十三章中,他提出:"图难于其易,为大于其细。天下难事,必作于易,天下大事,必作于细。"这里指出了做事的由量变积累到质变的过程,强调再难的事、再大的事,都必须从易处着手、从小处做起,只有通过小事、易事的慢慢积累,才能实现最终的质变,实际是指出了量变的必要性和重要性。在为"道"上,他也主张从量的积累做起:"为学日益,为道日损。损之又损,以至于无为。无为而无不为。"这是说明为"道"不是一蹴而就的,而是经过日日积累,不断量变,才能悟得"自然大道"。知道什么该做、什么不该做,最后达到在"失道"与"逆道"上的"无为",在"始制有名"的前提下,顺从"自然",达到"无为而无不为"的目标。这也是一个通过"为道日损"的量变积累,为质变发生做好充分准备的一个必要的、不可跨越的重要过程。

---

① 任继愈主编:《中国哲学史》第一册,人民出版社,1963 年,第 51 页。

2. 老子揭示了质变对事物的重要影响

在肯定量变重要性的基础上，对于事物的质变，老子是有明确认识的。他把事物物极必反、向其对立面转化分为了"坏转好"和"好转坏"两种情况，既肯定了事物由坏向好的方面发生质变的意义，又警示了事物由好向坏的方向质变的结果。

对于前一种变化上，他示明的例子有很多，如在治国上恪守"大道"和"玄德"，实行"善治"，不"以智治国"的好处是"'玄德'深矣，远矣，与物反矣，然后乃至大顺"；"执大象，天下往。往而不害，安平泰"等，希望通过"和顺"大道、推行"善治"，实现由诸侯乱战、民不聊生向国泰民安之理想社会的质变。如在做人做事上，他主张要像圣人一样有自知之明、像水一样"和顺"不争、并且要有始有终、不可半途而废，所以才能达到"夫唯病病，是以不病""夫唯不争，故无尤""慎终如始，则无败事"等好的结果，而不是相反。

对于后一种变化，老子更是念念不忘、多做警示。

如对事物发展上，老子强调"物壮则老，是谓不道，不道早已""是以兵强则灭，木强则折""正复为奇，善复为妖"等，这是从"道法自然"的规律上，指出事物发展到了其顶点以后，就会走下坡路，过分地追求做大做强，有可能导致事物向其反面发展。同时，他指出"天下皆知美之为美，斯恶已。皆知善之为善，斯不善已"，"曲则全，枉则直，洼则盈，敝则新，少则得，多则惑"，事物发生向对立面的质的变化是必然的。所以他要求"是以圣人抱一为天下式"要做到不自见而明、不自是而彰、不自伐而有功、不自矜而长，促进事物向良性的好的方向发展。

对于治世之道上，他指出："五色令人目盲；五音令人耳聋；五味令人口爽"，"乐与饵，过客止"。这是说"五色""五音"与"五味"都是人们生活中基本需要的内容，但"五色本以悦目，而其极能'令人目盲'。五音本以悦耳，而其极能'令人耳聋'。本此推之，则社会上政治上诸制度，往往皆足以生与其原来目的相反之结果"①，这是讲过分追求人们感官的满足和刺激，就会适得其反。所以，要求"是以圣人为腹不为目，故去彼取此"，以防事物由量变发生不好的质变；要求周天子和诸侯王要"夫唯无以生为者，是贤于贵生"，"以其不争，故天下莫能与之争"，"夫唯不厌，是以不厌"，以求通过"顺道而行"达到"善治"的好的质变结果。

在个人"悟道"的修行养生上，老子警示人们"益生曰祥。心使气曰强"，"动之于死地，亦十有三。夫何故？以其生生之厚"，"不知常，妄作凶"等，这是警示为道者不要做出"求生之厚"的"逆道"行为，那样只会产生"凶"的反面质变和结果；要求人们要"见小曰明，守柔曰强"，"知和曰'常'，知常曰'明'"，"知常容，容乃公……没身不殆"，要做到"修之于身，其德乃真……"的"五修"等，通过"和顺"于道去生活、去修养自己，最终促成事物向"以其无死地"好的方面发生质变。

3. 老子把握了促成事物由量变到质变的基本规律

老子看到事物本身就是"祸兮福之所倚，福兮祸之所伏"的构成特点，要看到坏事可能会向好的方向发展，好事也可能向坏的方向转化。

老子首先指出了事物发展上"其安易持，其未兆易谋。其脆易泮，其微易散"的特点，提醒人们要以发展的眼光，看到安中有危、易中有难，要求"是以圣人犹难之，故终无难矣"，就是让人们对于事物的可能向不好的方面的质变，要未雨绸缪、早做准备、以防不测，这样才能"保此道者不欲盈。夫唯不盈，故能敝而新成"。这个"保此道"他也做了形象的描述，就是在第十五章中的"豫兮若冬涉川，犹兮若畏四邻……"等七种拟人的形容，可见即便是"顺道（天之道）而行"，也是非常不容易的事情。

所以老子要求无论是周天子和诸侯王，还是圣人、君子、大丈夫乃至普通

---

① 冯友兰：《中国哲学史》上册，华东师范大学出版社，2000年，第124页。

百姓，面对国家治理、事物发展及个人生存之道上，都要首先"和顺于道"、顺应"自然"，既不能做出"失道"和"不道"行为，也不能过于偏执于一方、走极端而"过为"，所谓"为者败之，执者失之""甚爱必大费；多藏必厚亡"，即言于此；还不能想得过于简单或过于急躁冒进、拔苗助长，所谓"企者不立；跨者不行""夫轻诺必寡信，多易必多难"，也即言于此，这都是提示人们要尊重事物由量变到质变的客观规律，看到事物发展的本质和趋势，做到顺势而为、水到渠成。

当然，这不是说只要顺了"道"，就可以什么也不做、静等结果了。老子在分析事物由量变到质变的发展过程中，发现了"故物或损之而益，或益之而损"的转化规律，即在事物变化中，一些表面看着可能好的或有益的量变或部分质变，却导致其发生坏的质变和转折；一些外表看来可能是坏的或有损的量变或部分质变，最终却促成了其向相反的、好的方向发生质变。所以他提出了推进事物向反方面质变的方法，即"将欲歙之，必固张之；将欲弱之，必固强之；将欲废之，必固兴之；将欲取之，必固与之"。

这个方法的提出，不仅说明老子掌握了事物量变到质变的基本规律，而且说明在推进事物由量变到质变的发展中，他并不主张"无为而治"，他也并不保守，而是要求积极创造条件，利用物极必反、月盈则亏之规律，加快其转化和发展的进程，并进一步在第九章中就亮明了"持而盈之，不如其已；揣而锐之，不可长保。金玉满堂，莫之能守……"的观点，指出了事物发展到了不可延续的顶点，与其盲目地保守它，不如尽快地促成它发生质变、迎接螺旋式上升后的新事物的诞生，这是尊重了辩证唯物主义关于事物发展基本规律的直接体现。但直到今天，仍然有人在那论述老子"抱残守缺"、老子没有辩证发展观点等"高论"，真是不明其所以！

还有人借题发挥，把老子从推进事物发展转化高度提出的列为"微明"的"将欲歙之，必固张之……"等四项措施，"指证"为这是老子用以"整人"的法家的"权势""术势"，让别有用心之人学会怎么害人，这真是无稽之谈，笔者不屑于辩驳。

寻求"天人合一"境界的否定之否定远见

否定之否定规律，也称肯定否定规律，乃是唯物辩证法的基本规律之一，它揭示的是事物的发展是由其内部矛盾斗争引起的螺旋式上升和波折式进步的过程。其认为任何事物内部都蕴含着肯定与否定两个对立的因素存在，当肯定因素占据上风和主导地位（即事物处于肯定阶段）时，事物保持现有的性质、特征和趋向；当事物内部否定因素成为矛盾之主导方面时，事物的性质、特征和倾向就会发生明显的变化，进入事物的否定阶段；这一阶段又孕育新的否定因素，经过斗争，新的否定因素取代了上一个否定阶段获得主导地位，进入了否定之否定阶段，形成事物发展的一个周期。马克思主义哲学认为："世界上任何一个事物都是经过肯定、否定、再否定向前发展的。辩证的否定是'扬弃'，是既保留又克服。任何一个事物都要经过两次否定（即两次转化），才能克服事物的消极东西，保留事物的积极东西，扬弃才能得以充分实现，使矛盾得到根本解决……"①

从老子哲学的立论本身（我们前面已进行分析）看，就是反映事物发展的一个否定之否定的扬弃过程，原生的"天之道"之"自然"本性，被春秋时期周天子与诸侯王的诸多"不道""失道"乃至"逆道"行为浸染后，出现了否定"天之道"的"人之道"。这个"人之道"中，已经失去了"天之道"固有的、淳朴的"自然"本性，致使社会离乱、百姓处于水火之中。老子哲学主张本身，正是对"损不足以奉有余"的"人之道"的一个否定之否定，尽管老子提倡的仍然是人类社会要"和顺"于"自然"，"人之道"要"道法自然"，但这个"自然"与其之前的"道即自然"已经完全不同了，他对"道"的寻根和他所期盼的"道"回归

---

① 刘延勃、张张、马乾乐主编：《哲学辞典》，吉林人民出版社，1983年，第314页。

后的大同社会（即"天人合一"）的理想，实际上既保留了"天之道"原有的一些"自然"属性，又不可避免地包含着"人之道"中一些合理属性（如"玄德"、如"善治"等等），也包含着不可阻挡的人类社会先进的文明、发达的科技、敬畏和保护大自然的理念、节约型和生态型生活方式等等，这个回归后的所谓"天之道"，正是对前面两个"道（即"天之道"和"人之道"）"的一次科学扬弃和否定之否定后的一次飞跃。

如老子让圣人"生而不有，为而不恃，长而不宰，功成而弗居"，是否定之否定这个道理，让其"后其身而身先；外其身而身存"也是这个道理。

如他提出让周天子和诸侯王首先"知荣守辱""复归于朴"。这是对他们"失道"行为的一个否定的基础上，其次又提出"朴散则为器，圣人用之，则为官长。故大智不割"之要求，这个"朴"加入了"善治"的内容，实际上是对纯"自然"之"朴"的否定之否定，是一次螺旋式的上升。

如他提出的在"始制有名"基础上的"夫亦将知止"，不是原生的"天之道"的"自然"知止，而是在春秋末期诸侯混战已经"不知止"基础上的实施"善治"的"知止"。

如其描述的"明道若昧，进道若退，夷道若纇……"的状态，已经不再是"天之道"之本来面目，而是在春秋末期人们曲解"天之道"之后，得道的士人对被扭曲的"天之道"的一次否定之否定性的复归，所以被仍处于"人之道"困境中的人们所不解、所误解。

如其所讲的"多言数穷，不如守中"，毕竟"少言"也是还需有人讲，而不是原初的"不言"的天地；"生之蓄之，生而不有，为而不恃，长而不宰，是谓玄德"，已经不再是"天之道"本身，而只能是含有人的"善治"因素的经过否定之否定后的"玄德"；"治大国，若烹小鲜"已经是一种理想的"善治"，但这个"善治"的结果，不是"复归于原初的'道（天之道）'"而是"夫两不相伤，故德交归焉"，而是"道（天之道）"与"德（玄德）"之"交归"，即其二者在新的历史条件下的"天人合一"境界。

这都明确表示出老子看到了否定之否定的结果，不是对"天之道"的复制和简单回归，而是有了"人"这个"四大"之一以后，宇宙的存在和发展，已经与人类社会的生存和发展的命运，紧密地交织、融合、激荡、消长在一起，成为一个新的截然不同的事物了（见《"道"之辩证发展趋向图》）。这个截然不同的"天人合一"境界，可以说是"'合一'上坦途，常与时代兴"，预示着我们伟大的祖国正在习近平新时代中国特色社会主义思想引领下，向着人与自然和谐发展的坦途阔步前进！

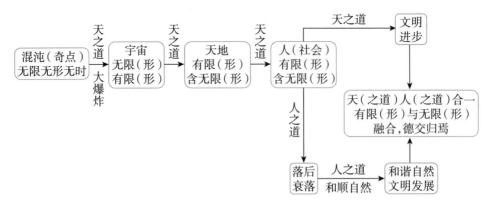

"道"之辩证发展趋向图

作为春秋末期中华文化中产生的第一部关于宇宙、"自然"万物和社会、人生的系统性哲学思想，仅仅五千言的《道德经》，不可能包罗万象、不可能就哲学的所有方面论述的万类俱全，也不可能涵盖和涉及当时社会激荡变幻中面临的所有矛盾和问题。是以不少学者、专家指称老子哲学中辩证统一观念是不完整的、有所偏向于矛盾一方或者问题的一个方面，或者说其中的万物"归根""复命"说是机械的历史循环论；或者仍然认定老子哲学是消极"无为"的哲学思想等。有些前文中我们已经进行了商榷和驳论，包括老子治理思想中没有看到社会发展内在动因、一味强调外在条件的转化而忽视了社会制度更迭的根本问题等不足我们也已说明，还有的是见仁见智问题，就不再争辩于此了。

笔者认为在中华优秀传统文化的研究上，我们要坚持历史唯物主义观点，对老子哲学的认识和解析，不能超越历史条件、而应该从当时社会发展、思想水平和文明进步条件的角度，综合来看待和分析问题，切忌简单套用。何况仅仅五千言这么短的篇幅，怎么可能面面俱到呢？

事实上，我们认为：这种在短短五千言中，几乎是全方位地、全系统地、全过程地、全篇章地运用辩证思想、矛盾思维、睿智见解，观察、揭示、分析、阐述、回顾、预示着，以"道"为统领的宇宙天地人之间的一切事物发展变化的规律，又以如此浓缩的篇幅、如此简短精悍的语言、如此清晰严密的思路、如此合乎当时实际的推断而写出的"经典"之作，在中华文明史上，乃至世界文明史上，恐怕都是凤毛麟角般的存在！这一点正是我们应该从历史唯物主义高度予以肯定的事实。

历史不会倒流，时代不断前进，而老子哲学作为一个开放型的春秋百家哲学系统，也会随着时代发展而发展，随着社会进步而进步。

我们祝愿老子哲学在新时代中国特色社会主义现代化建设中焕发新的青春！

祝愿"老学"研究在新的时代开拓出新局面、上升到新境界！

下

篇

老子新解
——《道德经》注译

（一）简要说明

对于《道德经》的注、解、释、译，已历时两千余年，因为立场、观点、方法之不同，古今中外、各朝、各代、各家皆有不同看法，许多内容至今仍是见仁见智，笔者前面所论，也仅是一家之言，包括后面的注译，也肯定错误、疏漏不少，欢迎有识之士批评斧正！

但既已在上篇说了那么多，故而下面的译注力求简单明了，不再占用读者太多时间。故前已有论部分，皆在译文中予以省略，而只是以标注方式指明上文所在出处，麻烦大家对照理解。

具体《道德经》中文字及解析，除个别生僻字外，皆采用汉语言规范简体，以求阅读方便；经文中各章之文字断句有分歧处皆注明依据；个别句子有分歧而使用的都用方括号标识；个别字义有分歧处也尽量予以说明；译文中除直接翻译的文字外，引申意义的都用圆括号明示；注释处所引释文只在第一次引用时注明作者和出处，后面就只指明作者，不再注明出处，以节省篇幅。章节排序原拟调整，但除仍有些疑惑外，说明释义起来太麻烦，只能延续《道经》在前、《德经》在后八十一章体例。至于章节调整的打算，留作后文吧。

（二）《道德经》注译

〖第一章〗

　　道可道，非常道①；名可名，非常名②。无名，天地之始；有名，万物之母③。故常无欲，以观其妙；常有欲，以观其徼④。此两者，同出而异名⑤，同谓之玄。玄之又玄，众妙之门⑥。

【注释】

　　①此句三个"道"字，其意皆不同。笔者以为第一个"道"乃是"人之道"；第二个"道"为言说之意；第三个"道"为"天之道"；"常"字通"恒"，"恒常"乃万古不变之意，故此"常道"即"天之道"。相关解释见上篇第一章第三节。

　　②此句三个"名"字，有三意。第一个为有限（形）的可以认知事物的"名字"；第二个为"命名"；第三个为"恒常不变"之名义，即含有无限（形）之无法掌握、认知事物的"天之道"之名义。本书上篇相关解释出处同上。

　　③此句之断句参照河上公本（即《道德真经注》，以下简称"河公"）、王弼本（即《老子道德经注校释》），也符合古文之读韵，与笔者上篇释理相通；此句具体解释同上。

　　④此句之断句参照河公本、王弼本，其解释同上。

　　⑤"两者"指"无名"和"有名"，暗指"道"中"无限（形）"和"有限（形）"部分。

　　⑥"玄"乃"玄妙"与"玄奥难解"之意，此句具体解释同上。

（人之）道可以言表，但不是（或者涵盖不了）恒常（难识）的（天之）道。[有限（形）可把握]事物的名字可以命名并言说，但不是[或者涵盖不了无限（形）、不可把握的]恒常事物的名义（及内涵）。无名[混沌及无限（形）的事物]，乃是天地之起始；有名[有限（形）、可把握、命名的事物]，乃是万物之母体。所以常常保持（和光同尘的）无我之心，以观悟宇宙大道之神奇奥妙；常常保持（个人目的的）有我之意，以察觉世间万物（可利用）的门径。[无限（形）、不可把握的]无名事物和[有限（形）、可把握的]有名事物，都出自大道之中，但名义均不同，[因为无限（形）的事物和有限（形）事物中的无限部分都不好把握，所以]都称之为玄妙。（大道是）玄妙中含有玄妙，所以它是通向一切玄妙事物的入门通道。

【第二章】

天下皆知美之为美，斯恶已；皆知善之为善，斯不善已①。故②有无相生，难易相成，长短相形，高下相倾③，音声相和，前后相随。是以圣人处无为之事，行不言之教；万物作焉而不始④，生而不有，为而不恃，功成而弗居⑤。夫唯弗居，是以不去。

【注释】

①"恶"意为丑恶，与美相对应。此句前已有解，见本书第二章第四节。日本学者池田知久将此句解为："天下的人都认为美就是美的，实际上这种美无异于丑。都认为善就是善的，实际上这种善无异于恶。"（《郭店楚简〈老子〉新研究》）。

②此句首帛书本甲、乙本（见高明《帛书老子校注》）、郭店本（见廖名

春《郭店楚简老子校释》甲本第九章）无"故"字，据王弼本、河公本保留。

③鼓应本（即《陈鼓应道典诠释书系〈老子今注今译〉（参照汉帛本最新修订版）》，以下简称《老子今注今译》）此句为"高下相盈"，据河公本、王弼本保留"倾"。

④此句河公本、王弼本尾字为"辞"；帛书版乙本、傅奕本（见傅奕《道德经古本篇》）、敦煌本（见刘昭瑞《老子想尔注导读与译注》）为"始"，从后者。

⑤此句三个"不"、一个"弗"从河公本、王弼本。

【译文】

天下人都知道以美为美（去不择手段追求美，物极必反），这就是丑了；都知道以善为善（去千方百计伪饰善），这就是恶了。所以有和无是相互依存而生发的，难和易是相互交织而成就的，长和短是相互比较而形成的，高和下是相互对照而显现的，音与声是相互呼应而和鸣的，前与后是相互对应而伴随的。故而圣人从事的是（顺应天道）排除人为干扰的事业；施行的是（法乎自然）超乎言语（局限）的教化。兴发万物却不自以为始祖，生养众生而不据为己有，无私施与而不自恃其能，功业有成也不居功自傲。正因为不居功自傲，所以这个功劳永不磨灭。

【第三章】

不尚贤①，使民不争；不贵难得之货，使民不为盗②；不见可欲，使民心不乱③。是以圣人之治，虚其心④，实其腹，弱其志⑤，强其骨。常使民无知无欲⑥。使夫智者不敢为也⑦。为无为，则无不治。

【注释】

①“尚”乃崇尚、尊崇之意；“贤”，河上公解为：“谓世俗之贤……不尚者，不贵之以禄，不尊之以官也。”

②“难得之货”，陈景元解为“谓金玉珠犀也”（《道德真经藏室纂微篇》）；王真解为“皆是远方异物”，并进而解此句为“若在上贵之无厌，则在下之人供输无已，更相求取，非盗而何？”（《道德经论兵要义述》）

③“可欲”意为所欲，王真解此句为：“又珍物丽容，是人之所欲，而圣人达理，不荡于胸中，故其心不可得而乱也。”

④“虚其心”，河公解为“除嗜欲，去烦乱”，乃使民心地纯净，少为世俗污染。

⑤“弱其志”，河公解为“和柔谦让，不处权也”，老子以“柔弱”为上，使其志柔韧，故可长久。

⑥此“知”通“智”，此句意为使百姓无狡诈之智、无纷争盗夺之心。

⑦“智者”此处指“智诈之人”。

【译文】

不崇尚（虚华的）贤明，使人们不生争斗之念。不贪重奇珍异宝，使人们没有抢夺盗取之妄。不诱发过度的欲望，使人们没有惑乱之心。所以，圣人推行的善治，是使百姓心地淳朴谦和、饮食富足、志向柔韧长久、筋骨强健。人们常常处于没有巧诈、不求妄欲的状态，即使有卖弄机智巧诈之人，也不能胡作非为了。排除人为的干扰，那就没有干不好的事。

〖 第四章 〗

道冲而用之，或不盈 ①。渊兮似万物之宗 ②；挫其锐，解其纷，和其光，同其尘③。湛兮似或存④。吾不知谁之子，象帝之先⑤。

【注释】

①此断句延续河公本、王弼本。"冲"傅本作"盅"，《说文解字》（附检字）（以下简称《说文》）解，"盅，器虚也"，"冲虚"之意，与"盈"相对。

②"渊"，《辞海》："渊，深远。如渊博，渊深。《诗经·邶风·燕燕》：'其心塞渊。'孔颖达疏：'其心诚实而深远也'。"

③此句从今本。任继愈《中国哲学史》："这四个'其'字都是说的道本身的属性。"

④奚侗《老子集解》："道不可见，故云'湛'。《说文》：'湛，没也'。"

⑤"象帝之先"，河公解为"道自在天地之前，此言道乃先天地生也"；"帝"，本书第一章第三节有解。

【译文】

道看似冲虚变幻［无限（形）］而其发挥作用，却是无有竭尽的。渊深（难识）啊，像是万物的宗祖。挫抑自己（个见）的锋锐，纾解内心的纷扰，融合于（宇宙的）光辉，同化于（自然的）微尘。幽暗无形啊，似有若无的存在。我不知其子承之渊源，好像是比［"有限（形）"世界的］天帝还早啊。

【第五章】

天地不仁，以万物为刍狗；圣人不仁，以百姓为刍狗①。天地之间，其犹橐籥乎②？虚而不屈③，动而愈出。多言数穷④，不如守中⑤。

【注释】

①此句是言老子"天地无好恶，自然大于人"之道理，上篇第一章第四节已有解。"刍狗"，古代祭祀时，用草扎成的狗，用后即扔掉。

②"橐籥"，风箱，王弼解此句为："橐，排橐也。籥，乐籥也。橐籥之中空洞，无情无为，故虚而不得穷屈，动而不可竭尽也。天地之中，荡然任自然，故不可得而穷，犹若橐籥也。"

③"不屈"，不穷竭也。

④"多言数穷"，河公注："多事害神，多言害身，口舌并举，必有祸患。"

⑤"守中"，守持自然大道。释德清《老子道德经解》解："盖守中，即进道之功夫也。"

【译文】

天地（顺乎自然）不讲仁义好恶，任其万物生长兴废；圣人不为（世俗的）仁义所牵挂，（一视同仁地）对待百姓之安乐疾苦。（在有限有形的）天地（发展变幻）之间，真好像风箱一样（在运行）。看似空虚但不会曲折毁损，运动起来反而会源源不断生生不竭。政出多门很可能会让人无所适从，还不如持守大道顺势而为。

〖第六章〗

谷神不死，是谓玄牝①。玄牝之门，是谓天地根②。绵绵若存，用之不勤③。

【注释】

①此句参照王弼本，帛书老子甲本作："浴神死，是胃玄牝"；乙本作："浴神不死，是胃玄牝"；蒋锡昌认为，"浴"当作"谷"："《老子》言

'谷'者多矣……谊皆取其空虚深藏，而未有为他训者，此字当亦同之。'浴''穀''欲'虽可与'谷'并通，然以老校老，仍当以'谷'为当。"（《老子校诂》）"谷神"的"神"，实际是指生成宇宙万物的"混沌"。"玄牝"，高亨解为："玄牝，亦道之别名也。玄者，形而上之义也。牝者，能生养之物也。道为生天地养万物之物，故谓之牝。"（《老子正诂》）这里"牝"是指雌性的动物，与"牡"相对应。

②"根"，范应元《宋刊老子道德经古本集注直解》解："根者，谓天地本于此也，人能于此心之初得之，则知天地之根无根之根也。"；"是谓天地根"，司马光《道德真经论》解："天地由之以生。"唐玄宗注此句为："深妙虚牝，能母万物，万物由出，是谓之门。天地有形，故资禀为根本矣。"（《唐玄宗·宋徽宗·明太祖·清世祖〈老子〉御批点评》）

③此句苏辙《道德真经注》解为："绵绵，微而不绝也。若存，存而不可见也。能如是，虽终日用之而不劳矣。"；"勤"，《淮南子》"原道""主术"篇均做"尽"解；"用之不勤"意为用起来不疲劳、不穷尽。

【译文】

幽深（无形无限）之混沌是永生不灭的，她是宇宙最悠远的母体。这个母体的门户，便是天地根本的来源。冥冥中微而难见、似是而非，却又延绵不绝、用之不尽。

【第七章】

天长地久。天地所以能长且久者，以其不自生，故能长生①。是以圣人后其身而身先；外其身而身存②。非以其无私邪？故能成其私③。

①这句话充分体现了老子"道法自然"的思想，即"天地"是自然的产物，它是没有人之自私利己观念的，所以能够长久存在。详解见本书上篇第一章第二节。

②河公解读很精彩：先人后己。天下敬之，先以为长。薄己而厚人。百姓爱之如父母，敬之如神明，佑之若赤子，故身长存也。

③此句奚侗解为："身以后之而常先，以外之而常存，是'无私'乃以'成其私'矣。"这章实际是老子"善治"观念的一种体现。

【译文】

［有限（形）的］天地乃是长久存在的。其所以能够长生久存，因为它（遵循大道自然之法则）不为一己私利所生，所以它能长生。故而圣人（与天地一样，遵循自然之法，在利益面前）先人后己，（得到百姓的敬重）百姓反而主动让他在前面引路；（为百姓利益）他把自身置之度外，他反而会（得到天地和百姓的护佑而）得以长存。这不正是由于他的大公无私，反而成全了他个人的公德和美名了吗？

【第八章】

上善若水①。水善利万物而不争，处众人之所恶，故几于道②。居善地，心善渊，与善仁，言善信，政善治，事善能，动善时③。夫唯不争，故无尤④。

【注释】

①"上善若水"，此为中华优秀传统文化的千古名言，老子道德价值观的集中体现之一，本书第二章第四节有解。

②"几于道"，奚侗解："《尔雅·释诂》：'几，近也。'以水喻道，而水非道，故云'几'。"

③此句苏辙所解最为精彩："避高趋下，未尝有所逆，善地也。空虚静默，深不可测，善渊也。利泽万物，施泽不求报，善仁也。圆必旋，方必折，塞必止，决必流，善信也。洗涤群秽，平准高下，善治也。遇物赋形，而不流于一，善能也。冬凝春泮，涸溢不失节，善时也。"其中"善仁""善信"等都是老子认可的道德价值观念。

④"尤"，怨尤，奚侗解为"过责"；言此句为"不与物争利，则无过责"。

【译文】

（合乎自然大道的）至善如水一般。善于滋养万物而不与万物争辉，处于众人所厌恶的卑下地位（言"道"之藏而不显、表里似反之自然特色），所以很几近于道了。自甘居于卑下，心存宁静深远，施与仁爱而不求回报，遇洼则盈遇低则流如言而有信，洁物清秽损余补缺为善治典范，随物赋形因势而为干大事的能人，因时而变相机而动善择时机的高手。唯有（能成事而又）不与万物相争，方能不落怨尤（而不遭人嫉恨）。

【第九章】

持而盈之，不如其已①；揣而揣之，不可长保②。金玉满堂，莫之能守；富贵而骄，自遗其咎③。功遂身退，天之道也④。

【注释】

①"盈"，盈满之意，老子认为盈满则衰（物壮则老）；"已"，停止。

②此句"揣""锐"二字不同版本、注释有多形、多解，今从河公及唐宋

通行本。"揣而锐之"鼓应本解为"锤击使它尖锐，含有显露锋芒的意思"。

③"咎"，过失，罪责。

④"天之道"，即自然之道，上篇第一章第一节有解。

【译文】

执着于盈满之状（违反了自然大道），还不如及时知止（以便于物极必反时止损）；久经锤炼的锋芒，一直咄咄逼人也是长久难保的。金玉满堂（的富有），没有人能长期守住；富贵不仁骄纵而为，是自招祸患。大功已成，便要收敛藏锋，这是"天之道"所要求的。

【第十章】

载营魄抱一，能无离乎①？专气致柔，能如婴儿乎②？涤除玄览，能无疵乎③？爱民治国，能无为乎？天门开阖，能为雌乎④？明白四达，能无知乎⑤？生之畜之，生而不有，为而不恃，长而不宰，是谓玄德⑥。

【注释】

①"载"，王弼解为"载，犹处也"；奚侗引《说文》解为"载，乘也"；陆希声《道德真经传》解为"载，犹夫也。发语之端也"，取陆意。"营魄"，河公解为"魂魄也"。"抱一"，乃融合为一之意，此"一"，《道德经》多章有用，特指为"道"。"无离"之"离"，《庄子·庚桑楚》解为"灵魂外驰，神与身离，道家大忌"，"无离"者，没有距离、没有间隙也。

②此句河公本，汉帛本乙本作："抟气至柔，能婴儿乎？""专"作"抟"，"致"作"至"，无"如"字，奚侗言："傅奕本'能'下有'如'字，乃增字以足其谊"；"专气致柔"，冯友兰《中国哲学史新编》解为："'专气'就是

'抟气'。这个气包括后来所说的形气和精气。抟气就是把形气和精气结聚在一起。'致柔'就是保持住人始生时候柔弱的状态，像婴儿那个样子。"

③王弼解此句为"玄，物之极也。言能涤除邪饰，至于极览，能不以物介其明，疵其神乎？则终与玄同也"；高亨解为"'览'读为'鉴'，'览''鉴'古通用"。"玄鉴者，内心之光明，为形而上之镜，能照察事物，故谓之玄鉴"。"疵"，《说文》："病"，弊病，瑕疵意。

④此句河公解为"天门，谓北极紫薇宫。开阖，谓终始五际也。治身，天门谓鼻孔，开谓喘息也，阖谓呼吸也……治身当如雌牝，安静柔弱；治国应变，和而不唱"；苏辙解为"天门者，治乱废兴所从出也"；笔者以为"天门"此处为五官之感，"为雌"言认知"天地无好恶，自然大于人"之理，以"致虚极，守静笃"之要义。

⑤此句从河公本。"知"同"智"，乃为"智诈"之意。

⑥"玄德"前文上篇第二章第四节已有解，不赘言。

【译文】

神魂与体魄（如自然天道般）和合为一，能够紧密无间毫无离隙吗？精气和形气结聚于身以致柔顺，能如婴儿一样浑然一体吗？清除个人妄念深明如镜般观照，能否（知晓宇宙奥妙而）无瑕疵吗？爱护人民善治国家，能够（顺从自然大道而）无（失道之）为吗？认知（和运用）宇宙万物（发展变化规律）时，能否保持敬畏之心吗？明事达理（辨伪存真），能够（遵循大道）不用机巧智诈吗？生养和抚育万物的，生成了却不强行占有，抚育了却不自恃其能，主导万物而不任意宰割。这才是深得"自然"真髓的德性。

〚第十一章〛

三十辐共一毂，当其无，有车之用[①]。埏埴以为器，当其无，有器之用[②]。凿户牖以为室，当其无，有室之用[③]。故有之以为利，无之以为用[④]。

【注释】

①"辐"，车轮上的辐条，"毂"车轮中心的轮毂，中有孔，以插辐条。河公解："古者车三十辐，法月数也。"高亨解此句为："'当'犹'在'也，'无'谓轮之空处，'有'谓轮之实体，言车之用在其空处与实体也。"

②此句陈景元解为："埏，和也。埴，黏土也。谓工人范和黏土，陶成形器，取其器中空无之处，是有盛受诸物之用也。"

③"凿"，穿孔，打洞。"户牖"，门窗。

④此句陆希声《道德真经传》解为："道者以无为其用，器者以有为其利。然则有之所利利于无，无之所用用于有。"

【译文】

（车轮上的）三十根辐条（一端）集中在车毂之中（另一端分别插在轮辋上），形成辐条与辐条之间的中空地带（以至于轮子既结实又轻便），才可以成为车用来载物。揉合黏土制成器皿，（薄薄一层外壁，紧密联结着底座，外壁内）做成充裕的空间，才有起到器皿盛物的用处。在房屋墙上凿洞，才能安上窗户，安窗户那个空间，才对房屋发挥居室的功能（采光）有用处。所以实体的物件能够给人带来便利，是由于它含有无形的空间可使用啊。

【第十二章】

五色令人目盲①，五音令人耳聋②，五味令人口爽③，驰骋畋猎令人心发狂④，难得之货令人行妨⑤。是以圣人为腹不为目⑥，故去彼取此。

【注释】

①"五色"，指青、黄、赤、白、黑五种颜色，古代泛指各种色彩。"目盲"，眼瞎，这里是指眼花缭乱、目不暇接。

②"五音"，指中国古代宫、商、角、徵、羽五声音阶，这里泛指各种音乐。"耳聋"，指失聪，这里指听觉迟钝。

③"五味"，指酸、苦、甘、辛、咸，这里泛指各种美食。"爽"，《说文》："明也。"本意明朗，清亮，引申为伤、败，《辞海》："爽，伤败。"这里引申为味觉缺失、麻木。

④"畋"，打猎。奚侗解此句为："驰骋畋猎，心与物竞，不能宁一，故至'发狂'。"

⑤"难得之货"，下篇第三章已有解。"行妨"，指行为受到妨害，容易作出格的事。

⑥"为腹"，这里是指淳朴本色的生活；"为目"此处指灯红酒绿、光怪陆离的生活。蒋锡昌解为："'为腹'即为无欲之生活，'不为目'即不为多欲之生活。"

【译文】

缤纷驳杂的色彩使人眼花缭乱，变幻杂鸣的音响使人耳音不灵，丰腴多味的美食使人口味麻木，姿纵的狩猎令人心意狂躁，奇珍异宝（的诱惑）

令人行为不轨。所以圣人的善治,是(和顺于自然大道)满足百姓吃饱穿暖的淳朴需求,而不是让他们陷于声色犬马之中。据此而作出(正确的)取舍。

〖第十三章〗

宠辱若惊,贵大患若身[①]。何谓宠辱若惊?宠为下[②],得之若惊,失之若惊,是谓宠辱若惊。何谓贵大患若身?吾所以有大患者,为吾有身,及吾无身,吾有何患[③]?故贵以身为天下,若可寄天下;爱以身为天下,若可托天下[④]。

【注释】

①"宠辱若惊",吴澄《道德真经注》:"宠犹爱也,名位之尊,人以为荣,反观之则辱也,故知道者不爱,而爱之者,于此而惊焉。谓不能忘之而以之动心也。""贵大患若身",奚侗以为应为"贵身若大患":"倒而言之,古语类如此,于谊较长",都是说珍重自己的身体,如重视大患一般。

②此句汉帛甲本为"龙之为下";乙本为"弄之为下也",王弼、傅亦、诸唐、宋本均做"宠为下",与汉帛本相近。"下",乃为卑下,得宠是卑贱之事。苏辙言:"所谓宠辱非两物也,辱生于宠而世不悟,以宠为上,而以辱为下者皆是也。若知辱生于宠,则宠顾为下矣。"

③这句还是阐述的老子之于周天子及诸侯王善治之要求,即"受国之垢"者,要于个人安危者置之度外,所谓"后其身而身先"才可能"及吾无身,吾有何患",相关解释见本书上篇第二章第四节。

④此句罗志霖《老子今注新解》解较贴切,即"'贵以身为天下':即'以贵身为天下',意为以重视自己生命的态度去治理天下";"'爱以身为天下',即:'以爱身为天下',意为以爱护自己生命的态度去治理天下""若",

意为则、才。

得宠和受辱都会感觉内心惊慌，重视自己身体（的安危冷暖）好像如临大患一样。为什么会宠辱若惊呢？得宠时仍感觉自己是卑下的，得到时不安，失去时更惶恐，所以说得宠和受辱都会内心惊慌。为什么说贵大患若身呢？我心有大患之原因，是我为自身考虑的太多；及至我把自身的安危置之度外，我还有什么祸患可忧虑呢？所以用珍贵自己身体的态度去治理天下（而暂时忘却自身安危），才可以对他（实施善治）寄予厚望；用爱护自己身体的觉悟去统帅国家（而暂时忘却个人的小爱），才能把（守持大道的）任务托付给他。

【第十四章】

视之不见，名曰夷；听之不闻，名曰希；搏之不得，名曰微①。此三者不可致诘，故混而为一②。其上不皦，其下不昧③，绳绳兮不可名，复归于无物④。是谓无状之状，无物之象，是谓惚恍⑤。迎之不见其首，随之不见其后⑥。执古之道，以御今之有⑦。能知古始，是谓道纪⑧。

【注释】

①此句老子说明"道"的构成中人类难以把握的无限（形）部分事物之特性，详见本书上篇第一章第三节。河公解此句为："无色曰夷。言一无彩色，不可得而视之；无声曰希。言一无形音声，不可听而闻之；无形曰微，言一无体，不可搏持而得之。"

②"诘"，意为追问、究诘。此句奚侗解为："'夷''希''微'三者，亦

强为之名耳。其理不可穷诘，混合言之，一而已矣。'一'者，道也。"

③"皦"，意为明亮、清晰；"昧"，帛书本、敦煌本作"忽"，意为恍惚不明，与"昧"意相通。

④"绳绳兮"，陈鼓应解为"形容纷芸不绝"。意为没有边际，连续不断；"无物"是指"道"中无形（形）的事物是人类感官不能直接感受到的，只能归类于"无"之中，这也印证了笔者在上篇第一章所提出的"无"不是空无、虚无，而是无限（不可直观感知）事物的观点。

⑤此句"无状之状，无物之象"还是指感官上看不到形状、看不到形象，但最终老子并未归为虚无或者空无，而是言之为"惚恍"，"惚恍"者，所谓若有若无之间，直观上难以认定耳，这在今天科技手段下，也已证实此类事物之存在，详见本书上篇第一章第三节。

⑥这句仍然是言说"道"中无限（形）事物的观之不见其端倪的特点。

⑦"御"，统御、驾驭；"有"乃是指有限（形）事物，老子认为无限（形）事物中蕴含着"道"之根本规律，用这个规律统御有限（形）世界，则无往不胜。

⑧"道纪"，即上面所说"道"的纲要和规律。

【译文】

看不见的［无限（形）的］东西，叫作"夷"；听不到的（超越人类感应波段如"大音"的）声音，叫作"希"；摸不着（微不可查）的物质，叫作"微"。这三者，感觉不到并难究其竟，所以（很容易）把它们混为一体。它之上看起来不够光明，它之下也不昏暗，［这些无限（形）之事物］难以言说又无限延绵啊，（暂且）再把它归于不可见物体之状态吧。它是没有形状的状态，没有物体的形象，可称之为"恍惚"。迎头而上却见不到它的开端，随之而去却看不见它的尽头。秉持上古之道［无限（形）事物之规律］，可以统御现有［有限（形）天地］之事物。能知道大道来源始末之规律，这便是把握大道的要领了。

【第十五章】

古之善为士者^①，微妙玄通，深不可识^②。夫唯不可识，故强为之容：豫兮若冬涉川，犹兮若畏四邻^③，俨兮其若客^④；涣兮若冰之将释^⑤，敦兮其若朴，旷兮其若谷；混兮其若浊。孰能浊以止，静之徐清？孰能安以久，动之徐生？^⑥保此道者不欲盈^⑦。夫唯不盈，故能敝而新成^⑧。

【注释】

①王弼本、敦煌本、河公本、郭店本等作"士"；帛书甲、乙本、傅奕本等作"道"。廖名春云："以王弼本为代表的今本绝大多数皆作'士'，与楚简本合，说明故书当作'士'。疑作'道'乃战国晚期人们的改动。"从前者。

②"微妙玄通，深不可识"，此处乃描写"道"之构成之微妙渊深，详见本书上篇第一章第三节。

③"豫"，犹豫、谨慎之意。"犹"，警觉、戒备之意。《老子想尔注》无两个"兮"字，但所解甚为形象："冬涉川者，恐惧也。畏四邻，不敢为非，恐邻里知也。尊道奉戒之人，犹豫行止之间，常当畏敬如此。"(《〈老子想尔注〉导读与译注》)

④"俨"《辞海》解为"恭敬庄重。《离骚》：'汤禹俨而祗敬兮'"；"客"，王弼本作"容"，河公、傅奕、帛书本等均为"客"，从后者。此句吴澄解为"俨，矜庄貌，若客随而不迎也"。

⑤此句从王弼本、河公本。河公本解为："涣者，解散；释者，消亡。除情去欲，日以空虚。"

⑥此句依奚侗本，其意对举，读来上口。其解为："'止'字依孚佑本及河上注语增，两句相偶。'徐清''徐生'，盖顺其自然也。"

⑦"盈",盈满之意。

⑧此句汉帛本甲本为"夫惟不欲以能成",乙本为"葆此道欲盈。是以能而不成",有多处错漏;河公本、王弼本、奚侗本均为"夫唯不盈,故能弊不新成"。鼓应本依易顺鼎之说:"疑当作'故能敝而新成'。'弊'者'敝'之借字;'不'者'而'之误字也。'敝'与'新'对。'能敝而新成',即二十章所云'敝则新'(《读老劄记》)"而改,笔者以为得老子精髓也。

【译文】

古时善于顺道而行之士,(把握了道之)玄妙通达(之意),看似难懂却深得道之真髓。由于这个特点,只好勉强来形容他:其谨慎之态如同冬天(踩着冰)过江,其戒备之像如同畏惧惊扰四邻,其恭敬之意如同做客他家,其抱一去甚之念仿佛冰山消融,其敦厚淳朴之德仿佛未经雕琢的美玉,其旷达豪爽之志仿佛雄壮的高山空谷,其和光同尘之为仿佛与自然混为一体。谁能平息这世间的沉浮混浊呢,使之能在沉静中渐渐(恢复)自然清纯?谁能结束平淡安逸的生活,使之逐渐焕发生机呢?持守此道之人,自不会自满自得。唯有如此,才能革故鼎新、除弊兴利。

【第十六章】

致虚极,守静笃①。万物并作,吾以观复②。夫物芸芸,各复归其根③。归根曰静,静曰复命④。复命曰常,知常曰明⑤。不知常,妄作凶⑥。知常容,容乃公,公乃全⑦,全乃天,天乃道,道乃久,没身不殆⑧。

【注释】

①这是描述观察事物、体悟自然之道的心境。冯友兰解为:"《老子》所

讲的'为学'的方法，主要的是'观'……要照事物的本来面貌，不要受情感欲望的影响，所以说：'致虚极，守静笃'。这就是说，必需保持内心的安静，才能认识事物的真相。"

②此句杜光庭《道德真经广圣义》引《易》之卦象解为："万物并作者，动也；以观其复者，息也""复者，反本之谓也"。其意"作"为运动；"复"为循环往复。

③"芸芸"，形容草木茂盛，引申为众多，如芸芸众生之意。此句苏辙解为："万物皆作于性，皆复于性，譬如华叶之生于根而归于根，涛澜之生于水而归于水耳。"笔者以为苏辙此所谓"物性"，意指物之本质，与老子《道德经》之旨意并不矛盾。

④"归根"，复归本根；"静"，高亨解："复其本性，则无知无欲，不争不乱，是静已。""复命"，刘昭瑞在《〈老子想尔注〉导读与译注》中解为"复也是循环的意思，复命就是生命循环"。

⑤"知常曰明"，冯友兰认为："《老子》以为宇宙间事物之变化，于其中可发现通则。凡通则皆可谓之为'常'……吾人贵能知通则；能知通则为'明'。"

⑥"妄作"，意为违反自然之道而为。奚侗解此句为"逆物之情，必致凶殃"。

⑦"容"，宽容之意，河公注"无所不包容也"；"公"，公平、公正之意；"全"，帛书本、王弼本、罗志霖本等均做"王"，敦煌本作"生"，《劳笃文老子著作五种》中认为"王"应为"全"；陈鼓应认为王弼本所解释"无所不周普"与"王"意异，故"今本'王'字是'全'字的缺坏所误，根据劳健的说法改正"。此处从后说。

⑧"没身不殆"，"没"，读"末"音，沙少海、徐子宏《老子全译》解为："没身"，犹言终身。殆，危险，刑辟。

【译文】

排除私心妄念到虚怀若谷的极点，持守静谧淳一达笃厚忘我的境界。（宇宙）万物都在生长变化，我来反复深观细悟其来龙去脉。万物（看来）纷纭复杂，（但是最终）都要复归其本根。回复本根就叫清静，清静了即是复归了其生命本源。复归其本源便是（"道"的）永恒规律。认识永恒规律便是明达。不认识（"常"这个）永恒规律，就会违反自然之道，（给自己）带来凶险祸患。认识到了永恒规律就能包容万物（而无个人好恶），包容了万物才可公正坦荡，公义坦荡了就能深孚众望，深孚众望了才可和顺自然，和顺自然了就能通达于道，通达于道了才可长治久安，终身平安无忧。

【第十七章】

太上①，下知有之②；其次，亲而誉之；其次，畏之；其次，侮之③。信不足焉，有不信焉。悠兮其贵言④。功成事遂，百姓皆谓："我自然"⑤。

【注释】

①"太上"，蒋锡昌言："'太上'者，古有此语，乃最上或最好之谊。"这里特指实行善治之君王。

②"下"，吴澄本、沙少海本作"不"；河公本、王弼本、敦煌本、郭店本等皆为"下"。罗志霖认为"下""与'上'相对，指百姓。下知有之，犹言百姓仅仅知道他的存在"。

③"畏"，畏惧，"侮"，轻侮。此句陆希声解为："德既下衰，仁义为治。天下被其仁，故亲之；怀其义，故誉之。仁义不足以治其心，则以刑法为政，故百姓畏之。刑法不足以制其意，则以权谲为事，故众庶侮之。"

④"贵言"，指不轻易说话，矜持于言。

⑤"我自然"本书上篇第二章第一节有解。

【译文】

（和顺于大道）实行善治的盛世，百姓只是知道统治者的存在就行了；其次，百姓会亲近、赞美他；再次的，百姓都畏惧他；更次之的，百姓会轻侮他。诚信不足，百姓自然不相信他。（实施善治的统治者）谨守大道、悠然而治，不轻易发号施令。功劳建立、事业完成，百姓都说："我们本来就是这样（自然纯朴）的啊"。

【第十八章】

大道废，有仁义①；智慧出，有大伪②；六亲不和，有孝慈③；国家昏乱，有忠臣④。

【注释】

①此句司马光《道德真经论》解为："道者涵仁义以为体，行之以诚，不形于外。故道之行，则仁义隐；道之废，则仁义彰。"

②杜光庭注此句："用智慧者，则将立法也。法出而奸生，则有大伪矣。"

③"六亲"，王弼注："父子、兄弟、夫妇也。""孝慈"解见本书上篇第二章第四节。

④河公本、王弼本、敦煌本、鼓应本为"忠臣"；帛书本、傅奕本、范应元本作"贞臣"；郭店本作"正臣"，其意相近，从河公本。

【译文】

大道（中蕴含的淳朴仁义）废弛了，才出现（口头标榜的）仁义；（机巧的）智慧出来了，才产生（口是心非甚至假仁假义的）大伪诈。六亲之间不和睦，才呼吁孝慈。国家昏乱动荡，才显出忠臣。

【第十九章】

绝智弃辩，民利百倍[①]；绝仁弃义，民复孝慈[②]；绝巧弃利，盗贼无有[③]。此三者以为文，不足。故令有所属：见素抱朴，少私寡欲[④]，绝学无忧[⑤]。

【注释】

①河公本、王弼本、奚侗本等均作"绝圣弃智"；郭店本、鼓应本作"绝智弃辩"，鼓应先生以为前句"与全书积极肯定'圣'之通例不合。'绝圣弃智'一词，见于庄子后学〈胠箧〉、〈在宥〉篇，传抄者据以妄改所致"。从后者。

②该句奚侗解为："'孝慈'之事，根于天性，不标举仁义以挠天下，则民复其性。"

③池田知久据郭店本将此句改为："绝智弃辩，民利百倍；绝巧弃利，盗贼无有；绝为弃虑，民复孝慈。"并阐释为："这些方案……在世人看来都具有负面的价值，这正是道家特有的反向论说式的、辩证法的思考产物。然而这些表达方式恐怕都朝着同一方向，即这是对终极的、本源性的'道'及其作用之'德'的把握。"虽经文本身有所差异，但他对老子哲学的理解是很精准的。

④此两句皆阐述老子自然质朴思想，释德清解为："因世人不知朴素浑全之道，故逐于外物，故多思多欲。今既去华取实，故令世人心志有所系属于朴素之道。若人人果能见素抱朴，则自然少私寡欲矣。"

⑤此句为本章尾句还是下章首句争议较大，诸今本皆在下章首。胡适《中国哲学史大纲》主张本句放在下章极无道理："今所传老子的书，分上下

两篇，共八十一章。这书原来是一种杂记体的书，没有结构组织。今本所分篇章，决非原本所有。其中有许多极无道理的分段（如二十章首句'绝学无忧'当属十九章之末，与'见素抱朴，少私寡欲'两句为同等的排句）。读者当删去某章等字，合成不分章的书，然后自己去寻一个段落分段出来。"；蒋锡昌、高亨、沙少海主张此句放本章尾，蒋言："此句自文谊求之，应属上章（即此章），乃'绝圣弃智（注：延续原文意，本章已改），……绝仁弃义，……绝巧弃利'一段文字之总结也。晁公武《郡斋读书志》谓唐张君相《三十家老子注》以'绝学无忧'一句，附'绝学弃智'章末，以'唯之与阿'别为一章，与诸本不同，当从之。后归有光、姚鼐亦以此句属上章，是也。"高亨也以文理、义理、韵理论证此句属本章，不复引，从后意。

【译文】

弃绝智诈与巧辩，对百姓（返璞归真）有百倍的好处。弃绝（背离自然法则的）仁义的说教，百姓就会恢复（淳朴的）孝慈。弃绝奇技淫巧与贪利，就不会再有盗贼为患。但这三者还是表面的文饰，用来治理天下是不够的。所以要让人心有所属才行，那就是：认识生命的本根而保持质朴之心，清除不洁的思念而减少过度的欲望，拒绝偏离大道（的机巧）之学而保持内心无忧愁纷扰。

【第二十章】

唯之与阿，相去几何①？美之与恶，相去若何？人之所畏，不可不畏。荒兮，其未央哉②！众人熙熙，如享太牢，如春登台③。我独泊兮，其未兆④，沌沌兮，如婴儿之未孩⑤；儽儽兮，若无所归⑥。众人皆有余，而我独若遗，我愚人之心也哉⑦！俗人昭昭，我独昏昏。俗人察察，我独闷闷⑧。澹兮其若海，飂兮若无止⑨。众人皆有以，而我独顽且鄙⑩。我独异于人，而贵食母⑪。

【注释】

①"唯"，恭维之声，一般指晚辈回应长辈，有恭敬意；"阿"，此处意为责备、大声呵斥，汉帛本甲本作"诃"，乙本作"呵"，意同。"几何"，意为多少。

②王弼、河公本如此；汉帛本甲本残缺，乙本为"望呵，其未央才"。此句陈鼓应解为："精神包含广远而没有边际。'荒兮'，广漠的样子。'未央'，即无尽的意思"。

③"熙"，古同"嬉"，"熙熙"，即人多欢乐嬉闹的样子。"太牢"，罗志霖解为："盛牲的食器叫牢，大的盛牲食器叫太牢。太牢盛牛、羊、猪三牲。用于宴会或祭祀，后来也指丰盛的筵席"。"春登台"，意为春天登高台远眺，王弼本、通行诸本均为此；范应元本作"'如登春台'易顺鼎本、沙少海本、高亨本从之，俞樾《诸子平议》认为"'如春登台'与十五章'若冬涉川'一律……今传写误倒耳。"从之。

④"泊兮"，淡薄、恬静的样子。"未兆"，没有征兆，看不出自得、自我炫耀的样子。

⑤"沌沌兮"，形容混沌、不开化的样子，这是老子对于深得道意之人的自嘲，实际为褒义。此句沙本在此处；诸本皆在"我愚人之心也哉"之后。马叙伦《老子校诂》认同："石田羊一郎移下文'沌沌兮'于此句上，作'沌沌兮若婴儿之未咳'。'若'字……范、寇、白、赵、吴、磻溪并作'如'。张嗣成无'若'字，馆本、易州无'之'字。'咳'字，范同此。各本作'孩'。'咳''孩'一字。"沙少海认为"此说于文谊甚顺，今从之"，笔者也以为该句放在前面似乎文理更通、文韵更顺，故从之。"孩""咳（读"孩"音）"二字古通用。《说文》解为"咳，小儿笑也"。

⑥"儽儽"，汉帛甲乙本均作"累"；王弼本、罗志霖本、陈鼓应本等均作"儽"。"儽儽"言失落、不合群之态。

⑦"愚人"，本意愚昧之人，这里老子是用来形容得道的大智若愚之人。

⑧"昭昭"，明白、明显；"察察"，察视、明察，这里是贬义，指不遵从自然之道之人的自以为通达事理、精于算计的样子。"昏昏"，昏昧不明的样子；"闷闷"，沉闷不醒的样子，这里是褒义，形容圣人"被褐而怀玉"的质朴本质。苏辙解为："世俗以分别为智，圣人知群妄之不足辩也，故其外若昏，其中若闷。"

⑨"澹"，形容安静、恬淡；"飂（读'六'音）"，形容大风疾速飘动。

⑩"顽且鄙"，顽固无知、鄙陋笨拙。傅奕本、释德清本、陈鼓应本等均作"且"，王弼本为"似"，但其释此句为"无所欲为，闷闷昏昏，若无所识，故曰'玩且鄙'也"，疑为"似"字有误，故从傅本。

⑪"贵食母"，河公注为"食（读'四'音），用也。母，道也。我独贵用道"。范应元解为"食者，养人之物，人之所不可无之也。母者，指道而言也"。

【译文】

（谦逊的）恭维与（傲慢的）呵斥，相距有多远？美善与丑恶，相差有多少？人们所畏惧的，不能不有所畏惧啊。（为道之路）遥远荒僻啊，真是广阔无边！众人（一派）欢乐热闹（的景象），如同是在享受盛大的宴席，又像是登上高台欣赏远方的美景。唯独我依旧淡然处之好像麻木不仁，没有一点（享受美食美景的）高兴样子，（让人感觉）混混沌沌啊，像刚刚出生的婴儿连笑还不会；又像是失落而茫然，四处流浪无家可归。众人都好像非常满足得其所愿，唯独我怅然若失彷徨无措。我真是生来一副（不通机巧智诈的）愚笨心肠啊！世俗的人个个通达事理、聪明外露；唯独我一个好像昏昧不明。世俗的人个个斤斤计较，唯独我一个沉闷不醒。（对俗世的利益）心无波澜森如大海，（对个人的得失）如疾风吹过了无牵挂。众人都有各自的本事，唯独我（看似）顽固不化鄙陋笨拙。我这样与众不同，是因为我把为道的根本，看得高于一切啊！

【第二十一章】

孔德之容，惟道是从 ①。道之为物，惟恍惟惚 ②。惚兮恍兮，其中有象 ③；恍兮惚兮，其中有物。窈兮冥兮，其中有精 ④；其精甚真，其中有信 ⑤。自今及古，其名不去，以阅众甫 ⑥。吾何以知众甫之状哉！⑦ 以此。

【注释】

① "孔"，甚、大之意。"德"，为"道（天之道）"在"有限（形）"的人类社会中的体现和效用，所以其彻底"和顺"于"道"。本书上篇第二章第四节有解。"容"字有两解，一为容纳、包容；一为相貌、样态、法象。河公解为前者"有大德之人，无所不容，能受垢浊，处谦卑也"；陈景元解为后者"'容'，状也"；蒋锡昌认为"'容'为法之法，皆指法象而言，即模范之谊也"，从后者。

② "恍惚"，意为看或听不真切、不清楚。高亨解为"无形貌也"；释德清解为"谓似有若无，不可指之意"。

③ "象"，形象，迹象。

④ "窈兮冥兮"，指幽深难识。高亨注为："昏昏昧昧全不见矣，此'道'之'无'也。""精"，上篇第二章第四节有解。

⑤ "信"上篇第二章第四节已解。

⑥ "众甫"，王弼解为："众甫，物之始也。以无名说万物始也。"

⑦ "状"，形状，这里指"道"的形状。帛书甲乙本、河公本、敦煌本、高亨本等，此字解作"然"，王弼本、奚侗本、鼓应本为"状"，从后者。

【译文】

大德的样貌，完全和顺于（天之）道。道的物质性之表现，总是恍恍惚惚的。恍惚之中却有（物质之）迹象可循，恍惚之中也有［有限（形）的］物质可感。幽深难识的道中，蕴含着一个精致的法则（指自然法则）。这个精致的法则至真至切存在，这个法则是诚信不欺的。从现在上溯至远古，其名字长久存在、从不消失，就是让人们认识万物之本原。我怎么知道的这个本原呢？就是由其（指天之道）而知。

【第二十二章】

曲则全，枉则直，洼则盈，敝则新，少则得，多则惑①。是以圣人抱一为天下式②。不自见，故明；不自是，故彰；不自伐，故有功；不自矜，故长③。夫唯不争，故天下莫能与之争④。古之所谓"曲则全"者，岂虚言哉！诚全而归之⑤。

【注释】

①"曲"，弯曲，《说文》解为"象器曲受物之形"，引申为委曲，此句意为受委曲。"全"，此处意为得以保全。"枉则直"，吴澄解为"枉者，不直也。尺蠖之曲而枉，所以能伸而直"。"洼则盈"，奚侗解为"江海善下，众水所归"。"敝"，《说文》指"败衣"，此句引申为陈旧、破败。"少则得，多则惑"，河公解为"自受取少，则得多也……财多者，惑于所守。学多者，惑于所闻"。此句体现老子哲学认识事物的对立统一和辩证转化观，上篇第三章第一节有述。

②"抱一"，指持一守道。"式"，范式、样板。

③"自见"，自以为是，吴澄解为"自见犹云自炫"。"彰"，彰示、彰显。"伐"，夸耀、炫耀。"矜"，矜持、自负，自以为了不起。

④"不争"，指天之道"不争而善胜"之特性。

⑤"虚言"，谎言、虚妄之言。"诚"，诚实，与"虚言"相应。

【译文】

不受委曲怎可成全，不遭冤枉怎得伸张，低洼反会盈满，凋敝反获新生，少取能保获得，贪多带来迷失。所以圣人持守天（之）道一心不二，成为治人事天的典范。不固执己见所以能够兼听则明；不自以为是所以其见识反能得到彰显；不自己炫耀功劳别人反而能把功劳记在心；不自以为大（早服于道）最终却能得到长生久视。正因为（和顺于道）谦下不争，（所以他的功劳）天下没有能与他争得了的。古人说"受委屈的才得保全"的话，岂是空虚的妄言吗！那确实是能够得偿所愿的。

〖 第二十三章 〗

希言自然①。故飘风不终朝，骤雨不终日②。孰为此者？天地。天地尚不能久，而况于人乎？故从事于道者，同于道；德者，同于德；失者，同于失③。同于道者，道亦乐得之；同于德者，德亦乐得之；同于失者，失亦乐得之④。信不足焉，有不信焉⑤。

【注释】

①"希"，稀罕，少见。"希言"，以言为稀，少说话。此处引申为善治中不要政令苛杂。蒋锡昌解为："'希言'者，少声教法令之治。"此句本书上篇第二章第一节有释。

②"飘风"，大风，狂风。"骤雨"，形容骤然而至的大雨、暴雨。杜光庭解此句为："此风雨者，喻也。夫狂疾之风、暴急之雨，理身理国……反害于

物也……若政严而狂疾，令峻而暴急，则民散而国危矣。"

③"失"，此处指违逆于道，失道失德。

④此句争议较大，鼓应本、罗志霖本据帛书本乙本改为"同于德者，道亦德之；同于失者，道亦失之"笔者觉得似显不妥，此句一是明显与上句三语式不对应，于文韵不达；二是把最为关键的"同于道者，道亦乐得之"省掉了，这句是回应上句"从事于道者"之言，乃老子最重于道的修为反不讲，意不完整；三是"德"本为道之下，乃老子"失道而后德"之退而求其次之言，这个"德"并不完全符合"天之道"之自然法则之根本，都已经"失道"了，何谈"道亦德之"？显然与老子追求自然之道、达到天（之道）人（之道）合一之终极目标不符。姑作妄言，望有识之士指教！

⑤此句十七章已解，不赘言。

【译文】

少言（慎发政令）是合乎自然（润物不言、不说教的）本性的。所以（这也正如）狂风刮不了一早晨，骤雨下不了一整天。兴风作雨的是谁呢？是天地。天地的骤狂都不能持久，何况于人呢？所以，选择依从于道的人就循道而行；选择依从于德的人就尊德而为；选择不遵从道德的人就只能得到失道失德的结果。循道而行的人，道便悦纳他；尊德而为的人，德便欢迎他；失道失德的人，失败便会伴随他。诚信不足，百姓自然不相信他。

〖第二十四章〗

企者不立；跨者不行①；自见者不明；自是者不彰；自伐者无功；自矜者不长。其在道也，曰：馀食赘形②。物或恶之，故有道者不处③。

　　　　　　　　　　　　　　　　　老子新论新解

【注释】

①“企”王弼本如此，奚侗本、蒋锡昌本、高亨本、鼓应本等皆延之；吴澄本、范应元本、苏辙本等皆作“跂”，为“企”之通假；帛书本甲乙本均只一句“炊者不立”，沙本认为“失韵，疑有讹夺”。奚侗解此句为：“企，举踵也……‘跨’，《说文》：‘渡’也。段玉裁云：‘谓大其两股间，以有所越也。’企而立者，不可以久；跨而行者，不可以长行。”

②“余食”，剩饭。“赘形”，赘疣。王弼本作“赘行”，易顺鼎认为：“‘行’疑通作‘形’。‘赘形’即王注所云‘肬赘’。‘肬赘’可言形，不可言行也。”蒋锡昌解此句为：“如食之残，如形之剩肉也。”

③“物”，这里是指人。“恶”，厌恶，讨厌。“不处”，不与这样的人相处，引申为不这样做。

【译文】

踮起脚跟不可久立，跨步而进不可远行。固执己见的做不到兼听则明；自私的短见得不到彰显；自夸有功的反而得不到认同；自高自大的不会长久存在。对照道的规律来看，这些逆道的行为犹如剩饭赘肉。只会让人厌烦。所以有道的人不屑于此。

【第二十五章】

有物混成，先天地生①。寂兮寥兮②，独立而不改，周行而不殆③，可以为天地母④。吾不知其名，强字之曰“道”，强为之名曰“大”⑤。大曰逝，逝曰远，远曰反⑥。故道大，天大，地大，人亦大⑦。域中有四大，而人居其一焉⑧。人法地，地法天，天法道，道法自然⑨。

【注释】

①"有物"，指大道；"混成"，有两意，一为由混沌（奇点经大爆炸）而成，河公将此解为"道无形混沌而生万物，乃在天地之前"；另一可理解为大道之组成，即其是由无形（形）之物、有限（形）之物及诸多人类未知之事物组成，王弼解为"混然不可得而知，而万物由之以成，故曰'混成'也"，此两意皆与笔者所解相通（见本书上篇第一章第二节）。"先天地生"，乃言大道早于天地而生并生成天地，详见本书上篇第一章第二节。

②"寂兮寥兮"，"寂"，寂静，无声；"寥"，空旷，静寂，王弼解为"寂寥，无形体也"，这是描述道之存在状态，如混沌（奇点）及道中无限（形）诸事物，都有如此状态。

③此句描述（天之）道之特性，由本书"道之构成"章所知，其涵盖之广、其运行之自然规律之所恒常，铸就了其产生、主导宇宙、推进万物运行之特点（见本书上篇第一章第二节）。"独立"即言道之本源性；"周行而不殆"，即言道之往复运行之规律性。

④"地"，郭店本、河公本、王弼本、高亨本、奚侗本、蒋锡昌本等为"下"；帛书甲乙本、范应元本、鼓应本、罗本、沙本等均为此，范应元认为："'天地'字，古本如此；一作'天下母'，宜从古本"。故从后意。

⑤"强字之曰'道'"，此句王弼本、傅奕本、范应元本、鼓应本、沙少海本如此，傅本"强"作"彊"，意同；河公本、奚侗本、蒋锡昌本、高亨本等无"强"字。范应元言："王弼同古本，河上公本上句无'强'字，今从古本。"

⑥此句乃描述道（宇宙）运行之特点，张岱年解为："'大'即道，是所以逝之理，由大而有逝，由逝而愈远，宇宙乃是逝逝不已的无穷的历程"（《中国哲学大纲》，详见本书上篇第一章第二节）。

⑦"人亦大"争议较大，"人"，王弼本、河公本、帛书甲乙本、郭店本等均作"王"；傅本、范本、鼓应本、奚侗本如此，奚侗认为"《老子》以道为天地万物之母，故先之以道大。若改'人'为'王'，其谊太狭。幸下文'人法地'，'人'字未改，益可资以证明"。此见解更近于老子立论之本意，乃从之。

⑧"域中"，即宇宙万物之中。

⑨"道法自然"，"法"，效法、师法、取法之意，与上三句"法"字同。笔者以为此"道"为"人之道"，"自然"乃"天之道"之本性，"天之道"师法自己于文理不通，故河公认为"道性自然，无所法也"，有的释文解为"道合于自然"（罗本）或"道纯任自然"（陈本）或"道以它自身的本性为法则（沙本）"等略显牵强。而老子《道德经》立论之本意，乃强调弃"人之道""损不足以奉有余"之缺陷，取"天之道""损有余而补不足"之归旨，故此"道（人之道）"非"彼道（天之道）"矣，详见本书上篇第二章第一节。

【译文】

有一个由混沌（无限、无形、无时、无声）生成的［蕴含着有限（形）、无限（形）万物运行发展自然规律的］东西，早于天地就存在了。难闻其声又难辨其形。独立常存永不改变，往复运行生生不息。可以称得上是天地万物的起源。我不知道它的名字，勉强称之为"（天之）道"，勉强起个名字叫"大（即自然规律）"。（它像我们周边的太阳、月亮一样不断）由大（日升、月盈）而走向消逝（日落、月落）、由消逝而远离（我们的视线），由远离（我们的视线）开始渐渐返回。所以（天之）道运行的自然规律就是大，天遵循这个自然规律可为大，地遵循这个自然规律可为大，人也要遵循这个自然规律才能成为大。宇宙中四个为大的，人位列其中之一。所以人要师法地运行的自然规律，地要师法天运行的自然规律，天要师法（天之）道运行的自然规律，人之道要师法（和顺于）天之道的自然规律。

【第二十六章】

重为轻根，静为躁君①。是以君子终日行不离辎重②。虽有荣观，燕处超然^③。奈何万乘之主，而以身轻天下^④？轻则失根^⑤，躁则失君。

【注释】

①"根"，根本、根基。"君"，君王、主宰。范应元解此句为："重可载轻，静可制动。故重为轻之根，静为躁之主。"

②"君子"，河公、高亨本、蒋锡昌本等作"圣人"；帛书甲乙本、敦煌本、林希逸本（见林希逸《老子卢虔口义》）、鼓应本等如此。奚侗言："'君子'谓卿大夫是也，说见《礼记·乡饮酒义》注，对下'万乘之主'言。""辎重"，出行之人携带的必备物资，古代常用为部队出行所带的军用物资。

③"荣观"，河公解为"宫阙"，喻指华美的宫殿。"燕"，奚侗注"'燕'为'宴'之借字，安也"；林希逸注"'燕'，安也。'处'，居也"。"燕处超然"指安然而居。

④"万乘之主"，指大国的君主。"而以身轻天下"，蒋锡昌解为："即以身为天下最轻之物也。夫俗君既以身为最轻之物，则纵欲自残，身且不治，又安可受天下之重寄，而为万民所托命乎。故《老子》作此言而伤痛之也。"

⑤此句奚侗本、蒋锡昌本、鼓应本等作"根"；王弼本、高亨本、帛书甲乙本等作"本"，河公本作"臣"，"本"与"根"可意通，"臣"疑有误。

【译文】

持重是轻浮的根基，镇静是急躁的主人。所以君子整天出行都带着路上需要的补给辎重。虽有华美的宫殿可居，他却超脱处之。然而却有的大国君主，还是（违反自然法则）轻浮骄躁去治天下。轻浮就会失去（治国的）根基，骄躁就会失去（主宰）的地位。

【第二十七章】

善行无辙迹①；善言无瑕谪②；善数不用筹策③；善闭无关楗而不可开④；善结无绳约而不可解⑤。是以圣人常善救人，故无弃人；常善救物，故无弃物。是谓袭明⑥。故善人者，不善人之师；不善人者，善人之资⑦。不贵其师，不爱其资，虽智大迷⑧，是谓要妙⑨。

【注释】

①奚侗解此句为："仿佯尘垢之外，修然而往，侗然而来，故'无辙迹'。车迹曰'辙'，见《汉书·贾谊传》注。"

②"瑕谪"，玉器上的瑕疵，这里比喻缺点、错话。

③"数"，计算。"筹策"，高亨言"古时计数之竹筳也"，"竹筳"，细竹枝，古代常用来计数。

④"关楗"，即门闩。河公本、吴澄本、罗志霖本等用"键"，范应元以为"'楗'，拒门木也；或从金傍，非也。横曰'关'，竖曰'楗'"。

⑤此句杜光庭解为："结，系也。绳，索也。约，束也。解，散也。夫坐忘遗照，深契道源，于诸法中尽能不滞，系心于此，故云善结。夫用绳约者，绳散则为约解。以道结者，心静则道冥。适使万源尽兴，终能一无所染，虽无绳约约束，岂可解而散乎？故云善结无绳约而不可解。"很精深也！

⑥"袭明"，"袭"，因袭、承袭。"明"，即第十六章老子云"知常曰明"，"常"，常道也。故"袭明"乃承袭常道，陈景元解此句为"圣人谓能行五善之圣人也。夫圣人体和自然，心冥至一，故能刍狗万物为而不恃。因人贤愚就之职分，使人性全形完，各得其用，故无弃人。又能随其动植，任其材器，使方圆曲直不损天理，至于瓦甓稊稗，咸有所施，故无弃物。常善者谓蕴其常

下 篇　　　　　　　　　　　　　　　　　　　　　　　　　　　| 179

道而能明悟任物也"。

⑦吴澄云："师者，人所尊事以为法者。资者，如以财货给人，俾人藉之赖之，而得以有所成者。"

⑧"迷"，迷惑、迷乱。

⑨"要妙"，此言道之精要玄妙。

【译文】

善于行走不会留下痕迹；善于言辞的不会说错话；善于计算的不用借助算具；善于关门的不用门闩却无人能开；善于捆绑的不用绳索却无人能解。因而圣人总能够（顺应自然）救人有道，无人被抛弃不管；总能够救物有方，无物被抛弃不用。这就是承袭了大道之英明。所以善（于救人救物之）人是不善（于救人救物之）人的师长，不善之人亦是善人的资鉴。不尊敬（这样的）师长（以获救人救物之良方），不惜重（这样的）资鉴（以为失败之警戒），再自诩聪明也会陷入深深的迷失之中。这就是道的精要玄妙之处啊。

【第二十八章】

知其雄，守其雌，为天下谿①。为天下谿，常德不离，复归于婴儿。知其白，守其黑，为天下式②。为天下式，常德不忒，复归于无极③。知其荣，守其辱，为天下谷。为天下谷，常德乃足，复归于朴。朴散则为器④，圣人用之，则为官长。故大智不割⑤。

【注释】

①"雄"，公的，雄性的，此处为雄强、强劲之意。"雌"，母的，雌性的，此处为雌柔、柔静之意。"谿"，高亨本、蒋锡昌本、沙少海本等如此；河公

本、通行本、帛书甲本、罗志霖本为"溪"。陈鼓应以为:"'谿'同'徯',徯径(亦作'蹊径')。言默守雌静,当为天下所遵循之蹊径。'谿'若如字训'溪谷',则与下之'谷'字义复。"

②"白",白色,指明亮;"黑",黑色,指昏暗不明。"式",王弼注为"式,模则也",即样式、法则。

③"忒",河公解为"差忒",即差错、偏失。"无极",本书上篇第一章第三节有解。

④"朴",道之喻称,言道之本质朴实无华。"散",消散,散发,这里是指道意的发扬光大。"器",器物,蒋锡昌言"'朴散则为器',言道散而为万物也"。

⑤"不割",不割裂,浑然一体。高亨云:"大制因物之自然,故不割,各抱其朴而已。"

【译文】

明知雄强之伟力,却甘守雌静之柔顺,而作为天下(行道)之蹊径。作为天下(行道)之蹊径,恒常之德就会长伴不离,(使人)回复到婴儿般自然状态。明知光亮之明慧,却持守暗昧之朴拙,作为天下(治理)的楷模。作为天下(治理)的楷模,恒常之德就不会错失偏离,(使国家)回复到长生久视的地步。明知荣耀之好处,却甘守卑下之地位,而成为天下(治理者的)旷达之空谷。作为天下(治理者的)旷达之空谷,恒常之德就会充实不虚,(使治理者)回复到道的本原境界。这本原境界发散弘扬就会泽被万事万物。圣人用于善治,就会成为受人尊敬的百官之首。所以善治是[如(天之)道般]浑然一体、惠民利民的。

【第二十九章】

将欲取天下而为之，吾见其不得已 ①。天下神器 ②，不可为也。为者败之，执者失之。故物或行或随；或歔或吹 ③；或强或羸；或培或隳 ④。是以圣人去甚，去奢，去泰 ⑤。

【注释】

①"取"，取得，占有。"为之"，去做。此句奚侗解为："'取'则必以武力。'为'则反乎自然，必至用心劳心，自危其身，'不得'谓不自得也。《淮南子·原道》：'吾所谓有天下者，非此谓也，自得而已'。又云：'所谓自得者，全其身者也'。"吴澄云："取天下谓使天下悦而归己也，为谓作为取天下者，德盛而人自归之耳。苟若有所作为，则是欲用智力以强服天下，岂能得天下之归己哉。"

②"神器"，神圣之物。陈景元解为："神器者，大宝之位，是天地神明之器也。人乃天下之神物也。"

③"或歔或吹"，通行本、蒋锡昌本、高亨本、罗志霖本等如此。"歔"，同嘘嘘，表现失落的样子；"吹"，吹气，引申为吹嘘；鼓应本作"嘘"，意与"歔"同；河公本、苏辙本、吴澄本等作"呴"，慢慢呼气之意。从前者。

④"或培或隳"，"培"，为植物培土。河公本、吴澄本为"载"，据傅奕本、范应元本改；"隳"，毁坏。河公本、吴澄本为此字；帛书本乙本、奚侗本、鼓应本等为"堕"。从前者。

⑤杜光庭解此句为："圣人之于天下也，观倚伏之事，见推移之机。于施为之中，不使过分。知甚者必极，奢者必贪，泰者必盛。物极必反，贪则必怨，盛则必哀。有一于此，必为亡败，故皆去之。"

想用强力（而不是顺乎自然）去赢得天下，我看没有可以成功的。治理天下是神圣的事情，不是靠强力就能得到百姓支持拥戴的。强力为之的，必然失败；人为把持的，必会失去。世间之事就是这样：有行在先的，就有随在后的；有说坏的，就有说好的；有盼其强盛的，就有促其衰弱的；有助其成长的，就有试图毁坏的。所以圣人要（和顺自然而治）戒除过分的、奢侈的和骄恣的做法。

〖第三十章〗

以道佐人主者，不以兵强天下，其事好还①。师之所处，荆棘生焉②。大军之后，必有凶年③。善有果而已，不以取强④。果而勿矜，果而勿伐，果而勿骄，果而不得已，果而勿强。物壮则老，是谓不道，不道早已⑤。

【注释】

①"佐"，辅佐。"好还"，"好"，容易；"还"，这里指还报、回报。苏辙云："圣人用兵，皆出不得已。非不得已而欲以强胜天下，虽或能胜，其祸必还报之。"林希逸言："我以害人，人亦将以害我，故曰其事好还。"

②"荆棘"，指丛生多刺的灌木。陈景元解此句为："师旅所据之处，必多害物，侵民妨稼，致田荒室露，荆棘乱生。"

③"凶年"，灾荒之年。

④"不以取强"，此句通行本、河公本、傅奕本、范应元本"不"后有"敢"字；帛书本、郭店本、罗志霖本等均无"敢"字，帛书本甲乙本均为"毋以取强"，据之改。

⑤"早已"，意为早亡。

以道来辅佐君王的人，不可靠武力而征服天下。用武力征服天下的，好战必亡。军队所到之处，便会荆棘丛生。大军征战之后，荒年必会到来。善于用兵的会不战而屈人之兵，（最好智取）而不用以兵强夺。目标达到了，也不能自大、不能自夸、不能骄傲，这本是不得已而为之（战胜以丧礼处之）的事，万不可逞强。任何事物过于逞强示壮就会走向衰败，这是不道的行为。不道的行为，会很快走向死亡。

【第三十一章】

夫兵者不祥之器①，物或恶之，故有道者不处。君子居则贵左，用兵则贵右②。兵者不祥之器，非君子之器。不得已而用之，恬淡为上③。胜而不美，而美之者，是乐杀人。夫乐杀人者，则不可得志于天下矣④。吉事尚左，凶事尚右。偏将军居左，上将军居右。言以丧礼处之。杀人之众，以悲哀莅之⑤，战胜以丧礼处之⑥。

【注释】

①此句河公本、王弼本为"夫佳兵者"；傅奕本为"夫美兵者"；帛书本甲乙本均作"夫兵者"，罗本、陈本、沙本从之。罗志霖、陈鼓应均认为是版本演化中"杂糅"或"衍生"所致，故从之。"兵"，兵器，引申为用兵和战争。宋徽宗解此句为："吉事有祥，兵，凶器也，故曰不祥。"

②陈鼓应解此句为："古时候的人认为左阳右阴，阳生而阴杀。后文所谓'贵左''贵右''尚左''尚右''居左''居右'都是古时候的礼仪。"

③"恬淡"，指恬静、安然。蒋锡昌解："'恬淡为上'言安静为上也。"

④"夫乐杀人者，则不可得志于天下矣"，杜光庭言："夫胜必多杀，若

以胜为美者，是乐多杀人也。乐多杀人，人必不附。欲求得志，不亦难乎？”

⑤“莅”，同“蒞”，到来、莅临之意。吴澄本、罗志霖本，作“莅”；沙少海本作“蒞”；河公本、高亨本、蒋锡昌本、奚侗本等均作“泣”。从前者。

⑥此句杜光庭释义为：“兵为不善之器，战为杀伐之资。胜则杀彼，败则杀此，皆吾民也。安不痛哉！圣人以之悲伤，君子以之恻悯，故当处之以丧礼也。”

【译文】

打仗是不吉利的事情，人们都厌恶它，所以有道的人不去使用。君子平时以左面为贵，用兵时却以右面为重。打仗是不吉利的事情，不是君子所愿意做的事情。万不得已而用兵，也要恬淡而处。打胜了也不是什么美好的事情。以打胜仗为美事的人，就是以杀人为乐。以杀人为乐的人，是不可能成功得到天下的。吉庆之事以左为上，凶丧的事情以右为上。偏将军居左位，上将军居右位，就是以丧礼来对待战争的事。打仗时杀人众多，要以悲痛的心情去看待阵亡的将士，就是打了胜仗，也要用丧礼的仪式去处置。

【第三十二章】

道常无名，朴①。虽小，天下莫能臣②。侯王若能守之，万物将自宾③。天地相合，以降甘露，民莫之令而自均④。始制有名，名亦既有，夫亦将知止⑤，知止可以不殆。譬道之在天下，犹川谷之于江海⑥。

【注释】

①“朴”，这里指天之道的特性，即自然质朴。

②“小”，这是指道之构成中起到决定作用的往往都是无限（形）不可

见或微观不可识事物的特点。"臣"，臣服。"天下莫能臣"，这是指道的存在及其规律是"独立而不改，周行而不殆"的，天下没人可以主宰。

③"自宾"，"自"，自觉、自动；"宾"，宾服、服从，意为自动服从。

④"自均"，奚侗解："'均'，平也。不待教令，民自平安。"

⑤"名"，名字，名义，这里引申为区分高下尊卑之身份地位之名，也即老子所言之"立天子，置三公"。王弼解此句为："始制，谓朴散始为官长之时也。始制官长，不可不立名分以定尊卑，故始制有名也。过此以往，将争锥刀之末，故曰'名亦既有，夫亦将知止'也。"

⑥"譬道之在天下，犹川谷之于江海"，"譬"，譬如，如同；"犹"，犹如，有如。蒋锡昌认为，"此句倒文，正文当作'道之在天下，譬犹江海之于川谷'。盖此文以江海譬道，以川谷譬天下万物"。

【译文】

道永远都是难以名状（不能一言以蔽之）的，因为它蕴含着（无名的混沌和宇宙中无限、无形的）质朴本源。（这些质朴本源）虽然微不可见、幽不可察，天下却没有什么能主宰它。王侯将相循道而行，万物将会自动顺服。天地之气顺道和合，就会降下甘露，无人命令它而自然均匀。人类社会形成了就有了高下的名分，既有了名分，人就该知道自己的所行所止，知行知止就可以避免危险了。道引导天下万民归向自然，就好像千里河川归流大海一样。

【第三十三章】

知人者智，自知者明。胜人者有力，自胜者强①。知足者富，强行者有志②。不失其所者久，死而不亡者寿③。

【注释】

①吴澄解此句为："有力能胜人,恃外之力;而能自胜,则内能克己也,故谓之强。"

②"强行",指勤勉而行。王弼解此句为："知足自不失,故富也,勤能行之,其志必获,故曰'强行者有志也'矣。"

③"所",处所,所在,这里指赖以立身之根本。陈景元解此句为："动而不失其所长,故可久,身死而道不亡,故谓之寿。"

【译文】

能识别他人的是有智慧,能反省自知的才是明白通达。能战胜别人的算有力量,能战胜自己的才是真刚强。知足常乐的就是富有,不懈进取的就是有志气。(和顺于道)不失本心的人可以长久。身死而明道之志犹存的才叫长寿。

【第三十四章】

大道氾兮,其可左右①。万物恃之而生而不辞,功成而不名有②。衣养万物而不为主③,常无欲,可名于小④;万物归焉而不为主,可名为大。是以圣人终不为大,故能成其大⑤。

【注释】

①"氾兮","氾",通"泛",广泛,这里引申为大道无所不在。"左右",表示方位,引申为支配,控制。释德清解此句为："此言道大无方,圣人心与道合,故功大无外,以实前'侯王能守'之效也。氾者,虚而无著之意。以道大无方,体虚而无系者,故其应用无所不至。故曰'其可左右'。"

②河公本、通行本、高亨本、蒋锡昌本、奚侗本、等均为"万物恃之而生而不辞";释德清本、吴澄本、敦煌本、鼓应本等此句第一个"而"为"以";帛书甲乙本均无此句。从前者。"名",《说文》"自命也"。河公解此句为"有道,不名其有功"。

③此句王弼本、蒋锡昌本、高亨本、奚侗本、鼓应本、罗志霖本等皆作"衣养";河公本、释德清本作"爱养";傅奕本、范应元本、吴澄本、敦煌本等作"衣被";帛书本作"万物归焉"。皆有养护万物之意,从前者。

④"常无欲",河公本、王弼本、释德清本、吴澄本、高亨本、蒋锡昌本等皆有此句;奚侗本、释德清本无;帛书甲乙本均为"恒无欲也",与"常无欲"意相近,从前者。

⑤此句帛书本甲本为:"是声人之能成大也,以其不为大也,故能成大";乙本为:"是以即人之能成大也,以其不为大也,故能成大";吴澄本:"是以圣人之能成其大也,以其不自大,故能成其大";沙少海本为"是以圣人之能成大也,以其不为大也,故能成大";罗志霖本"是以圣人之能成大也,以其不为大,故能成其大"。王弼本、高亨本、蒋锡昌本、鼓应本作"以其终不自为大,故能成其大";河公本、奚侗本、释德清本为:"是以圣人终不为大,故能成其大"。从河公本。

【译文】

大道(天之道)无所不在,可以支配一切。(宇宙)万物都是有赖于它而生,它从不推辞,成就了万物却从不自以为有功。抚育滋养万物却不以主宰自居,从来没有私欲,可称之为"小";万物都和顺于他仍然不以主宰自居,可称其为"大"。所以有道之人始终不自以为大,因而能够成大事。

〖第三十五章〗

执大象,天下往①。往而不害,安平泰②。乐与饵,过客止③。道之出口,淡乎其无味,视之不足见,听之不足闻,用之不足既④。

【注释】

①河公解为:"执,守也。象,道也。圣人守大道,则天下万民移心归往之也。治身则天降神明往来于己"。明太祖解为:"执大象者,即道理本体也。又王者大位,而大名政事是也。又王位民之大宝,持之以常而不妄,则天下归焉。归者从也,即天下往。"

②"泰",安泰。王弼本、帛书甲本、高亨本、蒋锡昌本、鼓应本等作"太",与"泰"意同。释德清解此句为:"万物恃之以生,故无往而不利,故云'往而不害'。然忘于物者,物亦忘之,故物各得其所而无不安。物物相忘而无竞,故无不平。暖然如春,故无不泰。"

③"乐",音乐,"饵",食物,美食。"止",停止、停步。

④"既",终了,穷尽。

【译文】

秉持大道的,天下人都前来归往于他。对于归往他的人(他也会遵循天之道的法则)互利而不相害,从而(使人们)得到安宁祥和。动听的音乐和美食佳肴,会使过路的人沉溺不前。大道(如此伟大)说出来却平淡无味,看起来不起眼,听起来也不入耳,用起来却受益无穷。

【第三十六章】

将欲歙之，必固张之 [①]；将欲弱之，必固强之；将欲废之，必固兴之 [②]；将欲取之，必固与之 [③]。是谓微明 [④]。柔弱胜刚强。鱼不可脱于渊，国之利器不可以示人 [⑤]。

【注释】

① "歙"，吸气，收敛。帛书本甲本作"拾"，疑有误；乙本作"翕"，与河公本同。"翕"，收敛、和顺，意与"歙"同。"张"，扩大，扩张。

② "兴"，兴盛，兴旺。此句王弼本、河公本、奚侗本、释德清本、敦煌本、苏辙本、吴澄本等均作"兴"；帛书甲乙本均为"与"；鼓应本、罗志霖本采高亨、劳健等意改为"举"。高亨言："'与'当作'举'，形近而伪。古书常'废''举'对言。"劳健以为"兴"乃帛书本中古"与"字抄误。笔者以为不妥，其一，古之"舆""興"二字，虽形近，区别也很显然；其二，古人也有"兴废"对举之说，如《毛诗大序》中即有"是以一国之事，系一人之本，谓之风；言天下之事，形四方之风，谓之雅。雅者，正也，言王政之所由废兴也"（《中国古代文论选编》）；《吕氏春秋·恃君》"德衰世乱，然后天子利天下。国君利国，官长利官，此国所以递兴递废也，乱难之所以时作也"。可见，古人"兴废"，也常用来对举。故从前者。

③ "取"，王弼本、河公本、敦煌本等多作"夺"；范应元本、彭耜本作"取"（《道德真经集注》），《韩非子·喻老》言"故曰'将欲取之，必固与之'。起事于无形，而要大功于天下，是谓微明"。范应元言："'取'，一作'夺'，非古也。"

④ "微明"，河公解为："此四事（注：即上言四意），其道微，其效明

也。"高亨之解甚好："此诸句言天道也。或据此斥老子为阴谋家，非也。老子戒人勿以张为可久，勿以强为可恃，勿以举为可喜，勿以与为可贪耳。故下文曰：'柔弱胜刚强'也。"

⑤"国之利器"，所解甚多，河公"利器者，权道也"；韩非"赏罚者，邦之利器也"；王真"兵者国之利器也，故不可以示见于人"。奚侗引《庄子·胠箧》篇之解，云"审《庄子》言，知老子以'渊'喻道，以'利器'喻圣知。绝圣弃智，盗贼乃止，故云'国之利器不可以示人'也"。此说较贴切。

【译文】

要想收缩它，必先扩张它；要想削弱的，必先加强它；要想废弃它，必先兴盛它；要想取得它，必先给予它。这是（道的）微妙而显明的特性。柔弱要胜于刚强。鱼不能离开深渊，（圣人）治国（循道而为）的绝招和利器不能轻易示人。

【第三十七章】

道常无为而无不为①。侯王若能守之，万物将自化②。化而欲作，吾将镇之以无名之朴③。无名之朴，夫亦将不欲。不欲以静，天下将自正④。

【注释】

①"无为"，和顺自然，不乱为、妄为；"无不为"，在和顺自然上，天之道又"润物无声"，随时随地的在发挥作用，王弼解为"万物无不由为以治以成之也"。该句详解见本书上篇第二章第一节。

②"自化"，"自"，自己，自我；"化"，进化、生长，指万物不用人力干扰而自我进化生长。释德清解此句为："故侯王但能守之者，而万物不期化而

自化矣。此言守道之效，神速如此。"

③"欲作"，"欲"，私欲，贪欲；"作"，产生，兴起。"镇"，镇守，控制，此句引申为镇守而使之复归淳朴安静之态。

④"正"，正常，不偏离。此处引申为对"化而欲作""镇之以无名之朴"后的恢复正道。

【译文】

道（和顺自然，在违道之事上）从来都是无所作为，实际上没有一件事不是它做成的。侯王若能守道如一，万物就会自然生长变化。生长变化中有私欲萌生时，我便用道的自然质朴来镇定它。有了道的自然质朴，化育的万物就不会再有贪欲。没有贪欲了就会自然宁静，天下便自然复归安定和顺。

〖第三十八章〗

上德不德，是以有德；下德不失德，是以无德①。上德无为而无以为；下德无为而有以为②。上仁为之而无以为；上义为之而有以为。上礼为之而莫之应，则攘臂而扔之③。故失道而后德，失德而后仁，失仁而后义，失义而后礼④。夫礼者，忠信之薄，而乱之首⑤。前识者，道之华，而愚之始⑥。是以大丈夫处其厚，不居其薄；处其实，不居其华。故去彼取此。

【注释】

①此章参见本书上篇第二章第四节，有详解。"上德"，上等的德，最好的德，也即最接近自然之道的德。"不德"，顺应自然而为，不以德为德，不自恃有德之意。

②"下德无为而有以为"，此句争议较大，河公本、通行本、吴澄本、蒋

锡昌本、高亨本等皆有此句;奚侗本为"下德为之而无不为";帛书本甲乙本均无此句,沙少海本、鼓应本、罗志霖本据帛书本删除。此句之存虽无实据,但《淮南子·主术》有论"是故道有智则惑,德有心则险,心有目则眩",疑似解此句德之"有以为"之意,另从行文上看,保留此句与上句对举,似更通恰。

③"攘臂",抬起、伸出手臂。"扔",高亨解为"《广雅·释诂》'扔,引也'。攘臂而扔之者,谓攘臂以引人民使就于礼也"。

④"失",失去。《淮南子·缪称》言:"道者,物之所导也;德者,性之所扶也;仁者,积恩之见证也;义者,比于人心而合于众适者也。故道灭而德用,德衰而仁义生。故上世体道而不德,中世守德而弗坏也,末世绳绳乎唯恐失仁义。"

⑤"薄",言少、淡薄。

⑥"愚",愚昧,这里是贬义,与第二十章中"我愚人之心也哉"的"愚"意相反。

【译文】

上德之人和顺自然心里没有德的概念,(与德融为一体)所以这是真有德;下德之人执着于德本身而忘了自然的本根,(这是舍本求末)所以这是假德之名而失德。上德之人不去做失德之事也不以为意;下德之人不去做失德之事却患得患失。上仁之人追求仁爱发乎本心不求回报;上义之人施行义举却是有意为之以求美名。上礼之人推行礼法而没有得到响应,就撸起袖子去要求别人服从了。所以错失了道,这才(退而求其次)讲求德;错失了德,这才讲求仁;错失了仁,这才讲求义;错失了义,这才讲求礼。所谓礼,不过是忠信淡薄的产物,而祸乱也显出端倪了。所谓有先见之明的高人,不过是领略了大道的一点皮毛,是导人愚昧(远离大道)的开始。因而大丈夫立身于自然之淳厚,而不拘泥于浅薄的礼法;立身于大道的朴实,而不沉溺于智诈的虚华。所以要摒弃失道的淡漠虚华,而抱守自然的本真醇厚。

【第三十九章】

　　昔之得一者①：天得一以清；地得一以宁；神得一以灵；谷得一以盈；万物得一以生；侯王得一以为天下正②。其致之也③，谓④天无以清，将恐裂；地无以宁，将恐废；神无以灵，将恐歇；谷无以盈，将恐竭；万物无以生，将恐灭；侯王无以正⑤，将恐蹶。故贵以贱为本，高以下为基。是以侯王自谓孤、寡、不穀⑥。此非以贱为本邪？非乎？故致数誉无誉⑦。是故不欲琭琭如玉，珞珞如石⑧。

【注释】

　　①"昔"，从前，这里指自古以来、古往至今。"一"，这里即第二十二章"圣人抱一以为天下式"之"一"，"一"即是道。高亨言："此所谓一即道之别名也。盖道者本为独立之个体，故老子又谓之一。"

　　②"清"，晴朗，清明。"宁"，安宁，宁静。"灵"，神灵，灵验。"盈"，丰满，充盈。"生"，生长，发育。"正"，正常，这里指归正，即天下得到安定。王弼本为"贞"，范应元云："'贞'，正也，王弼、郭云同古书。一本'贞'作'正'，亦后人避讳也。"帛书甲乙本均为"正"，据改之。

　　③"其致之也"，高亨言"致犹推也，推而言之如下文也"；苏辙云"致之言极也……然其极必至于此耳"。此"推"亦有"反推（而言之）"之意。

　　④"谓"，通行本、河公本等无此字；帛书甲乙本均为"胃"，乃"谓"之误，故加之。

　　⑤"正"，鼓应本、沙少海本、罗志霖本等如此；河公本、王弼本、蒋锡昌本等为"贵高"；傅奕本为"王侯无以为贞而贵高"；帛书本乙本为"侯王毋已贵以高"；杨丙安《老子古本合校》认为"据此节所陈五事之文例观之，与此相应之上句既为'侯王得一以为天下正'，则此句当作'侯王无以为正'，

而不当作'无以贵高',且作'贵高'亦似与老氏处卑、就下之旨不符。此二字或涉下句'贵以贱为本,高以下为基'而衍误",故从后者。

⑥"孤、寡、不穀",皆是王侯对自己的谦称。杜光庭言:"无父称孤,无夫曰寡。穀,善也,不穀犹不善也。"

⑦"数",多个,多次。"誉",声誉,荣誉。傅奕本、奚侗本、高亨本为"誉";帛书乙本、王弼本作"舆";河公本、释德清本作"车"。易顺鼎认为"舆"字义不可通。高亨言:"王本原作'舆',傅本作'誉',释文同,今据改。"

⑧"璓璓",一种玉,这里形容像玉一样珍贵。"珞珞",坚硬,坚实。蒋锡昌解此句为:"言不欲璓璓如玉之高贵,宁珞珞如石之下贱也。"

【译文】

古往至今抱一得道的,天得一而清明,地得一而安宁,神得一而有灵,(川)谷得一而充盈,万物得一而生长,侯王得一而使天下归正。反过来推断:是说天若不清明,恐怕将要崩裂;地若不安宁,恐怕将要倾覆;神若不灵验,恐怕将要无人问津;(川)谷若不充盈,恐怕将要干涸;万物若不生长,恐怕将要灭绝;侯王若不能归正天下,恐怕将要覆灭。所以贵以贱为根本,高以下为基础。因而侯王都称自己为"孤""寡""不谷"。这不是把谦下作为根本吗?难道不是吗?所以求得过多的荣誉反而如同没有荣誉。所以不要追求晶莹如美玉,也不要放任自己做坚硬的顽石。

【第四十章】

反者道之动①;弱者道之用②。天下万物生于有,有生于无③。

①"反",有对立相反与往复运动二意,皆可释详见本书上篇第一章第二节。

②"弱",意为柔弱不显、幽深难识,详见同上。

③"无"即无限(形)之事物;"有"即有限(形)之事物,详见同上。

【译文】

相反相成和往复循环是道运动的规律;柔弱不显却又不可置疑是道发挥作用的方式。天下万物都生于有限有形的实体,有限有形的实体生于无限无形的混沌中。

【 第四十一章 】

上士闻道,勤而行之;中士闻道,若存若亡;下士闻道,大笑之。不笑不足以为道①。故建言有之②:明道若昧,进道若退,夷道若纇③。上德若谷,大白若辱,广德若不足,建德若偷,质真若渝④。大方无隅⑤,大器晚成,大音希声,大象无形⑥。道隐无名,夫唯道,善始且善成⑦。

【注释】

①"笑",嘲笑、看不起之意。河公解此句为:"不为下士所笑,不足以名为道。"

②"建言",苏辙注曰:"建,立也。古之立言者有是说,而老子取之,下之所陈者是也。"

③"昧",昏昧,暗昧无光;"夷",平坦;"纇",《说文》解"丝结也"。乃纠结不直之意,引申为崎岖不平。

④"大白若辱",杜光庭言:"白,纯净也。辱,尘垢也。得纯净之道者,混迹同尘,故称若辱。而实纯白,独全备尔。""建德",俞樾考证:"'建'当读为'健'……能有所建为也"。是'建''健'音同而义亦得通。'建德若偷',言刚健之德,反若偷惰也"。高亨:"'建德若偷',犹言强德若弱耳。""渝",改变、变化。

⑤"方",方正;"隅",角落。"大方无隅",苏辙注为"全其大方,不小立圭角也"。

⑥"大器",珍贵、贵重的器物,"晚成",很晚才能完成。这里引申为才能卓越的人成就都取得较晚。

⑦此句河公本、通行本、吴澄本、鼓应本等皆作"善贷且成";帛书乙本如此,参考第六十四章"民之从事,常于几成而败之。慎终如始,则无败事",觉帛书本似与老子意更相近,故从之。

【译文】

上士听了道之后,勤勉遵行;中士听了道之后,半信半疑;下士听了道之后,大声嘲笑。若不被嘲笑,就不足以成为道。所以古时立言之人说过:光明的道仿如暗昧,前进的道仿如后退;平坦的道仿如坎坷。至高的德谦下若谷,至纯的德如蒙尘垢,广大的德视若不足,刚健的德好似懦弱,贞朴的德看似圆滑善变。最方正的品格看似没有棱角,最卓越的才能很晚才能成就,最大的声音反而听不清,最大的形象反而看不到踪影。道隐身于世不显其名,也只有道,善始善终善作且成。

〖第四十二章〗

道生一,一生二,二生三,三生万物①。万物负阴而抱阳,冲气以为和②。人之所恶，唯孤、寡、不穀，而王公以为称。故物或损之而益，或益之而损^③。人之所教，我亦教之。强梁者不得其死，吾将以为教父^④。

【注释】

①这句阐释道生万物的过程，张岱年云："一是浑然未分的统一体，二即天地，三及阴阳和盅气，由阴阳与盅气生出万物。由道乃有阴阳之相反相生而化成万物。"此说与本书立论相近，详见上篇第三章第一节。

②"万物负阴而抱阳"，司马光解为："负犹背也，抱犹向也。"河公解为："万物无不背阴而向阳，回心而就日。"陈景元进一步解为："动物则畏死而趣生，植物则背寒而向暖。物之皮质，周包于外，皮质阴气之所结，故曰负阴。骨髓充实于内，骨髓阳气之所聚也，故曰抱阳。""冲气以为和"，"冲"，《说文》"冲，涌摇也"，意为冲涌激荡。高亨解为"言阴阳二气涌摇交荡以成和气也"。"为和"，王充《论衡》言："天地合气，万物自生，犹夫妇合气，子自生矣。"另结合本书立论，"阴"者，乃不光明而幽暗之物，引申为无限（形）之事物；"阳"者，乃光明可见可循之物，引申为有限（形）之事物，详见上篇第三章。

③"损"损坏，减损；"益"，有益，增益。陈景元解此句为："夫物有能减损情欲，不自矜伐，卑以自牧。如王公称孤、寡、不穀之损，故有尊贵之意也。俗物则惟好盈满，饕餮富贵，不知住止，而危败及之。"

④"强梁者不得其死"，"强梁者"，谓强暴之人。河公解此句为："强梁，谓不信玄妙，背叛道德，不从经教，尚势任力也。不得其死者，为天所绝，兵刃所伐，王法所杀，不得以寿命死。""吾将以为教父"，吴澄言："教父犹曰教之本，父谓尊，而无出其上者也。"

【译文】

道［天之道，本源于"混沌（即无限、无形、无时的'奇点'）"这个起源点，经过"大爆炸"］生成了宇宙这个物质性的统一体，宇宙经过发展演化诞生了天地（这个人类赖以生存的世界），由天地之造化诞生了［人类这个万物之灵，有了人类的灵智以后，才产生了阴（即无限事物）、阳（即有限事物）这个概念，由天地交合、人类创造而产生（认识）了］万事万物。万物背阴而向阳［即由阳（即有限物质）和阴（即无限物质）所构成］，阴阳二气互相冲涌激荡（即有限物质与无限物质相互发展转化）而达成和顺。人们所厌恶的就是"孤""寡""不穀"，但是王公却用来称呼自己。所以事物的发展有时求损反而获益，有时求益反而受损。前人教我的，我也用来教导别人。强暴（不敬天道）的人没有好下场，我将把它作为教人的根本。

【第四十三章】

天下之至柔，驰骋天下之至坚①。无有入无间②。吾是以知无为之有益。不言之教③，无为之益，天下希及之④。

【注释】

①"至柔"，最柔软的东西。河公释为水"至柔者，水"；王弼释为气、水"气无所不入，水无所不出于经"；杜光庭释为正性"此章示人正性至柔，修之则与道合同"；范应元释为"道之用"等，众说杂多。观老子全文，"柔"字共在七章（第十章、第三十六章、第四十三章、第五十二章、第五十五章、第七十六章、第七十八章）中讲到11次，其中用来比喻、描述为水1次，婴儿、赤子各1次，人和草木各1次；直言柔（弱）胜（攻、驰骋）（刚、坚）强3次；比喻柔（弱）好处的守柔曰强、柔弱处上、柔弱者生之徒3次。可见，"柔"这个概念，似应可喻为物，但不拘于物，实际更主要是用来说明道的特性，即和顺于道之幽暗不明却又用之不足既之规律、特性，才能无往而不胜。"驰骋"，马奔走的样子，引申为驾驭。"至坚"，最坚硬，这里指宇宙万物。

②"无有"，即道之自然法则；"无间"，没有间隙，这里指宇宙间无限（形）和有限（形）的事物。

③"不言之教"，指自然发挥作用特点，即"润物不言，不说教"的方式，详见本书上篇第二章第一节。

④"希"同"稀"，稀少、很少。

【译文】

天下（看似）最柔弱的（道之自然法则），可驾驭天下最坚强的（宇宙万物）。没有实体的（自然法则），进入没有空隙的（宇宙万物）。我由此便知道无为（和顺自然，不逆道而为）的益处。这种无言的教化（润物不言，不说教），无为的益处，天下很少有人能达到啊。

【第四十四章】

名与身孰亲？身与货孰多？得与亡孰病①？甚爱必大费②；多藏必厚亡③。故知足不辱，知止不殆，可以长久④。

【注释】

①"名"，名声，名誉，名节；"身"，身体，生命；"孰"，文言代词，谁、什么、哪一个之意；"亲"，亲切，引申为珍重、珍惜。"货"，财货，财物；"多"，一般形容事物的多少，此处指"贵重"，杜光庭解为"多者，可贵重之意也"。"得与亡"，指得到名利与失去生命；"病"，疾病，这里引申为病害，损害。陈景元解此句为："夫虚名浮利，得之乎轻羽，而性命形神，亡之若太山。达人校量谁者是病？"

②"甚爱"，过分爱惜；"大费"，很大的损耗、损失。王弼本此句前原有

"是故"，据帛书本删。

③"厚"，深厚，厚重，这里意指惨重、重大。陆希声解此句为："多藏货者必遭盗，则厚失其资矣"。

④此句前王弼本、河公本均无"故"字，帛书本甲本有此字，故加。"辱"，耻辱，羞辱。

【译文】

名誉与生命哪一个更应珍惜？生命与财货哪一个更为贵重？得到名利与丧失生命哪一个更为有害？过分爱惜名誉就必定付出巨大耗费；过多囤积财富就必会招致惨重损失。所以知道满足便不会受到屈辱，知道适可而止便不会遇到危险，这样就可以长久平安。

【第四十五章】

大成若缺，其用不弊①。大盈若冲，其用不穷②。大直若屈，大巧若拙，大辩若讷③。躁胜寒，静胜热④。清静为天下正⑤。

【注释】

①河公解此句为："谓道德大成之君。若缺者，灭名藏誉，如毁缺不备。其用心如此，则无弊尽时。"

②王真释此句为："夫圣人……虽居至满之势，亦不骄其盈，常自谦虚，故其用也，永无穷困之厄。"

③"直"，正直，"曲"，弯曲；"巧"，灵巧，"拙"，笨拙；"辩"，善言，善辩，"讷"，言语迟钝，口讷。苏辙解此句为："直而不屈，其直必折；循理而行，虽曲而直。巧而不拙，其巧必劳；付物自然，虽拙而巧。辩而不讷，其辩

必穷;因理而言,虽讷而辩。"此句解得很精彩。

④"躁",躁动,这里指活动身体以避寒。"静胜热",安静、沉静可以战胜溽热,即常言的"心静自然凉"。

⑤"清静",清心沉静,这里指清静无为。"正",这里喻指榜样、模范之意。蒋锡昌言:"'正'者,所以正人也,故含有模范之意。此言人君应以清净之道为天下人民之模范也。"

【译文】

最成功的(人生)好像有缺憾,其(榜样的)作用却不会失效。最完满的(人格)好像冲虚不明,其(示范的)作用却不会穷尽。最正直的(人)好像曲意迎合,最聪明的(人)好像愚笨朴拙,最善辩的(人)好像口讷少言。运动可以避寒,沉静可以耐热。清静无为是天下的楷模。

〖第四十六章〗

天下有道,却走马以粪①。天下无道,戎马生于郊②。罪莫大于可欲,祸莫大于不知足,咎莫憯于欲得③。故知足之足,常足矣④。

【注释】

①"天下有道",指国家实行善治,政治清平。"却",退回,退还。奚侗解此句为:"《释诂三》:'粪,除也。'有道之世,兵革不兴,却退走马,使粪除田畴。"

②"无道",不和顺天道,指政治上不清明。"戎马",战马。"生",一说为"生产",被战争征用的母马生马驹于战地郊野;一说为"兴起",指战马兴起于郊野,二意皆可。吴澄言:"郊者,二国相交之境。"杜光庭言:"天下

无道之君，纵欲攻取，故兵士戎马寄生于郊境之上矣。"另:《诗经·邶风》《击鼓》篇中即有"击鼓其镗，踊跃用兵。土国城漕，我独南行。从孙子仲，平陈与宋。不我以归，忧心有忡。爰居爰处，爰丧其马。于以求之，于林之下……"，就是讲诸侯间激战于郊，战马走丢的情形，以证老子所言不虚。

③此句同于帛书甲本。"可欲"，值得引起欲念的事情，引申为追求功名利禄。"咎"，过失，灾祸。"憯"，惨痛。"欲得"，贪欲，贪得无厌。

④"足"，满足，"知足之足"，这里强调的是一种"知足"的心理平衡，即常说的"知足者常乐"。也喻言有道之治，即如王弼所言"天下有道，知足知止，无求于外，各修其内而已"。

【译文】

国家政治清平实行善治，退还战马于民用来耕种施肥。国家政治昏暗征战不断，怀驹的母马也要在战场上产驹。罪过没有比追名逐利更大的，祸患没有比不知足更大的，过错没有比贪得无厌更大的。所以（和顺自然之道）知道满足而心理平衡，这种满足才是永恒的。

【第四十七章】

不出户，知天下；不窥牖，见天道①。其出弥远，其知弥少②。是以圣人不行而知，不见而名，不为而成③。

【注释】

①"窥"，从小孔、缝隙或隐蔽处偷看，即"窥探"意，这里泛指观看。"牖"，窗户。"天道"，指自然规律。

②"弥"，副词，表示更、甚、越来越等意。

③"名"，通"明"，明白、知晓。释德清云："是以圣人淡然无欲，不事于物，故寂然不动，感而遂通天下之故。故曰'不行而知'。如此，则尸居而龙见，渊默而雷声。故曰'不见而名'。道备于己，德被群生，可不言而化。故曰'不为而成'。是谓自足于性也。"

【译文】

不出屋门，就能知道天下事理；不望窗外，便可认识自然的法则。出门走得越远，对道的认知越少。所以圣人不出行就能感知，不眼见就能心明，不妄为就能成功。

【 第四十八章 】

为学日益，为道日损①。损之又损，以至于无为，无为而无不为②。取天下常以无事③，及其有事，不足以取天下。

【注释】

①"为学"，指学习知识。"益"，增加、增益。"为道"，指悟道、求道，"损"，损失、减损。王弼解此句为："务欲进其所能，益其所习。务欲反虚无也。"任继愈言："认识一般事物，他（注：指老子）认为可以通过学习，日积月累，去增加知识，所以老子说'为学日益'；如果认识最高原理的道，必须从复杂、多样的耳目闻见的感觉经验中解脱出来，要站得更高些，才能认识它，这就是老子所谓'涤除玄览'（十章），'为道日损'（四十八章）。"（《中国哲学史》）如此可见，老子并不反对从学习中获得知识，但认为求学与求道的方法、途径不同而已。

②吴澄解此句为："为道者减损其有为之事，损之又损及损之既尽，而

无复有可损，则至于无为也。彼有为者，为一事不过一事，为十事不过十事而已。其未为之事，何啻千万不可胜穷，岂能事事而为之哉。惟无为者事事不为，故能事事无不为也。"

③"取"，治理。河公言："取，治也。治天下当以无事，不当劳烦也。""无事"，即不妄为。

【译文】

求学的人每天知识都在增益，求道的人每天妄欲都在减少。减少再减少，就可以达到和顺自然而不妄为的境界了。没有妄为和顺自然了，就没有做不成的事了。治理天下常常采取顺应自然的方式，倘若失道妄为，就不配治理天下了。

【第四十九章】

圣人常无心①，以百姓心为心。善者，吾善之；不善者，吾亦善之；德善②。信者，吾信之；不信者，吾亦信之；德信③。圣人在天下，歙歙焉④，为天下浑其心⑤，百姓皆注其耳目，圣人皆孩之⑥。

【注释】

①"常"，恒常；"无心"，罗尚贤《老子通解》言："无偏见，无私欲驱使的主观成见，也就是38段中说的上德外延之一的'无以为'。"王弼本作"无常心"，帛书乙本作"恒无心"，语式据帛书本改，"常"通"恒"，没改。

②"德善"，"德"通"得"，得到、达成，意为得到善果。

③"德信"，"信"，诚信，信任，意为得到诚信。吴澄解上两句为："民之善不善、信不信，圣人不分其是非，皆以为善、以为信。不惟善者得善、信者

得信,而不善者亦得善、不信者亦得信矣。'得'谓民得此善信而不失益,不善不信亦化而为善信,是人人得此善信也。"

④ "歙歙焉","歙",意为"吸气",范应元解为"歙:音吸,收敛也"。"歙歙焉",意为收敛个人的主观成见,以道之朴实自然之心待人。通行本无"焉",帛书甲、乙本皆有,据改之。

⑤ "浑其心","浑",如浑沌般质朴,意为使百姓心性归于浑沌质朴。

⑥ "百姓皆注其耳目,圣人皆孩之","注",关注,注视;"孩之",意为对待百姓如自己的孩子。河公解为:"注,用也。百姓皆用其耳目为圣人视听也。圣人爱念百姓如婴孩赤子,长养之而不责望其报。"

【译文】

圣人不持个人主观成见,而是以百姓的心愿为心愿。良善的人,我善待他;不良善的人,我也善待他,从而促使人人向善。诚信的人,我信任他;不诚信的人,我也信任他,从而促使人人诚信。圣人善治天下,和顺自然,无所偏失,使百姓复归于浑沌质朴之心,百姓都全神贯注(以聆听圣人之教喻),圣人则把他们当作自己的孩子般教喻和管理。

‖第五十章‖

出生入死①。生之徒,十有三;死之徒,十有三②;人之生生,动之于死地,亦十有三③。夫何故? 以其生生之厚④。盖闻善摄生者,陆行不遇兕虎,入军不被甲兵;兕无所投其角,虎无所用其爪,兵无所容其刃⑤。夫何故? 以其无死地⑥。

【注释】

① "出生入死",此句说法杂多,关键在对字句的理解。有言"生"为生

地、"死"为死地的，即王弼所解："出生地，入死地"，这是说人离开了生路，就走入了死路，这是更多就人的生活方式而言的。有言人始于生、终于死的，如吴澄所言"'出'则生，'入'则死；'出'谓自无而见于有，'入'谓自有而归于无"，这是就人生死的自然规律而言的。有言就第一说而进一步，强化了道家和顺自然而处理好"生与死"辩证关系的，如释德清所云"'出生入死'者，谓死出于生也。言世人不达生本无生之理，故但养形以贪生，尽为贪生以取死。是所以入于死者，皆出于生也"，这是说不和顺于大道，本为生而为，往往适得其反，是走上了死路，这应更近于老子哲学的本意。然此词作为一个现代常用的成语，其意更为人所知的是常用来形容"冒着生命危险、不顾个人安危"而施行的救人或救难的义举，不是为个人之长生走向死地，而是为救人而慷慨赴死，这个讲的是褒义，就与老子的"出生入死"本意截然不同了，要注意区分。

②"徒"，类型，一类人，蒋锡昌言"'徒'，党也，见《孟子·滕文公下》'圣人之徒也'注：党者犹云类也"。"生之徒"，即属于长命的一类人；"死之徒"，即属于早亡或夭折的一类人。

③"人之生生，动之于死地，亦十有三"，此句通行本作"人之生"，据帛书本改。"生生"，即为了生而生，违反了道家自然规律。即上文释德清所言的情况。苏辙解此句为："用物取精以自滋养者，生之徒也。声色臭味以自戕贼者，死之徒也。二者既分生死之道矣。吾又知作而不知休，知言而不知默，知思而不知忘，以趣于尽，则所谓动而之死地者也。生死之道以十言之，三者各居其三矣，岂非生死之道九，而不生不死之道一而已乎？不生不死，则《易》所谓寂然不动者也。老子言其九，不言其一，使人自得之，以寄无思无为之妙也。"

④"生生之厚"，"厚"，厚重，这里指过度求生。

⑤"摄生"，吸取、保养，这里指养生；"兕"，读"四"，古书上指雌的犀牛；"投"，投送、放置；"容"，通"庸"，用。蒋锡昌解为："《广雅·释诂》二：'被，加也'。'遇''被'皆为受动词（passive voice）。'路行不遇兕虎，入军

不被甲兵'，言陆行不为兕虎所遇，入军不为甲兵所加也。盖善摄生之人，避害远祸，如若不及；其陆行也，不至兕虎出没之处，故决不为兕虎所遇；其入军也，不至敌人戒线之内，故决不为甲兵所加。"

⑥"死地"，可以导致死亡的地方；"无死地"，即没有身处可以带来死亡的地方或境地。

【译文】

出离贪生为生遁入贪生为死。乐享自然寿命的十之有三；早夭死亡的十之有三；过分贪生而为之身陷死地的十之有三。为什么会这样？因为他们太过贪生而毁了自己。听说善于（和顺自然之道）养生的人，陆行不会遇到犀牛、老虎等猛兽，在战争中不会受到兵器的伤害；犀牛不知它的角往哪儿顶，猛虎不知它的爪往哪儿抓，兵器不知往哪儿砍。为什么会这样？因为他已脱离了死亡的境地。

【第五十一章】

道生之，德畜之，物形之，势成之①。是以万物莫不尊道而贵德。道之尊，德之贵，夫莫之命而常自然②。故道生之，德畜之；长之育之；亭之毒之；养之覆之③。生而不有，为而不恃，长而不宰。是谓玄德④。

【注释】

①这一章阐释了老子物质的生成观。"道生之"，"道"即天之道，是万物生成的根本和来源（上篇第一章有述）；"德畜之"，"德"，如果"道"为体的话，那么"德"即为用，如张岱年所述"德是一物所得于道者。德是分，道是全。一物所得于道以成其体者为德。德实即是一物之本性"；"物形之"，是

物成形的阶段。即冯友兰所言，物"有了自己的本性以后，再有一定的形体，才能成为物"；"势成之"，有多解，冯友兰认为"势"乃物质形成过程中的环境影响："最后，物的形成和发展还要受周围环境的培养和限制"；释德清认为是寒暑的作用，"寒暑相推，势不得不成也"；罗志霖认为是"自然之力"，即"势，力量，威力。势成之：犹言凭自然之力成就自己"。应该说几种解释都说得通，后者似更贴切。

②"夫莫之命而常自然"，"命"，命令、指令，"莫之命"意为没有谁的命令；"常自然"，常常任其自然生长。蒋锡昌解此句为："道之所以尊，德之所以贵，即在于不命令或干涉万物，而任其自化自成也。"

③"亭之毒之"，河公本、王弼本等为"成之熟之"，帛书甲乙本均为此，据改。奚侗解为："'亭之''毒之'，谓定之、安之也。《说文》：'亭，民所安定也。'引申有'安定'谊。""覆"，覆盖，此处意为保护。

④此句再一次强调了"玄德"之重要，前面第十章已有解。

【译文】

道生成万物，德畜养万物，物化育为形，得自然之力而成长。所以万物没有不尊崇道而珍惜德。道的可尊和德的可贵，不是谁的命令，而是因为它们永远守持大道不予强令干涉，而任由万物自然生长。所以道生出万物，德畜养万物，使万物生长发育，使万物安定成熟，给予它们抚爱保护。生养和抚育万物却不强行占有，抚育了却不自恃其能，主导万物而不任意宰割。这才是深得"自然"真髓的德性。

【第五十二章】

天下有始，以为天下母①。既得其母，以知其子；既知其子，复守其母，没身不殆②。塞其兑，闭其门，终身不勤③。开其兑，济其事，终身不救④。见小曰明，守柔曰强⑤。用其光，复归其明⑥，无遗身殃；是为袭常⑦。

【注释】

①"天下"，这里指宇宙、天地万物；"始"，本始、初始，此处指道，即道中无限（形）部分，也即"有生于无"中的"无（详见上篇第一章第二节）"；"母"，根源。

②"子"指万物。苏辙解此句曰："圣人体道以周物，譬如以母知子，了然无不察也。虽其智能周之，然而未尝以物忘道，故终守其母也。""守"，守护、守持。"没身不殆"，前面十六章有解。

③"塞其兑，闭其门，终身不勤"，"塞"，堵塞；"兑"，孔窍，指七窍；"勤"，劳作、劳苦。奚侗言："《易·说卦》：'兑为口。'引申凡有孔窍者可云'兑'。《淮南子·道应训》：'王者欲久持之，则塞民于兑。'高注：'兑，耳目鼻口也……'。'门'，谓精神之门。塞兑，闭门，使民无知无欲，可以不劳而理矣。"

④"开"，打开；"济"，完成、成就。陈景元解此句为："若乃不守母道者，开爱悦之源而弗塞。则嗜欲之情长矣。通运为之路而弗闭，则祸患之事济矣。如是，则忧苦危亡，终身不救也。"

⑤"见小曰明，守柔曰强"，"小"，指微小、细微之事；"柔"，柔弱、柔顺。河公解此句为："萌芽未动，祸乱未见，为小，昭然独见为明；守柔弱，曰以强大也。"

⑥"用其光，复归其明"，蒋锡昌解为："'光'谓'智慧'，'明'谓道。'用其光，复归其明'言用其智慧，复返于道也。"

⑦"无遗身殃"，"遗"，余留，这里指带来；"殃"，灾祸、灾殃；"袭"，因袭、承袭；"常"，这里指自然常道，高亨云："袭常谓因其自然也"。

天地万物都有它来源的本始，这可以作为它产生的根源。既然得知了根源，就可以认知万物；既然认知了万物，又持守不忘其根源，就终生不会有危险了。塞住嗜欲的感官，关闭巧智的门户，终生不会有劳苦忧烦。敞开嗜欲的感官，极尽智巧之能事，终生都不可救治了。见微知著的叫"明"，持柔不移的叫"强"。运用智慧之光，复归明达的大道，就不会带来灾殃。这就是和顺永恒的大道。

【第五十三章】

使我介然有知，行于大道，唯施是畏①。大道甚夷，而人好径②。朝甚除，田甚芜，仓甚虚③；服文彩，带利剑，厌饮食，财货有余④。是为盗夸。非道也哉⑤！

【注释】

①"我"，有道的善治者。范应元："使我者，老子讬言也"；"介然有知"，杨丙安言："'介'有'微'义，《列子·杨朱》'无介然之虑'，即言'微'；亦有专注、坚定之义，《荀子·修身》'善在身，介然必以自好'，即言坚确。""唯施是畏"，奚侗注："王念孙曰：'施'，读为'迤'。迤，邪也。言行于大道之中，唯惧其人于邪道也。"

②"夷"，平坦；"径"，小路，指邪道。河公解为："大道甚平易，而民好从邪径也"。

③"朝甚除"，"除"，革除，变革之意，此处为贬义；"田甚芜"，"芜"，荒芜，弃荒；"仓甚虚"，"虚"，空虚无物。释德清解此句为："除，谓革其弊也。且法令滋彰，贼盗多有，是以朝廷之法日甚严，而民因法作奸，更弃本而不顾，好为游食，故曰田甚芜。田甚芜，则仓日甚虚。仓甚虚，而国危矣。"

④ "服文彩"，指穿着华丽；"带利剑"，指佩戴锋利的宝剑；"厌饮食"，"厌"，饱足状。陆希声解此句为："观衣服多文彩，则知其君好淫巧，蠹女工矣。观佩带皆利剑，则知其君好勇武，生国患矣。观饮食常厌饫，则知其君好醉饱，忘民事矣。观资货常有余，则知其君好聚敛，困民财矣。"

⑤ "盗夸"，大盗。此二字释义颇多，杨丙安言："毕沅据《广雅·释诂》训'夸'为'大'，故'盗夸'指盗之大者。卢育三从之。于省吾则谓'盗夸'即'诞夸'或'夸诞'。奚侗与马叙伦则据《说文》训'夸'为'奢'，而'盗'从'皿'、从'次'（'次'为慕欲口液也），故'盗夸'即贪奢之意。"韩非《解老》作"盗竽"，言："故竽先，则钟瑟皆随；竽唱，则诸乐皆和。今大奸作败矣。"奚侗认为："说解穿凿，于谊不合。"从杨丙安意。

【译文】

假使我确信大道并稍微有了些认知，用来指导我力行不辍，（却又怕把握不准）唯恐走入邪路。大道非常平坦，而世人却（放着大道不走）喜欢崎岖的小路。朝廷推行变革走入误区，田园荒芜无人耕种，粮仓空虚没有余粮；却穿着华丽的锦衣，佩戴锋利的宝剑，吃腻佳肴美味，囤积金银财宝。这不就是大盗的行为吗。这是与大道背道而驰啊！

【第五十四章】

善建者不拔，善抱者不脱，子孙以祭祀不辍①。修之于身，其德乃真；修之于家，其德乃余；修之于乡，其德乃长；修之于邦，其德乃丰；修之于天下，其德乃普②。故以身观身，以家观家，以乡观乡，以邦观邦，以天下观天下③。吾何以知天下然哉④？以此。

①"建",建立、建树;"拔",拔出、拔除;"抱",本意为用手臂围住,引申为围绕意,这里为老子形容守道专用词,即第二十二章之"抱一以为天下式",即秉持、抱持于道之意;"脱",脱落、脱离;"辍",停止、停下。河公解此句为:"建,立也。善以道立身立国者,不可得引而拔之。善以道抱精神者,终不可拔引解脱。为人子孙能修道如是,长生不死,世世以久,祭祀先祖宗庙,无绝时。"

②"余",宽裕、有余;"长",广大、盛大之意;"普",普遍、普惠;"邦",汉帛甲本、傅奕本、范应元本等均如此;王弼本、河公本、释德清本等作"国",吴澄言:"'邦',诸本作'国'。盖汉避高祖讳改作'国'也。唐初聚书最盛,犹有未避讳以前旧本也"。此句详见上篇第二章第四节。

③"以身观身"等五句,皆是言以自身之修养关照别人、别家、别乡等情况,以反省自证。苏辙云:"天地外者,世俗所不见矣,然其理可推而知也。修身之至,以身观身,以家观家,以乡观乡,以国观国,解吾之所及之也,然安知圣人以天下观天下,不若吾之以身观身乎?岂身可以身观,而天下独不可以天下观乎?"

④"然",如此、这样。

【译文】

善于建树(于道)的不能拔除掉,善于抱持(于道)的不能解脱开,为人子孙如能做到这点,就会世代香火不断祭祀不绝。以此(指道)修身,其德会真实淳朴;以此齐家,其德会润泽有余;以此掌乡,其德会盛兴长尊;以此治国安邦,其德会丰盛利民;以此平天下,其德会普惠万物。所以以己身(德真之身)观他身,以己家(德余之家)观他家,以己乡(德长之乡)观他乡,以己国(德丰之国)观他国,以己天下(德普之天下)观他天下(自然会了然于心)。我从何知晓天下之得失呢?就是依靠这种(以道对比观照的)方法。

【第五十五章】

含德之厚，比于赤子。蜂虿虺蛇不螫，攫鸟猛兽不搏[①]。骨弱筋柔而握固。未知牝牡之合而脧作，精之至也[②]。终日号而不嗄，和之至也[③]。知和曰常，知常曰明[④]。益生曰祥[⑤]。心使气曰强[⑥]。物壮则老，谓之不道，不道早已[⑦]。

【注释】

①此句河公本、陆希声本、奚侗本等为"毒虫不螫，猛兽不据，攫鸟不搏"；王弼本为"蜂虿虺蛇不螫，猛兽不据，攫鸟不搏"，与帛书本甲乙本前句同，后句异，陈鼓应据帛书本改为"攫鸟猛兽不搏"；沙少海改为"猛兽攫鸟弗搏"、罗志霖改为"猛兽攫鸟不搏"，从陈本。"虿"，古书上述的蝎子一类的毒虫；"虺（读'毁'音）"，古书上说的一种毒蛇；"螫（读'势'音）"，指有毒腺的虫子刺人或牲畜；"攫"，鸟兽等用爪抓取，"攫鸟"，指猛禽；"搏"，搏击、搏斗，这里指伤害。

②"牝牡"，指禽兽的雌雄两性；"脧"（读"娟"音），指男孩的阴茎；"作"，这里指勃起；"精"，指精气。杜光庭解此句为："雌曰牝，雄曰牡……言赤子心无情欲，未辨阴阳之配合，而含气之源动作者，岂不由精气纯粹之所致乎"。

③"号"，大声哭泣；"嗄"，嗓音嘶哑；"和"，和顺、平和。吴澄解"和之至也"为："由其精气纯一之极也，声久费而气不伤，由其和气调适之甚也"。

④陈景元解此句为："赤子以和全真，至人知和为贵，故用之为常道。知常不变，守之自明，此含德之厚者也。"

⑤"益"，增益、增加；"生"，这里指"生生之厚"之生，即贪生；"祥"，本意为吉祥，这里是其反义，为不祥之意。范应元解："祥，妖怪也。"蒋锡昌

引证："此'祥'者，非作善之祥，乃灾异之祥。"

⑥"强"，逞强，河公解"心使气曰强"为，"心当专一和柔而神气实内，故形柔；而反使妄有所为，和气去于中，故形体日以刚强"。

⑦三十章此句为"物壮则老，是谓不道，不道早已"，意同。

【译文】

含德深厚的人，如同初生的婴儿。蜂蝎毒蛇不刺伤他，鹰鸟猛兽不攻击他。他们筋骨柔弱却能牢固地握住东西。不知道两性交合但是生殖器官却能自然勃起，因为他们精气充足至极。他们整天号哭却不会声音沙哑，因为他们元气和顺至极。认知元气和顺的道理叫作"常"，认知常的规律叫作"明"。贪图长生不老会带来灾殃。人为主使和顺之气就是逞强。任何事物过于逞强示壮就会走向衰败，这是不道的行为，不道的行为就会很快走向死亡。

【第五十六章】

知者不言，言者不知①。塞其兑，闭其门，挫其锐，解其纷，和其光，同其尘②，是谓玄同③。故不可得而亲，不可得而疏；不可得而利，不可得而害；不可得而贵，不可得而贱④。故为天下贵。

【注释】

①"知者"，有二解。陈鼓应、沙少海等解为"智者"，即有智慧的人；范应元、释德清、蒋锡昌、罗尚贤等皆解为知"道"之人（或"识道之君"），从后意。"不言"，钱锺书据《庄子》《吕氏春秋》《淮南子》等相关古籍解为："老庄之'不言'，乃欲言而不能言；一则无须乎有言，一则不可得而言"（《管锥编》）。

②此句分别于第五十二章、第四章有解。

③"玄同","玄",玄妙;"同",同一、合一,意即与道合一。杜光庭解为:"叹夫体道之人,既已不滞言教,又能和光混迹,行符于道,是谓玄同"。

④释德清解此句为:"圣人造道之妙,大而化之至于此。其心超然尘表,故不可得而亲。精诚动物,使人见而不能舍,故不可得而疏。淡然无欲,故不可得而利。妙出生死,故不可得而害。视王侯之位如隙尘,故不可得而贵。被褐怀玉,故不可得而贱。以其圣人,迹寄寰中,心超物表,不在亲疏利害贵贱之间,此其所以为天下贵也。"

【译文】

知"道"之人不言"道",言"道"之人不知"道"。塞住嗜欲的感官,关闭巧智的门户,挫抑自己(个见)的锋锐,纾解内心的纷扰,融合于(宇宙的)光辉,同化于(自然的)微尘。这就是(与道)玄妙同一的境界。达到这种境界,也就无所谓亲近,无所谓疏远;无所谓有利,无所谓有害;无所谓尊贵,无所谓卑贱了。这样才能为天下所尊贵。

【第五十七章】

以正治国,以奇用兵,以无事取天下①。吾何以知其然哉?以此②:天下多忌讳,而民弥贫③;人多利器,国家滋昏④;人多伎巧,奇物滋起⑤;法令滋彰,盗贼多有⑥。故圣人云:"我无为,而民自化;我好静,而民自正;我无事,而民自富;我无欲,而民自朴⑦"。

【注释】

①"正",不偏、不邪,合于法则、规矩的,这里指"正道";"奇",特殊

的、不常见的、出人意料的，这里指兵不厌诈，河公解"以奇用兵"为"奇，诈也。天使诈伪之人，使用兵也"。"取"，得到、取得、赢得。苏辙解此句为"古之圣人柔远能迩，无意于用兵，唯不得已，然后有征伐之事。故以治国为正，以用兵为奇。虽然此亦未足以取天下。天下神器，不可为也，为者败之，执者失之，唯体道者廓然无事，虽不取天下而天下归之矣。"

②"然"，代词，这样、如此。"此"，此处，指下文。

③"忌讳"，这里指禁戒、禁忌；"弥"，副词，更加、愈加。奚侗解此句为："人君以忌讳为重，则喜谀恶直，民所疾苦莫敢以告，而贫乃愈甚。"

④"利器"，锐利的武器；"滋"，副词，增益、加多；"昏"，昏暗、混乱。

⑤"伎巧"，技巧、才能，这里指智巧、智诈；"奇物"，奇特之物，这里指邪事、怪事；"起"，兴起、产生。王弼解此句为："民多智慧则巧伪生，巧伪生则邪事起。"

⑥"法"，法律、刑法；"令"，命令、政令；"彰"，显著、彰显。王弼本、范应元本、奚侗本等皆为"法令"，河公本、帛书本、罗志霖本等为"法物"，河公解为"法物，好物也"；罗志霖解为"物，典章制度。法物，犹言礼法制度"，不取。

⑦"无为"，指和顺自然，不妄为；"自化"，自我顺化；"好静"，这里是说提倡清净自然，不扰民；"无事"，这里是指减少徭役赋税，即孔子治国之道"子庶民"之"时使薄敛"（《中庸》）。冯友兰言此句为："故圣人之治天下，注重于取消一切治乱之源。法令仁义，皆排除之。以无为为之，以不治治之；无为反无不为，不治反无不治矣。"

【译文】

以正道治国，以奇招用兵，以和顺自然不妄为赢得天下。我怎么知道应该如此呢？根据下面情况：天下的禁忌越多，百姓越加贫困；人间的利器多，国家越加昏乱；人们的智巧越多，邪事怪事越加兴起；法律禁令越严，盗贼越加增多。所以圣人说：我和顺于道不妄为，百姓就能自觉顺化；我喜欢清静自然，百姓就能自动守正；我减轻赋税徭役，百姓就能自主致富；我没有贪欲妄念，百姓就能自然质朴。

【第五十八章】

其政闷闷，其民淳淳^①；其政察察，其民缺缺^②。祸兮，福之所倚；福兮，祸之所伏^③。孰知其极^④？其无正也^⑤。正复为奇，善复为妖^⑥。人之迷，其日固久^⑦。是以圣人方而不割，廉而不刿，直而不肆，光而不耀^⑧。

【注释】

①"闷闷"，愚昧，浑浑噩噩意，这里指宽厚、不苛刻，善治的一种状态；"淳淳"，朴实，淳厚。王真解此句为："夫为君之道，必当隐其聪明，宽其教命，常闷闷然，则民自朴素矣。"

②"察察"，仔细看，察个究竟，这里指严苛明察；"缺缺"，疏薄诈伪貌，这里指诈伪狡狯，高亨言"'缺缺'借为狯，《说文》：'狯，狡狯也。'狯，诈也"。奚侗解此句为："以'察察'为政，则以知术撄人之心，而民德亏缺。"

③"祸兮，福之所倚；福兮，祸之所伏"，"倚"，倚仗、倚傍、仗势；"伏"，隐藏、掩蔽，此处阐述的是福与祸辩证对立统一观，任继愈说："老子概括了当时自然现象和社会现象，他指出事物都向着它的相反的方向变去。他说'正复为奇，善复为妖'，'祸兮福之所倚；福兮祸之所伏'（五十八章）。"

④"孰知其极"，"其"，这里指祸福之间相互倚伏的关系；"极"，极限、尽头，这里是"究竟"意。《淮南子·人间训》举塞翁失马的典故说明祸福之间的关系，并言，"故福之为祸，祸之为福，化不可极，深不可测也"。

　　　　　　　　　　　　　　　　　　　　　老子新论新解

⑤"正"，合于规范、规则，这里指祸福变幻没有固定的准则。范应元解为："无正，犹言不定也。"

⑥"正复为奇，善复为妖"，这里的"正"指，正常的、正当的；"奇"，指奇诈、奇邪；"妖"，邪恶、荒诞。杜光庭言："祸福之极，岂无正耶？但众生迷执，正者复以为奇诈，善者复以为妖祥。故祸福倚伏，若无正尔。"

⑦"人之迷，其日固久"，"迷"，迷惑、迷离；"固"，已然、已经。释德清解为："此人心之迷固已久矣，纵有圣人之教，亦不能正之矣。"

⑧"方而不割"，"方"，方正；"割"，割裂，这里指伤害。王弼解为"以方导物，舍去其邪。不以方割物，所谓大方无隅。""廉而不刿"，"廉"，清廉；"刿"，杨丙安言："'刿'，河上与景龙本并作'害'，朱谦之谓'害'乃涉上句'割'字而误，当作'刿'。按：'刿'有伤义，是以河上注有'伤害'之语，遂改'刿'为'害'，亦未可知。帛书作'兼而不刺'，'兼'乃'廉'之省讹，'刺'，《说文》：'直伤也'，其义近'刿'。但作'刺'则不韵，故仍以作'刿'为善。""直而不肆"，"直"，直率、正直；"肆"，肆意、放肆。河公注此句为："圣人虽直，曲己从人，不自申之也。"吴澄言："直者必肆，以不直为直则不肆。""光而不耀"，"光"，这里指智慧、明鉴；"耀"，耀眼、刺目，这里指炫耀。

【译文】

政治上宽柔敦厚，百姓就淳朴和顺；政治上严酷冗察，百姓就狡诈多变。灾祸啊，幸福依存在其中；幸福啊，灾祸潜伏在其中。谁知道（祸福相互变幻）的究竟？其中并没有一个准绳。正常反而变化为奇邪，善良反而变为凶恶。人们的迷惑，时间已经很长久了。因此有道的人行事方正却不尖刻害人，清廉寡欲却不随意伤人，性格率直却不放肆待人，内心明察似镜却不自我炫耀。

【第五十九章】

治人事天，莫若啬^①。夫唯啬，是谓早服^②；早服谓之重积德^③；重积德则无不克；无不克则莫知其极^④；莫知其极，可以有国；有国之母，可以长久^⑤；是谓深根固柢，长生久视之道^⑥。

【注释】

①"治人"，这里指治理国家；"事天"，河公解为"事，用也。当用天道，顺四时"；陈鼓应认为，"事天：保养天赋。'天'有两种解释：一、作'自然'；成疏：'天，自然也'。二、作'身'：河上公注：'治身者当爱精气不放逸。'今译从后者"。笔者以为，二意相通，"自然"乃大道之法则，正因为和顺天道，才有养身之说，但终以"身"释此"天"，有所牵强，故从河公之说。"啬"，有多说，王真、河公、陈景元等解为"爱"，爱惜之意；王弼、高亨等解为"农夫、啬夫"，以农夫整理农田和收割比之，亦有俭朴之喻；苏辙、释德清等解为"有而不用"，有不用而省力之意；司马光解为"俭约之至也"；《韩非·解老》："少费谓之啬"。综上，以节俭、节制之意为好，节俭，乃爱惜民力之意；节制，乃节制个人欲望、和顺自然天道之意。

②"早服"，服从、从事。意为早服于天道。杜光庭言："夫唯者，发语之词也。服者，事也。夫唯能俭爱之君，理人事天，以俭为政，是以普天之下，亦当早服事于君也。"清世祖云："服者，内服其心，外服其形之谓。早，不远也。"

③"重积德"，"重"，厚重、深厚，不断增加之意；"积德"，积累德性、常德。

④"克"，制胜、攻克，"无不克"，没有不能攻克的，没有不能胜任的。"极"，极限、穷极，"莫知其极"，不知其极限在哪里。陆希声云："重积常德，

则可以有为，故无所不克。无所不克，则可以无为，故莫知终极。"

⑤ "母"，指立国的根本之道，即俭啬之道。

⑥ "深根固柢"，"根"，植物的根须的统称；"柢"，树木等的主根。意为基础牢固，不可动摇。"长生久视"，"视"，可见、存在之意。

【译文】

治理国家，和顺天道，没有比节俭节制更好的。唯有节俭节制，可谓是早些顺应天道。早顺应天道，就是要厚积常德；不断厚积常德，就没有不能胜任的；无所不胜任，就没有人知道其力量的极限；没人知道其力量的极限，就可以担负治国的重任；掌握了治国的根本大道，就可以使国家更加长久；这就是根深蒂固、长盛不衰的道。

▌第六十章 ▐

治大国，若烹小鲜①。以道莅天下，其鬼不神②；非其鬼不神，其神不伤人③；非其神不伤人，圣人亦不伤人④。夫两不相伤，故德交归焉⑤。

【注释】

① "治大国，若烹小鲜"，"烹"，烹制、烹饪；"小鲜"，小鱼。吴澄解此句为："小鲜，小鱼也。国大则民众，治大国当以简静，不可扰动其民，如烹小鱼，唯恐其坏烂而不敢扰动之也。"

② "莅"，莅临，这里为治理之意；"其鬼不神"，"鬼"，鬼怪，古人称人死后的灵魂为鬼，"怪"，神话传说中的妖魔之类的东西。"神"，神灵，这里指神通、灵验。蒋锡昌言："天下无道，民情忧惧，祈祷事起，而鬼乃以人而神。天下有道，民情安乐，祈祷事绝，而鬼亦以人而不神。"

③"其神不伤人"，是指神灵不伤害人，王弼解为："神不害自然也。物守自然，则神无所加；神无所加，则不知神之为神也。"

④"圣人亦不伤人"，指圣人和顺天道，实行善治，不侵害百姓利益。

⑤"夫两不相伤"，意指神鬼和圣人都不伤害人；"德交归焉"，"交"，交合、交汇；"归焉"，归惠于此，此句指鬼神之德与圣人之德最终交汇于自然之道。奚侗解为："神之不伤人，由于圣人先不伤人。道叶幽显，人神归德，所谓天且不违，况于鬼神乎！"

【译文】

治理大国，好像煎小鱼一样。以自然之道治理天下，鬼怪就施不了神通；非只鬼怪施不了神通，神灵也不伤害人；非只神灵不伤害人，圣人也（奉行自然善治而）不伤害人。神鬼和圣人都不伤害人，所以其德在这里和顺于道而最终归汇于民。

【第六十一章】

大国者下流，天下之交，天下之牝①。牝常以静胜牡，以静为下②。故大国以下小国，则取小国；小国以下大国，则取大国。故或下以取，或下而取③。大国不过欲兼畜人，小国不过欲入事人④。夫两者各得其所欲，大者宜为下⑤。

【注释】

①"大国"，帛书甲本作"大邦"，乙本作"大国"，从乙本。"下"，谦下，为和顺自然之一种表现，见本书上篇第一章；"下流"，这里是对大国的比喻，杨丙安言："此句，傅、范本'下流'作'天下之下流'，古棣谓如此则'不辞'。按：'下流'乃是譬喻，言大国之在天下，应如江海之处下，而为百

川之所归。如此亦似可通。""天下之交,天下之牝","交",意为交汇、聚集的地方;"牝",雌性动物,这里引申为柔静和顺的地方。河公解此句为:"大国,天下之士民之所交会。牝者,阴类也。柔谦和而不昌也。"

②"牡",指雄性动物,与"牝"相对。王弼言此句为:"以其静,故能为下也。牝,雌也。雄躁动贪欲,雌常以静,故能胜雄也。以其静复能为下,故物归之也。"

③"或",此处为代词,意为有时、有的;"取",取得、得到;"或下以取,或下而取",这里"以取"为主动的取得;"而取"为被动地被认可、被吸取。苏辙言:"大国下以取人,小国下而取于人。"

④"欲兼畜人","兼",增加、兼并,这里应为兼容意;"畜",畜养,这里指容纳,接纳;"欲入事人","入",加入;"事人",这里指见容于大国,为大国做事,以取得自己的利益。吴澄解为:"大国下小国者,欲兼畜小国而已;小国下大国者,欲入事大国而已。"

⑤"所欲",所想得到的;"宜",适宜,合宜,这里意为应该。陈景元解此句:"然而小国柔服,理之常也。大国谦下,诚亦取全。宜为下者,劝励之深,使可大可久而兢兢业业,所以致天下之交也。"

【译文】

大国应当如同江海一样善于谦下,使自己成为天下人的交会之地,成为天下人的宁静的立身之所。雌性常常能够以宁静守柔来战胜雄性,以宁静守柔自居下位。所以,大国用谦下的态度对待小国,就能得到小国的拥护;小国能够用谦下的态度对待大国,就能得到大国的接纳。所以有时是(大国)通过谦下得到小国的拥护,有时是(小国)通过谦下得到大国的包容。大国不过是想要兼蓄小国的力量(以获得繁荣),小国不过是想要参与到大国事务中(来获得影响)。无论是大国还是小国,都能各自达到他们的愿望,大国更应该保持谦下。

【第六十二章】

道者万物之奥①。善人之宝，不善人之所保②。[美言可以市尊，美行可以加人]③。人之不善，何弃之有④？故立天子，置三公，虽有拱璧以先驷马，不如坐进此道⑤。古之所以贵此道者何？不曰：求以得，有罪以免邪⑥？故为天下贵。

【注释】

①"奥"，奥秘、深奥，这里意为庇护、护佑。蒋锡昌言："按《广雅·释诂》四，'奥，藏也'；故河上注，'奥，藏也'。'奥'有藏意，故含有覆盖庇荫等意。'道者万物之奥'，言道为万物之庇荫也。"

②"善人之宝，不善人之所保"，"宝"，珍宝、宝贵，这里指明道之人视道为财宝一样而珍重之；"保"，保护、保全，这里指不明道之人也有赖于道而得到保全。苏辙解为："夫惟贤者得而有之，故曰善人之宝。愚者虽不能有，然而非道则不能安也，故曰不善人之所保。"

③此句据《淮南子》"道应""人间"两篇所引定，奚侗本、沙少海本亦如此，其理由已在上篇第二章第四节释明。余本皆不同。奚侗解此句为："'市'，当训'取'。《国语·齐语》'市贱鬻贵'，高注：'市，取也。''加'，当训'重'。《尔雅·释诂》：'加，重也。'此言'美言'可以取人尊重，'美行'可以见重于人，二十七章所谓'善人者，不善人之师'也。各本脱下'美'字，而断'美言可以市'为句、'尊行可以加人'为句，大谬。兹从《淮南·道应训》《人间训》引订正。二句盖偶语，亦韵语也。"

④"不善"，不善良，这里指言行不善良的人；"弃"，抛弃、遗弃。杜光庭解此句为："言人言行不善，何弃遗之有乎？当导之以善道，冀从化而悛恶，不可弃之而不化。故云何弃之有。"

⑤ "三公"即"三公制"，又称"三司"，指太师、太保、太傅，是我国封建社会一种重要的中央行政体制。"三公"一词的出现始于商代，《史记·殷本纪》记载：纣以"西伯昌、九侯、鄂侯为三公"，是商王临时委任的官职，也没有明确的分工，只是作为商王的辅佐。至西周时期，"三公"成为辅佐周王的百官之首，《尚书·周官》有言"立太师、太傅、太保。兹惟三公，论道经邦，燮理阴阳，官不必备，惟其人"。至秦始皇统一六国，建立了中国第一个中央集权的封建国家，才正式确立了中央朝廷的"三公九卿制"，形成中央权力的中枢。西汉沿袭此制，但"三公"之名及其职责多有删改，此不赘言；"虽有拱璧以先驷马"，吴澄解为："拱璧，合拱之璧；驷马，一乘之马。拱璧先驷马，犹春秋传言乘韦先十二牛也"；"坐进此道"，"坐"，跪坐；"进"，进献。范应元言："虽有拱璧之异，以先驷马之良，而为献不如坐进此清静无欲之道之为贵也。拱璧驷马何足道哉，适足以起交争之患矣。"

⑥ "求以得"，有求必得到。王弼本、高亨本作"以求得"，帛书本、余本多如此，从之；"有罪以免邪"，这是说有罪之人得到道可以免除其罪，司马光释为"有求而循道者，无不得。有过而从道者，无不免"。

【译文】

道是万物的护佑，善人视为珍宝，不善的人也借此得以保全。[美好的言辞可以得到尊重，美好的行为使人受到敬服]。人虽有不善（的言行），怎么可以抛弃道呢？所以立了天子，设置了三公，虽有进奉拱璧在先、驷马在后的仪式，还不如恭敬地进献此道。古时候为什么重视道呢？难道不是因为有求必得，有罪能免吗？所以这自然大道是天下最尊贵的啊！

【第六十三章】

为无为，事无事，味无味^①。大小多少，抱怨以德^②。图难于其易，为大于其细^③。天下难事，必作于易，天下大事，必作于细。是以圣人终不为大，故能成其大。夫轻诺必寡信，多易必多难^④。是以圣人犹难之，故终无难矣^⑤。

【注释】

①"为无为，事无事，味无味"，以无为之心去作为，以不扰民之态去做事，以淡泊无味之意去循道之有味之实，这是老子对和顺自然之道的一种阐释。奚侗解此句为："道至虚，无为能致虚极，是'为无为'也；道至静，无事能守静笃，是'事无事'也；道至淡，无味能安淡泊，是'味无味'也。"

②"大小多少，抱怨以德"，此句阐释了老子以道为核心的认识论和方法论。"大小多少"之间是一种辩证的关系，道者，可"夷"、可"希"、可"微"，然则三者中皆有道可循，此为以小见大；道又是"大音希声""大象无形""大方无隅"的所在，于大中而隐匿，曰"道隐无名"，这又是以大知小、知隐微，故曰"大道氾兮，其可左右"，道中无大无小，无多无少，皆是其可左右、可隐而发作之范围。故明道者，可以以大观小，以小知大，可以以多观少，以少知多，"大小"之中、多少之间，别有洞天也。"抱怨以德"，此句有两层意思，其一曰"圣人不仁"，即天地无好恶，待万物随其自然天性，无所谓德与怨之分别，此所以诸多释家认为此句无理且放之此处多余之缘由。然圣人不惟自明道而已，无论其作为有道之士，还是执政之人，都有喻人、教人明道之职，故老子力主"善者，吾善之；不善者，吾亦善之，德善"，使善念与善治发扬光大。当然，此"报怨以德"非俗世之个人恩怨之往来，而是出于圣人道者本心，一视同仁待之，而后面第七十九章所言"和大怨""责

于人"的所指"抱怨以德"之方法有根本不同，后者所指更近于俗世之个人恩怨之往来，个人"以德报怨"的结果，不是彻底消除了"怨"之所在，而可能是在内心埋下了更大的怨气、怨言，两者应该注意区分。王真言："王者之心，岂限大小，宁论多少，皆当以德绥之，俾无怨咎，故曰报怨以德。"

③"图"，谋求、谋划；"为"，作为，这里指着手、入手。河公解曰："欲图难事，当于易时，未及成也。欲为大事，必作于小，祸乱从小来也"。

④"诺"，允诺、许诺；"寡"，少，缺少；"多易必多难"，第一个"多"，这里指过多、过于，即把事看得过于容易；第二个"多"，许多、诸多，是指会遇到许多麻烦和难题。

⑤"是以圣人犹难之，故终无难矣"，释德清解此句为："'犹'，应作'尤'，古字通用，更也。谓世人之所甚易者，而圣人更难之，故终不难耳"。

【译文】

以无为之心去作为，以不扰民之态去做事，以淡泊无味之意去循道之有味之实。从大小多少中去寻求道之真谛，以常德之志回报怨尤。从容易处着手去解决难事，从细小处着眼去成就大事。天下的难事，必须从容易时做起；天下的大事，必须从细微处做起。所以有道之人始终不自以为大，因而能够成大事。轻率的许诺，必定缺少信用；事情看得过于容易，必定会遇到许多困难。所以圣人更常常看到事情的困难之处，所以最终没有难事。

【第六十四章】

其安易持，其未兆易谋①。其脆易泮，其微易散②。为之于未有，治之于未乱。合抱之木，生于毫末；九层之台，起于累土；千里之行，始于足下③。为者败之，执者失之。是以圣人无为故无败，无执故无失。民之从事，常于几成而败之④。慎终如始，则无败事⑤。是以圣人欲不欲，不贵难得之货；学不学，复众人之所过⑥。以辅万物之自然，而不敢为⑦。

【注释】

①"其安易持，其未兆易谋"，"安"，安定、平稳；"持"，保持、维持，守持；"兆"，指事物的开始萌发之时；"谋"，谋划、图谋、谋得。范应元解此句为："谛观此心之初，虚灵微妙，安而无危，于此持之何难之有？'持'谓持守道心也。此心之初，私欲未兆，于此谋之，岂为难事？谋者虑其有难也。由此而推之，天下国家方安之时，易为持守，祸乱未兆之时，亦易为谋虑也"。

②"其脆易泮，其微易散"，"脆"，脆弱、弱小；"泮"，破裂、分裂、破开。王弼本、苏辙本、高亨本、鼓应本等作"泮"；傅奕本、范应元本、沙少海本等作"判"；河公本、敦煌本、陈景元本等作"破"。高亨言："'泮'，傅本作判。泮借为判。《说文》：'判，分也'。""微"，细小、细微；"散"，分散、消散。王弼云："虽失无入有，以其微脆之故，未足以兴大功，故易也。此四者，皆说慎终也。不可以无之故而不持，不可以微之故而弗散也。无而弗持，则生有焉；微而不散，则生大焉。故虑终之患如始之祸，则无败事。"

③"毫末"，这里指微小的树苗；"累土"，一说为堆积泥土，如河公解为"从卑至高"，"卑"，指低下处；一说为一筐土，杨丙安言"'累'，诸本多如此。高亨谓'累'当读为'蔂'，土笼也"，"笼"指用竹、木条或金属丝编成的盛物器具，这里指土筐。

④"从事"，指做事；"几"，几乎、将要。杜光庭解此句为："几，近也。言世俗之人，虽从务于善事，皆有始而无卒，先勤而后惰，功崇近成不能戒慎，乃复亡败也。"

⑤"慎"，谨慎、小心；"慎终如始"，言谨慎对待事物的终结如同对其开始一样。

⑥"欲不欲"，以不欲为欲；"学不学"，以不学为学；"复"，修复、补救。吴澄解此句为："此言圣人之欲以不欲为欲，圣人之学以不学为学，难得之货

人所欲者，不贵重之，是不欲人之所欲也，故曰欲不欲。众人所趋者我则不趋，众人掉臂过而不顾，我则还反其处，是不学人之所学也，故曰学不学。"

⑦"辅"，辅助；"自然"，这里指万物发展变化的自然规律。

【译文】

事情在安定时容易持守；变故未萌发时容易谋判。危险在脆弱时容易破解，隐患在细微时容易消散。要趁事情未发生时提早准备，要趁世道未混乱时处理妥当。合抱的大树，是从细如针毫的小苗长起来的；九层的高台，是一筐土一筐土筑起来的；千里的远行，是从脚下一步一步走出来的。纵欲妄为就会失败，执意把持就会失去。所以圣人不妄为就不会失败，不把持就不会丧失。人们做事，常常在几近成功时就失败了。到最后一刻还像刚开始时一样谨慎，就不会有失败的事发生了。所以圣人追求人所不欲求的，不珍惜难得的财货；圣人学习人所不欲学的，来补救人们的过失。以辅助万物自然发展变化，而不敢妄为。

【第六十五章】

古之善为道者，非以明民，将以愚之①。民之难治，以其智多②。故以智治国，国之贼；不以智治国，国之福③。知此两者亦稽式④。常知稽式，是谓"玄德"。"玄德"深矣，远矣，与物反矣，然后乃至大顺⑤。

【注释】

①"明"，明白、聪明，这里指巧诈之智；"愚"，这里指淳朴、朴实无华。奚侗言："古昔善为治国之道者，非以导民于圣智之域，将以浑其心，使无知无欲归于朴素也。"

②"治"，治理；"智多"，这里指智巧伪诈多。杜光庭云："民之多智，则奸宄生焉。虽有法令而无所畏，故曰难治也。"

③"贼"，盗贼，这里指灾害、灾祸；"福"，幸福，这里指福气、福祉。蒋锡昌解此句为："以智治国，则奸伪益滋，十八章所谓'智慧出，有大伪'也……不以智治国，则民自化，第五十七章所谓'我无为而民自化'也。"

④"两者"，指上所言"以智治国"和"不以智治国"两种情况；"稽式"，法式，准则，高亨注曰："稽读为楷。《广雅·释诂》：'楷，法也'。《说文》：'式，法也'。稽楷古通用。《庄子·大宗师》篇：'狐不偕'。《韩非子·说疑篇》作'狐不稽'。即其左证。"

⑤"深矣"，幽深啊；"远矣"，遥远啊，这是描述"玄德"的玄妙之处；"与物反矣"，这个"反"与第四十章之"反"一样，具有"相反"和"返回"两种理解，释德清理解为前者，"故叹之曰'玄德深矣远矣'，非浅识者所可知也。民之欲，火驰而不返。唯以此化民，则民自然日与物相反，而大顺于妙道之域矣"；王弼理解为后者"反其真也"，即返璞归真。从前意。"大顺"，即和顺自然，其意本书上篇第一章有解。

【译文】

古时善于行道的人，不是以道来使人聪明巧诈，而是用道来教人淳朴敦厚。世人所以难治理，就因为人的巧智诡诈多端。所以若以巧智来治理国家，必致祸国殃民；若不以巧智治理国家，则会给国家、人民带来福祉。认识到这两者的利害，就是掌握了治国的准则。常常执守这个准则，就叫"玄德"。这个"玄德"玄妙悠远，与恣纵的物欲截然相反，然后才能达到和顺自然大道。

【第六十六章】

江海之所以能为百谷王者，以其善下之，故能为百谷王 ①。是以圣人欲上民，必以言下之；欲先民，必以身后之 ②。是以圣人处上而民不重，处前而民不害 ③。是以天下乐推而不厌 ④。以其不争，故天下莫能与之争。

【注释】

①"百谷王"，"百"，数字，这里形容许多、众多；"谷"，山谷、川谷，两山之间狭长的水道，这里泛指各种江河溪流；"百谷"，古人也称百川，如《汉乐府·长歌行》中即有"百川东到海，何时复西归？"诗句；"王"，《说文》解之，"天下所归往也。董仲舒曰：'古之造文者，三画而连其中谓之王。三者，天、地、人也，而参通之者，王也'"，这里是归往的意思；"下"，低下处，这里指处于下位。蒋锡昌解此句："《说文》，'泉出通川为谷'，是'百谷'犹百川也……此言江海所以能为百川归往者，以其善居卑下之地，故能为百川归往也。"

②"圣人"，杨丙安注曰："楚简、帛书及诸本皆有此二字，唯王本无，但道藏王本则有之，是王本脱也，当据补"；"上民"，"上"，上面、高处，指位处民众之上，即统治、治理人民；"以言下之"，"下"，下面、下位，这里指谦下、谦和，即对老百姓言辞谦和，态度谦下；"先民"，位处民众之前，意指带领人民；"以身后之"，"身"，这里指自身利益，即把自身利益放在民众之后。吴澄言："'言下之'，卑屈其言而不尊高；'身后之'，退却其身而不前进，此圣人之谦让盛德，非有心于上人、先人为之，读者不以辞害意可也。"

③"处上而民不重"，"重"，分量大，与轻相对，这里指累，意为负重不堪；"处前而民不害"，"害"，伤害、祸害，这里指受压制。奚侗解此句为："处

上而不压抑，则民不以为'重'；处前而不壅遏，则民不以为'害'。"

④"是以天下乐推而不厌"，"乐"，乐于、乐意；"推"，推举、推选，荐举；"厌"，讨厌、厌弃。河公解为："圣人恩深爱厚，视民如赤子，故天下乐共推进以为主，无有厌也"。

【译文】

江海之所以能成为百川的归往之处，是因为其善于处在低下的地方，因而能成为百川之王。所以圣人想位处万民之上而领导他们，必先在言行上对他们谦下；想位处万民之先而带领他们，必先把自己的私利放在他们后面。所以圣人位处民众之上，民众不感觉有负累；位处民众前面，民众不感觉压抑。所以普天下人民都乐于推举拥戴而不厌弃。因为他谦下不争，所以天下没有人能和他相争。

【第六十七章】

天下皆谓我道大，似不肖①。夫唯大，故似不肖。若肖，久矣其细也夫②！我有三宝，持而保之：一曰慈，二曰俭，三曰不敢为天下先③。慈故能勇；俭故能广；不敢为天下先，故能成器长④。今舍慈且勇；舍俭且广；舍后且先；死矣⑤！夫慈，以战则胜，以守则固⑥。天将救之，以慈卫之⑦。

【注释】

①"天下皆谓我道大，似不肖"，王弼本、吴澄本、高亨本、奚侗本、陈鼓应本等皆有"道"字；河公本、傅奕本、范应元本等皆无；帛书甲本残，乙本无，从前者。"不肖"，王充云："'人生于天地，天地无为。人禀天性者，亦当无为，而有为，何也？'曰：至德纯渥之人，禀天气多，故能则天，自然无

为。禀气薄少，不遵道德，不似天地，故曰不肖。不肖者，不似也。不似天地，不类圣贤，故有为也。"

②"久矣其细也夫"，"久矣"，很久以前；"其细也夫"，"细"，细小、渺小。王弼云："久矣其细，犹曰其细久矣。肖则失其所以为大矣，故曰'若肖，久矣其细也夫'。"

③"保"，保护、保全；"慈"，慈爱；"俭"，俭朴、节制；"不敢为天下先"，这里指不敢争先于天下，即不争之德。杜光庭言："道存爱育，以慈为先。养人惜费，以俭为次。先人后己，以让为终。慈以法天，泽无不被也；俭以法地，大信不欺也；让以法人，恭谦不争也。"

④"慈故能勇"，"勇"，勇敢、勇武；"俭故能广"，"广"，广大、宽广，这里指因勤俭、节制而能广而用之；"器长"，百官之长。吴侗言："'慈'者能爱利人，人自然归附之，而莫之敢犯，故能勇。'俭'者，啬于治人，而用不费，故能广。'不敢为天下先'者，以身后民，退然无所争，而物自宾服，故'成器长'。"

⑤"舍"，舍弃、抛弃；"且"，这里意为取，采取，与"舍"对应；"死矣"，指走向灭亡，死路。

⑥"以战则胜"，"以"，用来、用以；范应元本、傅奕本此句作"以陈则正"，范应元解为"陈音阵，军师行伍之列也"，意不如前句，不取。

⑦"天将救之，以慈卫之"，"救"，救护、救助；"卫"，护卫、保卫。诸本多如此，帛书本甲本作"天将建之，女以兹垣之"，乙本作"天将建之，如以兹垣之"。高明认为当从帛书作"建"；杨丙安认为"作'建'，亦自可通"（《帛书老子校注》）；高亨疑此两句当作"天将以慈救之，以慈卫之"，不从。

【译文】

天下人都对我说道博大精深，却又说不清它像何物。正因为它博大精深，才不像什么具体东西。若像什么具体东西，它早就渺小浅薄了。我有三件法宝，一直持守珍惜：一是慈爱，二是俭啬，三是不居天下人之先。慈爱所以才能刚勇，俭啬所以才能增广，不居于天下人之先，所以才能成为天下之长。如今舍弃了慈爱只求取刚勇，舍弃了俭朴只求取增广，舍弃了谦退而求取争先，这是走向死路。慈爱，用它来征战就能胜利，用它来守卫就能牢固。上天要拯救谁，就会用慈爱来守护谁。

【第六十八章】

善为士者，不武①；善战者，不怒；善胜敌者，不与；善用人者，为之下②。是谓不争之德，是谓用人之力，是谓配天［古］之极③。

【注释】

①"善为士者，不武"，"士"，将士，王弼言"卒之帅也"；"武"，动武；苏辙云："士当以武为本，行之以怯，若以武行武则死矣。"

②"善胜敌者，不与"，"不与"，不争，河公注为，"善以道胜敌者，附近以仁，来远以德，不与敌争而敌自服"；"善用人者，为之下"，"为之下"，指对人谦下，奚侗言："谦下而不先物，则人皆乐为之用"。

③"是谓用人之力"，"力"，力量、力气；"是谓配天［古］之极"，"配"，配合、合于；"极"，极致，"配天［古］之极"，即为合于天道之最高准则。"之力"二字，通行诸本皆有，帛书甲乙本无，杨丙安以为无此二字"无碍经义"，且可使"人""天"与"德""极"为韵；俞樾与其观点恰恰相反，"此章每句有韵。前四句以'武''怒''与''下'为韵；后三句以'德''力''极'为韵……疑'古'字衍文也。'是谓配天之极'六字为句，与上文'是谓不争之德，是谓用人之力'文法一律，其衍'古'字者，'古'即'天'也"。从后者。

善于作将帅的不以武为能；善于打仗的不易被敌人激怒；善于战胜敌人的不必与敌交锋；善于用人的，对人谦和。这就叫不争的美德，这就叫用人的能力，这就叫和顺于天道的最高准则。

【 第六十九章 】

用兵有言："吾不敢为主，而为客；不敢进寸，而退尺^①。"是谓行无行；攘无臂；执无兵；扔无敌^②。祸莫大于轻敌，轻敌几丧吾宝^③。故抗兵相若，哀者胜矣^④。

【注释】

①"用兵有言"，王弼、河公、景龙等多本如此；傅本作"用兵有言曰"；范应元本作"用兵者有言曰"；帛书甲本同傅本；乙本为"用兵又言曰"。从前者。"用兵"即用兵者；"为主"，"主"，主动，指战争中主动进攻的一方；"为客"，"客"，客人，与"主"相对，这里指防御、防守的一方；"进寸"，"进"，前进、进攻，"寸"，尺寸，这里指很短，一点；"退尺"，"退"，撤退、后退，"尺"，这里是与"寸"相对来说，言很多。河公解此句为："主，先也。不敢先举兵。客者和而不倡兵。用兵当承天而后动。侵人境界利人财宝为进，闭门守城为退。"

②"行无行"，第一个"行"意为行军、攻击，动词；第二个"行"（读"航"音），意为行列、阵型，名词，此句是说虽有阵列却像没有阵列；"攘无臂"，"攘"，侵夺、排斥，这里指抬臂、振臂，"无臂"，像没有臂膀一样；"执无兵"，"执"，手执，手里拿着，"兵"，兵器，"无兵"，没有兵器；"扔无敌"，"扔"，这里指进攻，"无敌"，指像没有敌人，此句王本、范本、奚本、高亨

本、沙本等作"扔";河公本、傅本、景龙本、吴澄本等作"仍";帛书甲乙本作"乃",不取。另"执无兵;扔无敌",此两句顺序也诸家不同,沙本相同,帛书甲乙本、傅本虽"扔"字有别但顺序同;王本虽顺序不同,但注解时顺序同,"用战犹行无行,攘无臂,执无兵,扔无敌也",可知王本经文有错乱;河公本、景龙本、范本、鼓应本等顺序相逆。笔者以为把"扔无敌"句放后面似于意、韵更恰。

③"吾宝","宝",指第六十六章中所言"三宝"。

④"抗兵相若","抗兵",指对抗的双方兵力;"相若",指相当;"哀者胜矣","哀",奚侗解为:"谓悲哀,盖慈之表见也"。

【译文】

用兵的人曾说:"我不敢主动举兵伐人,而只是被动地起兵自卫;我不敢进犯人家一寸,而宁肯自己退避一尺。"这样是说,布阵要像没有布阵一样;振臂而起要向没有振臂一样;有兵器要像没有兵器可执一样;进攻敌人要像没有敌人可攻一样。祸患没有比轻敌更大的了,轻敌几乎丧失了我的"三宝"。所以两军军力相当的时候,慈悲的一方能获得胜利。

【第七十章】

吾言甚易知,甚易行。天下莫能知,莫能行①。言有宗,事有君②。夫唯无知,是以不我知③。知我者希,则我者贵④。是以圣人被褐而怀玉⑤。

【注释】

①"吾",老子自称;"易",容易;"知",知道、知晓;"行",行动、实行;"莫",不,能。苏辙解此两句为"道之大,复姓而足。而性之妙,见于

起居饮食之间耳。圣人指此以示人，岂不易知乎？人能体此以应物，岂不易行乎？然世常患日用而不知，知且不能，而况行之乎？"

②"宗"，宗旨、主旨；"事"，指行事、做事；"君"，君主，这里引申为根本，根据。陈景元解此句为："此释易知易行所由也。宗，本也。君，主也。夫百家之言，言虽殊途而同归于理。得理者忘言，故言以不言为宗本矣。万绪之事，事虽异趣而同会于功。成功而遗事，故事以无事为君主矣。此以不言无事为，教岂不易知易行邪？"

③"夫唯"，"夫"，文言发语词；"唯"，因为；"无知"，没有知识，这里指不知道"吾言"的宗旨；"不我知"，倒装句，意为不知我。

④"希"，少见、罕见；"贵"，可贵、难得，王弼言："唯深，故知之者希也。知我益希，我亦无匹，故曰'知我者希、则我者贵'也。"

⑤"被"，通"披"，穿着；"褐"，粗布衣；"怀"，心怀、内怀。范应元云："圣人内有真贵，外不华饰，不求人知，与道同也。"

【译文】

我的话很容易了解，很容易实行。但天下却没有人能了解，没有人能实行。（我的）言论有宗旨，做事有依据。正因为不知道这个宗旨和依据，所以不理解我。了解我的人本就稀少，取法我的就更金贵难得了。所以圣人外表穿着粗麻衣，内心却怀美玉（指自然大道）。

【第七十一章】

知不知，尚矣；不知知，病也①。圣人不病，以其病病②。夫唯病病，是以不病③。

【注释】

①"知不知"，"知"，知道、了解。对此句释义分歧较大，一言释为"知如不知"，如河公解为"知道而言不知，是乃德之上"，吴澄解为"知而若不知，上智之人，聪明睿知，守之以愚"，王真、陈景元、杜光庭、高亨、释德清等多数人持此解；一言释为"知所不知"，如范应元解为"道不可知，人能知乎不知之处者，庶几于道矣。故庄子曰：'知止其所不知，至矣'"，苏辙、陈鼓应同此解，从之。"尚"，高尚，此处意为最好、上好；"不知知"，不知道却自以为知道，即不懂装懂；"病"，缺点、缺陷。

②"病病"，以病为病，奚侗言此句，"圣人之所以能不病者无它，以能病其所病，故不病耳"。

③"夫唯病病，是以不病"，意为正因为以病为病，所以能够不得这个"病"。此处河公本、王本、杜本等皆为"夫唯病病，是以不病。圣人不病，以其病病，是以不病"，义理倒错且句有重复，蒋锡昌言："《御览·疾病部》引作：'圣人不病，以其病病；夫唯病病，是以不病。'较诸本为长，当据改正。盖'夫唯'之句，常承上句之意而重言之，此老子特有文例也……此文'夫唯病病，是以不病'二句，误倒在'圣人不病，以其病病'二句上，又衍末句'是以不病'四字，致失古本之真也。"从之。

【译文】

知道自己有所不知，最好；不知道却自以为知道，这是缺陷。圣人没有缺陷，因为他把缺陷当作缺陷（而去及时弥补）。正因为他把缺陷当作缺陷，所以他是没有缺陷的。

【第七十二章】

民不畏威,则大威至①。无狎其所居,无厌其所生②。夫唯不厌,是以不厌③。是以圣人自知不自见;自爱不自贵④。故去彼取此。

【注释】

①"畏",畏惧、害怕;"威",第一个"威",指统治阶级的威压、威势;第二个"威",指威胁、危险,"大威",此处指民众反抗的惑乱。奚侗言:"《左襄三十一年传》:'有威而可畏,谓之威。'此云'威',即谓可畏之事,如刑罚兵戎之属。民不畏其所可畏,其故由于不能安居乐业,而祸乱自兹起,则大可畏者至也。此为治天下者垂戒,非为凡人言也。"

②"狎",亲近而态度不庄重态,河公本、景龙本、敦煌五千文本借为"狭",意为狭窄、逼仄,此处引申为逼迫使之失去;"厌",《说文》:"厌,笮也"。"笮",读为"昨",意为用竹子制成的绳索,这里引申为捆绑、压榨。奚侗:"无厌笮人民之生活,使不得顺适。"

③"夫唯不厌,是以不厌",第一个"厌"字同上意;第二个"厌"为厌弃、厌恶。高亨解此句为:"言夫唯君不厌迫其民,是以民不厌恶其君也。"

④"自见",自以为是、自我炫耀;"自爱",爱惜自己;"自贵",自贵身份,自以为尊贵。苏辙解此句为:"圣人虽自知之而不自见以示人,虽自爱之而不自贵以眩人,恐人之有厌有慕也。"

【译文】

民众不畏惧权势的威压时,真正的大祸乱就要到来了。不要逼迫百姓使其失去住所,不要压榨百姓使其生活窘迫。只要不压榨百姓,百姓就不会厌恶国君。所以，圣人既有自知之明又不去炫耀自己；既爱惜自身又却又不自命高贵。因此舍弃后者而持守前者。

【第七十三章】

勇于敢则杀，勇于不敢则活①。此两者，或利或害②。天之所恶，孰知其故③？天之道，不争而善胜，不言而善应，不召而自来，繟然而善谋④。天网恢恢，疏而不失⑤。

【注释】

①"勇于敢则杀，勇于不敢则活"，"勇"，有勇气、英勇，这里引申为勇莽，不畏天地；"敢"，有胆量、敢干，这里"敢"与"不敢"是特指老子哲学中的"坚强"与"柔弱"；"杀"，被杀、杀掉；"活"，活着、存活。蒋锡昌言："七十六章：'坚强者死之徒，柔弱者生之徒。''敢'即坚强，'不敢'即柔弱"，陈景元云："刚决为勇，必果为敢。夫刚毅之人，无所畏忌，见危不惧，必果无回，恃其凶顽，便施诛戮，故曰勇于敢则杀。夫怀道之士，谨于去就，检身知退，静顺柔和，弗敢有为，不忍杀伤，故曰勇于不敢则活。"王真则解为："此章言人君若果敢而为勇猛者，必好兵强于天下，而残杀其人也。若果敢而不为勇猛者，必务道行于域中，而全活其人也。"罗志霖以为前者说的是"坚强"和"柔弱"，中者说的是"进取"和"退却"，故取中者，实际上陈景元与蒋锡昌二意并不矛盾，"进取"与"弑杀"皆是"坚强"之结果，"退却"与"静顺"亦是"柔弱"之表现，一直言，一细致描述之耳；反是后者把"勇于敢则杀，勇于不敢则活"理解为君王杀不杀人，倒是有所偏颇，值得商榷，此句应是言"天道自然"之好恶，而非人君之作为，故取前者。

②"此两者"，指"勇于敢"与"用于不敢"两种情况；"利"，有利，指

"得活"的好的结果;"害",危害、受害,指"被杀"的坏的结果。

③"天",这里指自然天道;"恶",厌恶、厌弃;"故",缘故、原因、原委。

④"绰然","绰"读"产",河公注为:"宽也",奚侗言:"'绰',《说文》:'带缓也。'引申有'宽缓'义,与下'恢恢'相应。或作'默',或作'坦',皆非"。胡适认为此四句体现了老子的"天道观":"他把天道看作'无为而无不为',以为天地万物,都有一个独立而不变、周行而不殆的道理,用不着有什么神道作主宰,更用不着人力去造作安排。老子的'天道',就是西洋哲学的自然法(Law of Nature,或译'性法'非)。日月星的运行,动植物的生老死,都有自然法的支配配合",而这四句:"这是说'自然法'的森严。"

⑤"天网恢恢,疏而不失","天网",指自然法则;"恢恢",大、宽广、恢宏;"疏",稀疏;"失",遗失、遗漏。这句是描述道之自然法则"藏而不显、表里似反"的特点(详见上篇第二章第一节)。

【译文】

自恃勇莽坚强无忌(违反自然大道)的会死掉,勇顺天道谦柔不争的会存活。这两种选择的结果,或得利或有害。自然大道所厌弃的,谁知道个中原委呢?天道自然的法则,谦下不争而善于取胜,润物不言而善于回应,不用人力召唤随然而至,宽缓悠然而善于运筹。自然天道的作用恢宏广大,看似稀疏却藏而不显,没有什么可以逃脱的。

【第七十四章】

民不畏死,奈何以死惧之①?若使民常畏死,而为奇者,吾将得而杀之,孰敢②?常有司杀者杀③。夫代司杀者杀,是谓代大匠斫④,夫代大匠斫者,希有不伤其手矣。

【注释】

①此句从王本、景龙本；傅本、范本、苏本等"不畏死"前有"常"字；帛书甲本缺此句，乙本为"若民恒且不畏死"，不从；"惧"，害怕、恐惧，这里意为恐吓；"奈何"，怎样、如何，常用于疑问句，这里意为为什么。

②"奇"，奇诡，奇邪，王弼注："诡异乱群，谓之奇也"；"吾将得而杀之"，此句同帛书甲本，诸本多作"吾得执而杀之"；景龙本为"吾执得而杀之"；傅奕本作"吾得而杀之"；高明谓"得"本有"执"义，故"执"字当据帛书删，从之。

③"司杀者"，专职杀人的，指天道，苏辙解曰："司杀者，天也。方世之治，而有诡异乱群之人恣行于其间，则天之所弃也。天之所弃而吾杀之，则是天杀之，而非我也。"

④"代"，代替、取代；"斫"，读为"浊"，砍削，这里指砍伐树木。

【译文】

民众不畏惧死亡，为什么要用死亡来恐吓他们？如果使民众畏惧死亡，而有作出邪恶之事的人，我们就可以抓来杀掉，谁还敢作恶呢？常有掌管杀人的来执掌刑杀。而代替掌管杀人者来执行杀人任务，就如同代替木匠去砍伐树木一样。代替木匠砍伐树木的人，很少有不砍伤自己手的。

〖 **第七十五章** 〗

民之饥，以其上食税之多，是以饥①。民之难治，以其上之有为，是以难治②。民之轻死，以其上求生之厚，是以轻死③。夫唯无以生为者，是贤于贵生④。

【注释】

①"饥"，饥饿、饥寒；"上"，指统治者、统治阶级；"食税"，"食"，食品、食用，这里指征收，奚侗言："《说文》：'税，租也。''租'，田赋也。古者税出于田，上食税多，则农力不胜，于是趋末富而荒本业。《商君书·垦令》篇：'禄厚而税多，食口众者，败农者也。'农事败，民之所以饥也。"

②"有为"，这里有两种说法，一指多欲妄为，如河公言"民之不可治者，以其君上多欲，好有为也"；一指以智治国，如吴澄言"上有为以智术御其下，下亦以奸诈欺其上"。笔者以为二意皆可，"妄为"是针对老子"无为"思想而说的；"智诈"是就老子"不以智治国"思想所说的，二者结果都使民心乱，民心乱则难治，故可通用。

③"轻死"，不把死当回事，这实际上不是老百姓愿意死，而是那个时代生之不幸、生趣了然所导致的一种结果；正如任继愈先生所言，"老子认为人民生活中的灾难是由于统治者的过分剥削造成的。他说'民之饥，以其上食税之多，是以饥。民之难治，以其上之有为，是以难治。民之轻死，以其上求生之厚，是以轻死。'（七十五章）他特别指出，生产上的灾荒是由于统治者吞食赋税过多的结果；人民是不怕死的，因此残暴的杀戮并不能使人民屈服"；"求生之厚"，这里指统治者奢靡无度、贪图享受。

④"无以生为"，不把奢靡无度、求生之厚当作追求，和顺自然，恬淡为上。"贤"，胜于、超过；"贵生"，珍贵生命，这里指过分追求生活享受。高亨解此句为："无以生为者，不以生为事也，即不贵生也。君贵生则厚养，厚养则苛敛，苛敛则民苦，民苦则轻死，故君不贵生，贤于贵生也。"

【译文】

人民饥饿，是因为统治者（周天子和诸侯王）所征赋税太多，所以饥饿。人民难以治理，是因为统治者纵欲妄为、智诈巧取，所以难以治理。人民不在乎死，是因为统治者奢靡无度，所以不在乎死。因此只有自然恬淡、少私寡欲的人（君王），才胜过厚养求生、纵欲妄为的人（君王）。

〖第七十六章〗

人之生也柔弱，其死也坚强^①。草木之生也柔脆，其死也枯槁^②。故坚强者死之徒，柔弱者生之徒^③。是以兵强则灭，木强则折^④。强大处下，柔弱处上^⑤。

【注释】

①"人之生也柔弱"，是指人在活着时身体是柔软的；"其死也坚强"，是言人在死后身体是坚硬的。

②"草木之生也柔脆，其死也枯槁"，王弼本、河公本、景龙本、范本、帛书本等"草木"前均有"万物"二字；傅奕本、吴澄本、奚侗本、高亨本、鼓应本等无。蒋锡昌言"'万物'二字当为衍文。盖'柔脆'与'枯槁'，均指草木而言也"；奚侗也指："各本'草木'上衍'万物'二字"，从之；"柔脆"，柔弱、柔韧，"枯槁"，干枯、枯萎，此二词都是用来形容草木之状态。

③"徒"，第五十章有解，意为一类，类型；"死之徒"，死亡的一类；"生之徒"，生存的一类。陈景元引《开元御疏》曰："草木生则柔脆，死则坚强，则知人为坚强之行，是入死之徒，为柔弱之行，是出生之类也。"

④"兵强则灭，木强则折"，"灭"，灭亡；"折"，折断；此句前句王弼本、河公本、景龙本、傅本、范本等为"是以兵强则不胜"；后句河公本、傅本、范本、景龙本等为"木强则共"；王弼本为"木强则兵"；帛书本甲本为"木强则恒"；乙本为"木强则兢"。俞樾言："案'木强则兵'，于义难通。河上公本作'木强则共'，更无义矣。《老子》原文作'木强则折。'因'折'字阙坏，止存右旁之'斤'，又涉上句'兵强则不胜'而误为'兵'耳。'共'字则又'兵'字之误也。《列子·黄帝篇》引老聃曰：'兵强则灭，木强则折'，即此章之文，可据以订正。"从此说。奚侗解此句为："'兵强'，则以杀伐为事，终

致灭亡……木强则失柔韧之性，易致折断。"

⑤ "处上"，指处于优势地位；"处下"，指处于劣势地位。苏辙解此句曰："物之常理，精者在上，粗者在下。其精必柔弱，其粗必强大。"

【译文】

人活着的时候身体是柔软的，死了以后就变为僵硬了。草木活着的时候枝叶是柔韧的，死了以后就干枯了。所以坚强的东西属于死亡一类；柔弱的东西属于生存的一类。恃强好战终会被消灭，树木长得太高大就容易被吹折。强大的位居劣势的下位，柔弱的位居优势的上位。

【第七十七章】

天之道，其犹张弓欤①？高者抑之，下者举之；有余者损之，不足者补之②。天之道，损有余而补不足。人之道，则不然，损不足以奉有余③。孰能有余以奉天下？唯有道者。是以圣人为而不恃，功成而不处，其不欲见贤④。

【注释】

① "天之道"，指自然之道的规律、法则，天之道乃道之本来面目，与"人之道"相对应，详见本书上篇第一章第一节；"张弓"，指开弓，拉开弓箭、调整施射角度；"欤"，文言助词，表示疑问语气，也可表示感叹语气。傅本、范本、杨本、沙本用此字；王本、昊本、蒋本、鼓应本等为"与"；河公本、吴本、释本作"乎"；帛书甲乙本均作"也"，不从。释德清解此句为："此言天道之妙，以明圣人法天以制用也。弓之为物，本弰高而有余，弰下而不足，乃弛而不用也。及张而用之，则抑高举下，损弰有余之力，以补弰之不足，上下均停，然后巧于中的。否则，则养由、逢蒙无所施其巧矣。"（注："弰"读"邵"音）

②"高者抑之，下者举之"，指弦位高了往下压，弦位低了往上抬；"有余者损之，不足者补之"，弓拉得太紧了就放松一点，弓拉得不足时就拉满一点。

③"人之道"，指人类社会行为法则，详见本书上篇第一章第一节；"奉"，供养、供奉。河公解此句为："人道则与天道反也。世俗之人，损贫以奉富，夺弱以益强也。"

④范应元解此句为："贤，能也。圣人法天之道为之而不恃，功成而不处，其不欲见能于人也。倘为之而恃、功成而处，以见其能于人，岂天道也哉。"

【译文】

自然天道的法则，岂不像张弓射箭一样吗？弦位高了向下压，低了向上举，弓弦拉过了就松松劲，力量不足时就加点劲。自然天道的法则，是减少有余的，用来补给不足的。人类的行为法则（人之道）却不这样，是损害不足的，供奉给有余的。谁能把有余的拿来奉献给天下不足的？只有有道的人才可做到。所以有道之人做了事却不自恃其能，事成了也不以有功自居，他不想炫耀自己的聪明才智。

【第七十八章】

天下莫柔弱于水，而攻坚强者莫之能胜，以其无以易之①。弱之胜强，柔之胜刚，天下莫不知，莫能行②。是以圣人云："受国之垢，是谓社稷主；受国不祥，是为天下王。③" 正言若反④。

【注释】

①"攻"，攻打、进攻，这里指攻克；"莫之能胜"，此为文言倒装句，意

为"莫能胜之"，即没有什么能胜过它；"易"，容易、交易、交换，这里指替代。奚侗解为："吕惠卿曰：'天下之物，唯水为能。因物之曲直方圆而从之，则是柔弱莫过于水者也。''之物'二字，依《淮南·原道》增。摧陷陵谷，贯穿金石，是攻坚强也。李载贽曰：'以坚强攻坚强，虽能胜之，终必缺陷。故攻坚强者，莫胜于柔弱。柔弱者，不期胜而自胜也。''胜'，或本作'先'，亦通。击之无创，刺之不伤，斩之不断，焚之不燃，天下固无有可以变易此水之物也。"

②"弱之胜强，柔之胜刚"，此句从王本；傅本、范本前后句相倒；河公本作"故柔胜刚，弱胜强"；景龙本作"故弱胜强，柔胜刚"；帛书甲本缺，乙本为"水之朕刚也，弱之朕强也"，不从。

③"受国之垢，是谓社稷主"，"垢"，污秽、脏东西，这里指屈辱、侮辱。"社稷"，土神和谷神，代指国家，由于古时的君主为了祈求国事太平、五谷丰登，每年都要到郊外祭祀土地和五谷神，因此，社稷也就成了国家的象征。此句意为担得起国家的耻辱，才配得上成为一国的君主。"受国不祥，是为天下王"，"不祥"，不吉利的事，指灾祸、灾难。这句意为"担得起国家的灾难，才配作天下的君王"。陈景元解为："言人君能含受垢秽，引万方之罪在余一人，余一人有罪，无以汝万方，则民仰德美而不离散，可以常奉社稷而为主矣。人君能谦虚用柔，受国不祥，则四海归仁，六合宅心，是谓天下王矣。"

④"正言若反"，此句意为：符合正道法则的话好像违反常理。钱锺书解此句："按苏辙《老子解》云'正言合道而反俗，俗以受垢为辱，受不祥为殃故也。'他家之说，无以大过，皆局于本章。夫'正言若反'，乃老子立言之方，《五千言》中触处弥望，即修辞所谓'翻案语'（paradox）与'冤亲词'（oxymoron），固神秘家言之句势语式耳。"此句实为老子辩证思想的体现，锺书先生的话，有点轻率了。相关内容见本书上篇第三章。

【译文】

天下万物没有比水更柔弱的东西了，然而攻克坚强的东西，没有什么能胜过它。这是因为（水以柔克刚的能力）没有什么能代替它。弱能胜强、柔能胜刚的道理，天下的人没有不知道，却没有人能实行。所以有道的人说：担得起国家的耻辱，才配作一国的君主；担得起国家的灾祸，才配作天下的君王。话说的不好听，但却是正道之言。

〖第七十九章〗

和大怨，必有余怨；[报怨以德]，安可以为善①？是以圣人执左契，而不责于人②。有德司契，无德司彻③。天道无亲，常与善人④。

【注释】

①"和"，调和、调解、化解；"大怨"，指重大的仇怨、恩怨；"余"，剩余、多余，这里指余下、遗留；"报怨以德"，诸本多无此句，据敦应本及高亨本加。马叙伦曰："六十章'报怨以德'一句当在此上。"蒋锡昌曰："《文子微明篇》引作'和大怨必有余怨，奈何其为不善也。'"亨按此文可有三解："一就今本释之，安，何也。调和大怨，其怨不能尽释，必有余怨，如此何可以为处怨之善道哉！二依马氏校，移'报怨以德'句于'安可以为善'句上。安犹爰也，乃也。三十五章'往而不害安平太，'安义与此同。言和大怨必有余怨，若报怨以德，则宿怨尽释，乃可以为处怨之善道也。三据《文子》所引'善'上当有'不'字。安亦何也。言和大怨必有余怨，人何可以为不善之事哉！为不善之事，是有害人之行，有害人之行，即造怨之道也"。

②"执左契"，"契"，契约、契证，类于现今之"合同"。"执左契"释德清解此句为："是以圣人无心之德，但施而不责报。故如贷之执左契，虽有而若无也。'契'，贷物之符券也。合同剖之，而有左右，贷者执右，物主执左，所以责其报也。"高亨言："古者契券以右为尊。《礼记·曲礼》'献粟者执右

契。'郑注：'契，券要也，右为尊。'……圣人所执之契，必是尊者，何以此文云执左契，今验三十一章曰：'吉事尚左，凶事尚右。'用契券者，自属吉事，可证老子必以左契为尊，盖左契右契孰尊孰卑，因时因地而异，不尽同也。"

③"有德司契，无德司彻"，"司"，执掌、掌管；"彻"《辞海》解乃周代的税法，"司彻"乃管税收意。所以此句意为有德之人拿着借据作为凭据，不急着去催收，言为人宽厚；无德的人，就像催税一样苛责，言毫无情面。

④"天道无亲"，指天之道无好恶，没有所偏爱。陈景元解此句为："天道无私，惟善是与，所谓天网恢恢，疏而不失。是以上善之人自然符会，何用司契而责于人哉？"

【译文】

和解重大的怨恨，必然还有遗留的怨恨，[以德来报怨]，这岂能算得上良善之法呢？所以圣人掌握着欠债的存根，但不去催着人还债。有德之人如同拿着借据的人那样宽厚；无德的人却如同税吏一样苛求。自然天道无所偏爱，总是佑助良善之人。

〖 第八十章 〗

小国寡民①。使有什伯人之器而不用；使民重死而不远徙②。虽有舟舆，无所乘之；虽有甲兵，无所陈之③。使民复结绳而用之④。甘其食，美其服，安其居，乐其俗。邻国相望，鸡犬之声相闻，民至老死，不相往来。

【注释】

①"小国寡民"，"寡"，少、缺少；此"小国寡民"，非是老子要求抱残守缺、退回原始社会，而是面对春秋末期社会混乱局面，不得已而为之的一种

止损的设想，详见本书上篇第二章第二节。苏辙言："老子生于衰周，文胜俗弊，将以无为救之，故于其书之终，言其所志，愿得小国寡民以试焉，而不可得耳。"奚侗曰："国以吞并而大，吞并以战争而成，故《老子》以'小国寡民'为言。"

②"什伯人之器"，即十倍、百倍于人力的器械。吴澄认为："十人为什，百人为伯，什伯之器，重大之器，众所共也。"胡适也指为："文明进步，用机械之力代人工，一车可载千斤，一船可装几千人，这多是'什伯人之器'。下文所说'虽有舟舆，无所乘之；虽有甲兵，无所陈之'，正释这一句。"王弼本、傅本、范本、景龙本等作"什伯之器"，河公本、帛书甲乙本中间皆有"人"字，从之。"重死"，看重死亡，"使民重死而不远徙"，陈景元解为："君无为则德化淳，民质朴则不轻死，崇本弃末，耕食织衣，各恋旧乡而不迁徙，虽轩皇几蘧之治，不足过也。"

③"舟舆"，指船只和车辆；"乘之"，乘坐、使用；"甲兵"，铠甲兵器；"陈"，排列、摆设、摆放。

④"复结绳而用之"，"结绳"，上古文字产生前的一种记事方法，这是老子一种比喻的说法，杜光庭言："古者书契未兴，结绳纪事，故《系辞》云：'上古结绳而理，后代圣人易之以书契。'欲明结绳之代，人人淳朴，文字既兴，是生诈伪。今将使民忘情去欲，归于淳古，故云'使人复结绳而用之'。"

【译文】

国小人少。即使有十倍百倍于人工的器具也不使用。使人们重视死亡而不迁徙远方。虽有车船，却不用乘坐；虽有铠甲武器，也没有地方去存放。让人们复归结绳纪事时期的淳朴。使百姓有甘甜的食物，美丽的服饰，安逸的居所，欢乐的习俗。邻国之间可以互相看得见，鸡鸣狗吠声都可以听得到，人民直到老死也不相互往来。

【第八十一章】

信言不美，美言不信①。善者不辩，辩者不善②。知者不博，博者不知③。圣人不积，既以为人己愈有，既以与人己愈多④。天之道，利而不害；圣人之道，为而不争。

【注释】

①"信言不美，美言不信"，"信言"，真话；"美言"，华美之词，这句是讲真实不欺的语言往往朴实无华；华美的语言则往往虚夸不实，不值得信任。

②"善者不辩，辩者不善"，"善者"，即行为良善之人；"辩者"，这里指巧辩之人，这句是讲良善之人不巧辩，巧辩之人不良善。范应元言："信实之言多朴直，故'不美'；甘美之言多华饰，故'不信'；嘉善之言止于理，故'不辩'；辩口利辞乱于理，故'不善'。"

③"知者不博，博者不知"，河公解此句为："知者，谓知道之士。不博者，守一元也。博者，多见闻。不知者，失要真也。"

④"圣人不积"，指圣人自己不积聚财富；"与"，给予、施与。陈景元言："积者，蕴聚也。圣人道济天下，不蕴德以自高，积而能散，不蓄财以自润。既不滞功于外，亦不聚智于内，二者俱通，故曰不积。庄子曰：'天道运而无所积，故万物成。帝道运而无所积，故天下归。圣道运而无所积，故海内服。'夫圣人所以不积者，演道德以为人，人受其益而圣德愈明，如鉴照人不藏好恶，而鉴之明未尝少减，此喻内智也。分财利以与贫，贫受其赐而财愈多，如井任汲普蒙利润，而井泉清澈不竭，此况外功也。"

真实的话不华美,华美的话不真实。良善的人不巧辩,巧辩的人不良善。明道的人不广博,广博的人不明道。圣人(积德)不积财,既然一切都是为别人所做,自己反而更充实了;既然一切是为别人付出,自己反而更富足了。自然大道,利他而无害;圣人之道,有为而不与世争。

下篇参考书目

[1] 孔丘，孟轲，等 . 四书・五经 [M]. 北京：北京出版社，2006.

[2] 商鞅 . 商君书 [M]. 张洁评议 . 北京：北京联合出版公司，2017.

[3] 韩非子 . 韩非子全译 [M]. 张觉译注 . 贵阳：贵州人民出版社，1992.

[4] 廖名春 . 郭店楚简老子校释 [M]. 北京：清华大学出版社，2003.

[5] 王东 . 孔丛子 [M]. 北京：北京燕山出版社，2010.

[6] 尔雅：附音序、笔画索引 [M]. 北京：中华书局，2016.

[7] 许慎 . 说文解字：附检字 [M]. 北京：中华书局，1963.

[8] 河上公，杜光庭，等 . 道德经集释 [M]. 北京：中国书店，2015.

[9] 刘安，等 . 淮南子全译 [M]. 许匡一译注 . 贵阳：贵州人民出版社，1993.

[10] 贾太宏 . 诗经通释 [M]. 北京：西苑出版社，2016.

[11] 司马迁 . 史记全译 [M]. 陈伶编译 . 西安：三秦出版社，2007.

[12] 曹胜高，岳洋峰 . 汉乐府全集：汇校汇注汇评 [M]. 武汉：崇文书局，2018.

[13] 王充 . 论衡 [M]. 上海：上海人民出版社，1974.

[14] 王弼 . 老子道德经注校释 [M]. 楼宇烈校释 . 北京：中华书局，2016.

[15] 刘昭瑞 .《老子想尔注》导读与译注 [M]. 南昌：江西人民出版社，2012.

[16] 刘韶军 . 唐玄宗・宋徽宗・明太祖・清世祖《老子》御批点评 [M]. 长沙：湖南人民出版社，1997.

[17] 道藏：第 11 册 [M]. 天津：天津古籍出版社，1988.

[18] 彭耜 . 道德真经集注 [M]. 闻中点校 . 杭州：浙江人民美术出版社，2021.

[19] 范应元 . 宋刊老子道德经古本集注直解 [M]. 北京：中国书店 ,2021.

[20] 林希逸 . 老子鬳斋口义 [M]. 上海：华东师范大学出版社 ,2010.

[21] 吴澄 . 道德真经注 [M]. 北京：中国书店 ,2018.

[22] 王夫之 . 庄子解 [M]. 王孝鱼点校 . 北京：中华书局 ,1964.

[23] 释德清 . 道德经解 [M]. 上海：华东师范大学出版社 ,2009.

[24] 俞樾 . 诸子平议 [M]. 北京：中华书局 ,1954.

[25] 易顺鼎 . 读老劄记 [M]. 刻本 ,1884（清光绪十年）.

[26] 蒋锡昌 . 老子校诂 [M]. 商务印书馆民国二十六年（1937）影印本 . 成都：成都古籍书店 ,1988.

[27] 冯友兰 . 中国哲学史新编 [M]. 北京：人民出版社 ,1962.

[28] 张岱年 . 中国哲学大纲 [M]. 北京：中国社会科学出版社 ,1982.

[29] 任继愈 . 中国哲学史 [M]. 北京：人民出版社 ,1963.

[30] 辞海编辑委员会 . 辞海（缩印本）[M]. 上海：上海辞书出版社 ,1980.

[31] 高亨 . 老子正诂 [M]. 北京：中国书店 ,1988.

[32] 沙少海 , 徐子宏 . 老子全译 [M]. 贵阳：贵州人民出版社 ,1989.

[33] 罗尚贤 . 老子通解（修订本）[M]. 广州：广东高等教育出版社 ,1996.

[34] 冯友兰 . 中国哲学史 [M]. 上海：华东师范大学出版社 ,2000.

[35] 奚侗 . 老子 [M]. 方勇导读、标点整理上海：上海古籍出版社 ,2007.

[36] 钱鐘书 . 管锥编（二）[M]. 北京：生活·读书·新知三联书社 ,2007.

[37] 胡适 . 中国哲学史大纲 [M]. 北京：中国城市出版社 ,2013.

[38] 杨丙安 . 老子古本合校 [M]. 杨雯整理 . 北京：中华书局 ,2014.

[39] 劳笃文 . 劳笃文《老子》著作五种 [M]. 北京：中华书局 ,2016.

[40] 陈鼓应 . 老子今注今译 [M]. 北京：商务印书馆 ,2016.

[41] 许嘉璐 . 老子校诂 [M]. 李春晓，翁美凤点校 . 杭州：浙江古籍出版社 ,2020.

[42] 高明 . 帛书老子校注 [M]. 北京：中华书局 ,2020.

[43] 罗志霖 . 老子今注新解 [M]. 成都：巴蜀书社 ,2021.

[44] 黄霖 , 蒋凡 . 中国古代文论选编 [M]. 上海 : 复旦大学出版社 , 2022.

[45] 池田知久 . 郭店楚简《老子》新研究 [M]. 曹峰 , 孙佩霞译 . 南京 : 江苏人民出版社 , 2022.

后　记

我对于老子哲学的深入思索和研究，虽仅是近三四年的事，但实际上回忆30多年前的大学在学期间，就已颇有兴趣。当时，我常常与文史哲方面的三五学友就老子思想进行探讨和辩论，有时是就其思想本身、有时是就所学专业内容、有时是结合生活实际。虽多是止于清谈，但也不时碰撞出一些思想火花，开阔思路，激励共进，那样的场景至今仍历历在目，很令人怀念。

毕业后大家各奔东西，各自为生计和事业打拼。直到近几年，登上"奔六"的"高铁"，一些学友事业有成，家和事兴，方才有点时间重拾旧题。每次见面都有所涉及、有所交流，像马祥柱君、张长秋君等本在古典哲学方面就有很多思考和体验；王克彬君、杨进刚君等则是对老学思想一直较执着并涉猎广泛且研究深入；蔡晓江君、景涛君、张涛均、张强君等则是通达于事业、结合的文章做得好，都对我这次老学的探索起到了很好的启发和激励作用，再辅以本人30多年的积累和生活经验的汇集，勉强也叫厚积薄发吧。在此也对以上学友表示衷心的敬意和感谢！

另外在本书草拟过程中，因自己对电脑操作和许多制图、制表等技术不熟，也得到了叶大洋、陈佳雯、刘源等小友的大力支持和帮助，在此一并表示感谢！

特别是硕士研究生期间的同宿舍好友、香港岭南大学资深教授汪春泓先生和我的老友——天津商业大学教授、著名书法家况瑞峰先生，对我的研究和该书的出版都给予了大力支持和帮助，汪先生亲自作序予以鼓励，况先生欣然题名以示支持，在此对二位好友表示诚挚的敬意和衷心的感谢！

另外，该书的出版得到了天津社会科学出版社众多朋友和老师的指导、支持和帮助，在此深表谢意！

老子哲学博大精深，老学研究方兴未艾，中华优秀传统文化生生不息，自己愿意做其中铺路架桥的一块砖石、滋养参天巨树的一掬清水，哪怕有丝丝助力，便也不虚此行。

最后祝老学研究更上层楼，祝中华优秀传统文化弘扬于世、永续不衰！

2024 年 7 月于乐仁斋